我
思

PLOT

# 分析哲学的故事

## The Story of
## Analytic Philosophy

AND

（以色列）阿纳特·比莱茨基　阿纳特·马塔尔　主编

Anat Biletzki　　Anat Matar　　刘小涛　何朝安　等译

HEROES

GUANGXI NORMAL UNIVERSITY PRESS

广西师范大学出版社

·桂林·

分析哲学的故事

FENXI ZHEXUE DE GUSHI

丛书策划：吴晓妮@我思 Cogito

责任编辑：叶　子

装帧设计：何　萌

著作权合同登记号桂图登字：20-2023-073 号

**图书在版编目（CIP）数据**

分析哲学的故事 / （以）阿纳特·比莱茨基，（以）阿纳特·马塔尔主编；刘小涛等译. -- 桂林：广西师范大学出版社，2023.9

（思无界）

书名原文：The Story of Analytic Philosophy

ISBN 978-7-5598-6242-6

Ⅰ．①分… Ⅱ．①阿… ②阿… ③刘… Ⅲ．①分析哲学 Ⅳ．①B089

中国国家版本馆 CIP 数据核字（2023）第 132284 号

广西师范大学出版社出版发行

广西桂林市五里店路 9 号　邮政编码：541004

网址：http://www.bbtpress.com

出版人：黄轩庄

全国新华书店经销

北京汇瑞嘉合文化发展有限公司印刷

（北京市北京经济技术开发区荣华南路 10 号院 5 号楼 1501　邮政编码：100176）

开本：710 mm × 1 000 mm　1/16

印张：22.5　　　　字数：270 千

2023 年 9 月第 1 版　　2023 年 9 月第 1 次印刷

定价：88.00 元

如发现印装质量问题，影响阅读，请与出版社发行部门联系调换。

献给伯顿·德雷本和迈克尔·达米特

# 撰稿人简介

**吉利德·巴-埃利** Gilead Bar-Elli
以色列希伯来大学（耶路撒冷）哲学系哲学教授

**耶米玛·本-梅纳姆** Yemima Ben-Menahem
以色列希伯来大学（耶路撒冷）哲学系哲学教授

**阿纳特·比莱茨基** Anat Biletzki
以色列特拉维夫大学（特拉维夫）哲学系高级讲师

**朱丽叶·弗洛伊德** Juliet Floyd
美国波士顿大学（波士顿）哲学系教授

**艾力·弗里德兰德** Eli Friedlander
以色列特拉维夫大学（特拉维夫）哲学系讲师

**彼得·哈克** P. M. S. Hacker
英国圣约翰学院（牛津）研究员

**雅克·亨迪卡** Jaakko Hintikka
美国波士顿大学（波士顿）哲学系教授

**彼得·希尔顿** Peter Hylton
美国伊利诺伊大学（芝加哥）哲学系教授

**俞瓦·卢里** Yuval Lurie
以色列本·古里安大学（贝尔谢巴）哲学系教授

**阿纳特·马塔尔**　Anat Matar

以色列特拉维夫大学（特拉维夫）哲学系讲师

**希拉里·普特南**　Hilary Putnam

美国哈佛大学（马萨诸塞州）哲学系皮尔逊数理逻辑教授

**露丝·安娜·普特南**　Ruth Anna Putnam

美国卫斯理学院（马萨诸塞州）哲学系教授

**雅各布·罗斯**　J. J. Ross

以色列特拉维夫大学（特拉维夫）哲学系教授

**马克·萨克斯**　Mark Sacks

英国艾塞克斯大学（科尔切斯特）哲学系副教授

**约翰·斯克鲁普斯基**　John Skorupski

英国苏格兰圣安德鲁斯大学（圣安德鲁斯）哲学系道德哲学教授

# 序　言

　　似乎没有争议的是，在过去的一段时间里，分析哲学已经陷入一种危机状态，需要应对各种麻烦的问题：它的自我形象、和其他哲学选项的关系、是否富于成果，甚至从更一般的哲学共同体来看，它的合理性何在？值得注意的是，这一危机的表现，不仅在于一些所思不同的哲学家对它提出了批判性评估，比如后现代主义者或者"欧陆"哲学家（包括德里达、利奥塔、罗蒂）对它发起的全方位攻击，甚至也在于分析哲学内部的一些讨论和争议，这些争论与如何理解分析哲学的起源、本质以及主要人物的贡献有关。

　　"分析哲学：过去与未来"是 1996 年 1 月在特拉维夫大学举行的一次会议的名称。它的目的是通过对分析哲学的起源、分析哲学未来前景的最新研究，来探究分析哲学的当前处境。会议论文集中于三个主题：分析哲学的定义、分析哲学的起源与发展、分析哲学的未来展望。在会议的进行过程中，事情变得清晰起来——这三个"主题"处在一种错综复杂的关系中，没有人可以只讨论其中一个主题而完全忽视另外两个主题。这种劳动分工是不现实的，如果不是特别荒唐的话。因此，在将论文编辑成书的时候，我们转向了另一个不同的想法，这个想法显然产生于对危机的明确意识。

　　意识到一种危机，当然包括对危机主体的理解。这种理解的获得，需要讲述分析哲学的故事——呈现它的**存在理由**、动机、方法、杰出人物的成就。我们用"情节"（plot）一词来迎合一个或许成问题的目的，即将分析哲学运动作为一个整体来给予理论上的说明。我们用"英雄"（heroes）一词，来标记那些为分析哲学运动做出突出贡献的哲学家。不管是情节还是英雄，或许都可以从"内部"和"外部"两个不同视角来看待。一种内部的视角，也就是说，从分析哲学运动内部来为分析哲学的一些紧张关系提供一些观察，这既可以出于理论的考虑（比如对某个具体的关键概念的分析，对核心概念的定义，对方法的阐明等），也可以是更具体的对某个"英雄"的诠释。外部讨论则更多地呈现为比较、对话，常常集中于理论或哲学家之间的对比，以及竞争的理论或哲学家之间的较量。

　　"内部"和"外部"也可以用不同的方式来理解。人们可以从一个外部的视角来描述、评估、诠释一个哲学传统，或者采取一个自认为中立的立场来同它展开争辩。不过，在这个意义上，此书的作者们几乎都是"内部"参与者；他们认为自己属于同一个传统（虽然有时候需要扩展这个传统的边界），哪怕是评论甚至批评这个传统的时候也如此。

　　值得强调的是，我们这里使用的"情节"一词，不宜和特别时髦的"叙事"概念关联起来，后者必然需要对一个故事情节根据其发生历史来进行铺陈。相反，我们打算通过强调分析哲学的本质和它的主要论题，来深入探究分析哲学的情节。不过，我们意识到，在一定程度上，对本质和论题的解释需要从它们的历史根源寻找立足点。因而，在第一部分的导论里，彼得·哈克为分析哲学运动提供了一个颇具深度的历史背景。在《分析哲学：何谓，何来，何往？》这篇文章里，他概要地勾画了这场运动，并讨论了分析哲学运动未来发展的几种可能方向。

　　然后进入此书的第二部分，即"情节"。在这一部分，彼得·希尔顿在《分析哲学中的分析》里考察了分析哲学中各种不同的"分析"概念，还有分析哲学是否构成一个统一的运动的问题。通过细致讨论对"分析"的五种不同分析，结论是，这一概念只是赋予了分析哲学一个公共的名称，但主要的倡导者显然对它各有不同理解。雅各布·约书亚·罗斯在《分析哲学的风格》这篇论文里，对迈克尔·达米特关于分析哲学的起源和本质的观点进行了批判性考察，并得出一个结论，我们应该将"风格"看作是这个流派的定义性特征——以区别于其他哲学风格。在《分析哲学：理性主义对浪漫主义》一文里，阿纳特·马塔尔挑战了人们通常认为的分析哲学和欧陆哲学之间的对立，她论证说，这界线其实应该划在理性主义的世界观（容纳了分析哲学）和浪漫主义的哲学态度之间。马克·萨克斯则确实转向分析-欧陆的区分，来审视两个传统中的自我（即经验主体）观念。他的《主体、规范性结构和外在论》既提供了生动有趣的"故事"，也包括一个吸引人的哲学主张。同样很吸引人（虽然方式不太相同）的是，约翰·斯克鲁普斯基在《没有实证主义的经验论》一文里论证说，逻辑实证主义——这个分析哲学全盛时期的流派——乃是不融贯的；他认为经验论或许仍然还包含着一些真理，但不是它的实证主义部分。最后，耶米玛·本-梅纳姆的《心理主义与意义》让人关注早期分析哲学指出的最早的障碍物——心理主义，并讨论它和当代议题的相关性。集中于詹姆士、弗雷格和维特根斯坦，她深入探究了心理主义发展历程上的几个突出人物。毫不奇怪，没有主角，情节就无从展开。

　　第三部分是"主角"。它很自然地从戈特洛布·弗雷格这位分析哲学之父开始（有时候他被称为祖父，甚至祖先）。朱丽叶·弗洛伊德的论文《弗雷格、语义和定义的双竖划记号》，讲述了关于弗雷格的两种对立的诠释是如何将他和分析哲学中的语义学传统联系起来的故事：既是意义理论的父亲，又和它无关。她的论文提供了一个风格的范例：因为评论一位英雄而让自己成为一个分析哲学家。说到范例，吉利德·巴-埃利的论文也如此，他在《基于分析的消除》一文里，为罗素《论指称》一文的哲学重要性提供了一种新的解读。露丝·安娜·普特南的《知觉：从摩尔到奥斯汀》一文从罗素的同僚 G. E. 摩尔开始，她认为，这些主角的目标是为一个可知的外部世界提供解释，而不是为经验知识提供一个基础。

危机状态的一个症候，是路德维希·维特根斯坦受到的过分关注，还有他给这一传统施加的魔咒；有趣的是，他的魔咒也囊括其他传统。在阿纳特·比莱茨基的论文《维特根斯坦：分析哲学家？》里，她认为只有早期维特根斯坦才与"分析哲学家"的名声相符，而后期维特根斯坦的影响则给分析哲学贡献了一些不那么恰当、也让人困惑的东西。在《语言的孤独守护者维特根斯坦》一文里，俞瓦·卢里认为维特根斯坦——分析哲学家？——是分析规则的一个例外，因为分析的精神更偏爱一种科学的哲学观念，而不是艺术性的观念。还有，通过拥抱其非分析特征继而质疑维特根斯坦分析哲学家的资格，艾力·弗里德兰德的《海德格尔、卡尔纳普、维特根斯坦：关于虚无的纷扰》一文，讨论了卡尔纳普和维特根斯坦对待欧陆哲学中的"虚无"概念的不同态度：绝大部分人认为他们二者都反对谈论"虚无"。

第四部分讨论彼得·哈克开篇论文所说的"何往"问题。希拉里·普特南和雅克·亨迪卡提供了两种对"未来走向"的不同预测。也许区别于前面的论文作者，他们两人都将维特根斯坦视为分析哲学的未来。在《克里普克式的实在论与维特根斯坦的实在论》一文里，普特南认为常识实在论和形而上学实在论是今天分析哲学的两个主要分支，他还指出，实用主义的选项要更为可取。最后，在《谁将扼杀分析哲学？》一文里，雅克·亨迪卡展示了对路德维希·维特根斯坦哲学的一种特定解读（它现在已经流行起来），认为它会损害分析哲学运动自身，他还指出了一种避免损害的办法。不过，普特南和亨迪卡两人都同意一点：如果不希望分析哲学走向死亡，那么别无选择，它必须通过加强自我反思和自我意识来产生某些改变。此书希望提供些内部批评（也力图避免对教条的信奉或批评），即由分析哲学家自己来评估不断变化的文化潮流和哲学风尚给分析哲学所带来的挑战。

# 目录
CONTENTS

第一部分

导论

# 1

## 分析哲学：何谓，何来，何往？

彼得·哈克（P. M. S. Hacker）／著

代海强／译

## 引　言

分析哲学是 20 世纪占主导地位的哲学运动。几乎从一开始，它就与理性和科学精神结合在一起，致力于推翻思辨的形而上学，根除哲学的神秘性。在方法论上，它与作为哲学洞见来源的新逻辑的使用联系在一起，并在不久之后——在哲学的语言转向之后——又与对语言及其使用的有原则的、细致的关注联系在一起。从 20 世纪初到 70 年代，分析哲学以各种形式蓬勃发展。然而，在 20 世纪最后 25 年，分析哲学已经失去了其独特形象，这一名号的保留主要是通过以下几个方面：它的谱系、它与先前传统的共同关注焦点，以及它与某些形式的大陆哲学的并列对比。

我们惊奇地发现，虽然"分析""逻辑分析""概念分析"这些术语在运动伊始就被广泛用来刻画所倡导的哲学方法，但是"分析哲学"

这个名字出现得相对较晚。它在 20 世纪 30 年代[1]被使用过，但是似乎并没有流行起来。冯·赖特（1993：41，n. 35）[2]推测，在一定程度上它是通过亚瑟·帕普（Arthur Pap）的战后著作而流行起来的，后者于1949 年出版了《分析哲学诸要素》、1955 年出版了《分析的认识论》和《语义学和必然真理：对分析哲学基础的一项考察》。当然，令人惊讶的是，战后早期分析哲学中最有影响力的两本著作选集，费格尔（Feigl）和塞拉斯（Sellars）在美国出版的《哲学分析读物》（1949）和弗卢（Flew）在英国出版的《逻辑和语言》（1951），它们的标题或介绍中都没有提到"分析哲学"这个名字。据称，弗卢选集的后继者是巴特勒 1962 年出版的《分析哲学》。

关于如何刻画分析哲学几乎没有共识。澄清逻辑原子主义与两次世界大战之间剑桥分析学派基本原则和学说的书籍论文有很多。详细说明和捍卫逻辑实证主义原则和学说的出版物（其中包括一份宣言）也大量涌现。战后的牛津，解释和捍卫斯特劳森所谓的"逻辑—语言的"或"关联的"分析方法的著作也不在少数。[3]但是，很难找到对"什么是分析哲学"这个问题简单而有说服力的回答。虽然人们对于哪些人应被视为分析哲学家有广泛的共识，但并非意见完全一致。摩尔和罗素，青年维特根斯坦、布罗德（Broad）、拉姆齐（Frank Ramsey）、布莱斯韦特（Braithwaite）、早期威兹德姆（Wisdom）和来自剑桥分析学派的斯特宾（Stebbing），这些人当然不能被排除在名单之外；维也纳学派的主要成员，比如石里克、哈恩、卡尔纳普、纽拉特、费格尔、魏斯曼，以及来自柏林科学哲

---

1　例如，Nagel 1936。

2　我非常感谢这篇富有洞察力的文章。

3　斯特劳森在《怀疑主义和自然主义，一些变种》（*Scepticism and Naturalism, Some Varieties*，1985：25）中引出了"关联性分析"这个术语，并在《分析和形而上学：一个哲学导论》（*Analysis and Metaphysics, an Introduction to Philosophy*，1992：第 2 章）中做了进一步阐述。

学学会分会的主要成员，比如赖辛巴赫或亨佩尔，也都不能排除在名单之外。在狭义的"分析哲学"的意义上，人们或许可以在此划界。这样做的根本理由在于对分析、还原和逻辑构造的普遍承诺。但我认为这样做是不明智的，有两点原因。第一，后两个阶段与战后哲学之间存在着更为重要的连续性而非差异性。[1]第二，战后多数牛津哲学家，例如赖尔、艾耶尔、克尼尔（Kneale）、奥斯汀、格赖斯（Grice）、斯特劳森、哈特（Hart）、汉普夏（Hampshire）、皮尔斯、昆顿（Quinton）、厄姆森（Urmson）和沃诺克（Warnok），都认为自己是分析哲学家，将他们的工作刻画为概念或语言分析，并在后来刻画为分析哲学。许多其他自认为从事相似传统工作的哲学家也是如此。维特根斯坦的许多学生，例如冯·赖特、马尔康姆和布莱克，都可以被理所当然地刻画为分析哲学家，尽管他们彼此之间以及与许多牛津人物之间存在着重大差异。如果他们能被算进来，那么后期维特根斯坦也该被算进来，他对牛津分析哲学的影响无与伦比。[2]然而，在如何最具启发性地刻画分析哲学这一点上存在分歧。令人惊讶的是，关于分析哲学作为整体现象的文章很少，

---

1　诚然，这是一个判断问题。正如维特根斯坦所说，"有人会在白色变为黑色时说'它基本上还是一样的'，而其他人会在颜色稍微变暗时说'它已经完全改变了'"（MS 125，1942 年 5 月 18 日；我自己的翻译）。所有对维特根斯坦《遗稿》的引用都是按照冯·赖特的编号。

2　冯·赖特评论说："没有人可以否认，维特根斯坦作为《逻辑哲学论》和《哲学研究》的作者，对分析哲学的发展起了决定性作用。维特根斯坦本人是否可以被正确地称为分析哲学家是另外的问题。关于《哲学研究》，有人可能会说它的精神是异类的，甚至对典型的'分析'方法怀有敌意。另一方面，《逻辑哲学论》在某些方面可以被视为哲学中分析趋势的典范，尤其是在罗素所采取的那种趋势的意义上，这种趋势后来被维也纳学派成员发扬光大。后期维特根斯坦对摩尔表现出一些亲和力。"（Von Wright 1993：32）我同意这一点。在 1929 年至 1932 年间，维特根斯坦开始完全否定经典的分析。但值得注意的是，他在《大打字稿》中写道："当一个句子的语法完全清晰时，就可以对它进行完全的逻辑分析。"（BT 417）因此，现在哲学中的"分析"意味着给出表达式用法的语法规则，阐明它与相关概念的多重联系及其与其他概念的差异。这种转变对从经典分析走向"关联性"分析产生了影响（见下文）。

这与该哲学运动洪流分支的大量出版物形成鲜明对比。[1]

## 分析哲学的特征标志

　　分析哲学的分析性说明将尝试阐述一系列特征标志。出发点很容易辨认：无论怎样刻画，分析概念都必须在描述中占有一席之地。**逻辑分析**和**语言分析**的概念也必定如此。但是，它们究竟意味着什么却是成问题的，并且，它们是否足以通过任何单一解释和任何形式的组合，涵盖20世纪分析哲学运动的所有多样性，这一点也是有争议的。可能并不存在一组特性用以构成分析哲学的特征标记。因为它可能根本不是由特征（Merkmale）来定义的，而是最好将其视为一个家族相似概念。也有这样的可能，分析性说明并非看待分析运动最富成效的方法。

　　**1. 分析**　正如其名字所预示的那样，分析哲学关注的是将复合物分析成它们的成分。但是，根据分析主题的不同复合物概念，产生了不同形式的分析哲学。因为在某些概念下，需要进行哲学分析的是实在，或者被认为构成实在的事实。因此，分析被认为揭示了构成世界的终极成分和构成世界事实的最普遍形式（罗素）；或者，它被认为揭示了构成客观实在、独立于心灵的概念和命题的构成成分（摩尔）。在别的概念下，分析的对象是人类的思想和语言，其结果被认为是揭示一种方式，即思想和语言的形式必然反映实在结构（《逻辑哲学论》）。在另一些概念下，需要进行分析的只是语言，或者是科学语言的逻辑句法（卡尔纳普），或者，在一个非常不同的"分析"意义上，是日常语言（牛津分析哲学）。

---

1　我试图填补这个空白，在《维特根斯坦在20世纪分析哲学中的地位》（*Wittgenstein's Place in Twentieth Century Analytic Philosophy*, 1996）一书中，我特别谈到了维特根斯坦对分析哲学的贡献。本文广泛借鉴了这一资源。

此外，出现了不同类型的分析，这取决于分析是否被设想为终止于简单的、不可分析的成分。因此，逻辑原子主义的原子本体论分析特征及其还原性和建构性愿景——它与许多逻辑实证主义者共有的愿景——可以与 1945 年之后更为整体的"连接"语言分析形成对比，后者避开了还原和逻辑构造。

将分析哲学观念与赋予其名字的分析概念分开是荒谬的。但是，纯粹的分析概念是笛卡尔形而上学的特征，它致力于将现实对象分析为简单性质，这一点与古典英国经验主义一样，它致力于将复杂观念分析为源自经验的简单观念。如果原子分析或还原分析的观念是一张捕捉分析哲学家的网，它肯定会捕获摩尔和罗素，但它也会搜捕到现代哲学英雄时代的哲学家，虽然人们显然不希望把他们归为分析哲学家。这将把后期维特根斯坦和他的追随者，以及战后牛津和其他地方的分析哲学家排除在外。或者，人们可以扩展分析概念，以至于囊括战后分析哲学的关联性分析的特征。这样做可能是合理的，但代价是剥夺了 20 世纪早期哲学分析概念的独特内容。分析概念单独而言弹性太大，能够产生太多有分歧的甚至相互矛盾的解释，以至于它本身不能成为有用的试金石。

**2. 逻辑学中的反心理主义**　分析哲学有时以反心理主义而出名。分析哲学所取得的成就是将逻辑学从心理学和认识论中分离出来。因此，追随达米特，肯尼（Kenny）认为：

> 弗雷格把逻辑学从心理学中解放出来，使逻辑在哲学前沿中占据了一个迄今为止一直被认识论占据的位置。这一事实比其他任何事实都更能使弗雷格被视为现代分析哲学的奠基人。
>
> （Kenny 1995：210）

弗雷格的确成功开展了对心理学浸染逻辑学的抵制。在德国，他不是第一个这样做的人，克鲁格（Krug）、博尔扎诺（Bolzano）和洛茨（Lotze）都曾预料到这一点。在英国，就像绝对观念论者所做的那样，斯宾塞和杰文斯（Jevons）奉行类似的反心理主义路线，早期的摩尔和罗素正是从这些人那里衍生出他们的反心理主义。事实上，绝对观念论者已经足以成功地为逻辑消毒，因此摩尔和罗素觉得没有必要再强调这一点，他们可以理所当然地认为，逻辑学不是心理学的分支，逻辑法则不是对人类思维规律的描述。反心理主义的另一个方面是拒绝发生学分析（genetic analysis），这是英国经验论者所推崇的观念起源考察。这场运动是由康德发起的，清除了哲学中关于天赋观念的无谓争论，这是 17 世纪和 18 世纪早期经验论和唯理论的特征。

逻辑中的反心理主义的确已经成为 20 世纪众多分析哲学的特征。不过，人们应该谨慎。值得注意的是，后期维特根斯坦评论道，"逻辑规律是'思维习惯'的表达这一观点并不像它看起来那么荒谬"（MS 120，Vol. XIV：12）。厄德曼（Erdmann）错误地认为，可能存在根据肯定后件的规则进行推理的存在者，或拒斥同一律的存在者，**即使这在我们看来无法理解**。但弗雷格却错误地承认了这一点（"拒斥所讨论的法则，这对我们来说是不可能的，但这丝毫不妨碍我们假设那些确实拒斥它的存在者"），他还错误地假设如果有这样的存在，那么我们知道他们是错的、而我们是对的（Frege 1964：15）。无论是心理学家还是像弗雷格这样的反心理学家，都未能认识到，思维法则在一定程度上定义了什么是思考、推理和推断。一个人不能既用"不""如果……，那么……""相同"来表示我们所意指的意思，又同时拒斥非矛盾律或同一律，或者也接受肯定后件作为推理规则。一个人不能在**拒斥肯定前件式**（modus ponens）推理规则的时候，还仍然被认为是在推理和思考。事实上，是否存在任何可被视为原则性**拒斥**推理规则的东西，这一点并不十分清楚。心理学一方面未能公正地处理逻辑真理、推理规则（"思维法则"）与思考、推论、推理之间的内在关系，另一方面也未能公正地处理逻辑连接词的含义。但是，弗雷格式和罗素式的反心理主义也有同样的缺陷。此外，维特根斯坦认为，心理主义并不像看起来那样远离真理：

> 逻辑法则的确是"思维习惯"的表达，但也是**思维**的习惯的表达。也就是说，它们可以说是在显示：人类是如何思考的，以及**什么**是人类所谓的"思考"……
>
> 逻辑命题是"思维的法则"，"因为它们揭示了人类思维的本质"——更准确地说，是因为它们揭示或显示了思维的本质和方法。它们显示了思维是什么，也展示了思维的种类。
>
> （Wittgenstein 1978：89f.）[1]

从某种意义上说厄德曼是对的，他声称逻辑法则是我们如何思维的表达，就像象棋规则是我们如何下棋的表达一样。但他没有看到，它们也在一定程度上构成了我们所说的"思维"，就像象棋规则构成了下棋的实践（按照**这些**规则下棋就是**所谓的**"下棋"）。弗雷格关于逻辑法则的柏拉图主义概念，即逻辑法则是对抽象对象彼此关系的描述，同样未能抓住这一点。

因此，从早期反心理主义的角度对分析哲学进行过分草率的刻画可能是鲁莽的。它歪曲甚至屏蔽了后期维特根斯坦，他不同情任何一方。可以肯定的是，他并不认为逻辑法则仅仅是对人们如何思维和推论的描述。他认为弗雷格的反心理主义和厄德曼的心理主义都有一定的道理，但也都有一堆错误和混乱。他似乎认为常见的弗雷格式反心理主义（用

---

1　关于维特根斯坦对一般逻辑必然性的说明，以及他对心理学的态度，特别是对弗雷格反心理学的态度，更详细的讨论请参阅 G. P. 贝克和 P. M. S. 哈克（1985：263-347），上述评论来源于此。

柏拉图主义替代厄德曼的概念）更危险或更具有欺骗性，大概是因为它的缺陷不太明显。

　　尽管如此，逻辑中的反心理主义对分析哲学的描述既过于单薄又过于消极。当我们转向本世纪提出的积极的逻辑概念时，我们发现相互矛盾观点的激增。可以肯定的是，弗雷格和罗素（在《心的分析》之前）在逻辑上避开了心理主义。他们都认为逻辑命题是**一般化概括**（generalization）［两人都不认为"$p v \sim p$"形式的命题是逻辑命题；而"（$p$）（$p v \sim p$）"才是一个逻辑命题］。弗雷格信奉一种极端的柏拉图主义，认为逻辑法则是对抽象实体之间永恒关系的描述。罗素认为，它们是关于宇宙的最普遍真理，它们是先天的，因为与任何特定的经验事实知识无关，但他却预设了"逻辑经验"或"对逻辑对象的亲知"。《逻辑哲学论》认为，逻辑命题是缺乏意义的——是有意义的命题的极限案例，表达了（显示了）世界的逻辑脚手架（1922：6.124）。青年维特根斯坦认为，逻辑是先验的（1922：6.13）。维也纳学派成员认为逻辑命题是空洞的重言式，与维特根斯坦不同，他们认为逻辑命题是使用逻辑运算任意约定的结果。简而言之，逻辑命题并没有一个所有分析哲学家一致同意的正面特征——这并不奇怪，因为在 20 世纪上半叶，分析哲学的大部分努力都是为了解释逻辑及其法则必然为真的本质，随后的数十年争论对这个问题尝试了许多不同的解决方案。

　　**3. 逻辑分析**　　特征 2 的必然结果是，分析哲学特征是以逻辑取代认识论，以此作为哲学的基础。因此，分析哲学的突出之处在于推翻了笛卡尔哲学模型，该模型赋予认识论高于所有其他哲学分支的地位。这个特征无法令人满意。在笛卡尔模型中，形而上学而非认识论才是哲学的基础，因此也是所有知识的基础。笛卡尔**方法**将认识论**考量**放在首位，因为笛卡尔的目标是要在经得起苛刻怀疑的可靠基础上重建人类的全部知识。但这一动机同样是罗素在其哲学生涯各个阶段的哲学思想背后的推动力，他也用到了笛卡尔的怀疑方法。此外，在某种合理的狭义上，不能说维也纳学派认为逻辑是哲学的基础，更不用说是所有知识的基础了（因为，**除此之外**，他们认为哲学不会产生任何**知识**）。这不是二战后牛津哲学家们的信条，他们对逻辑的兴趣有限，并且和后期维特根斯坦一样，他们否认哲学是一门认知学科和具有等级结构。

然而，从一开始，20世纪的分析哲学就与其17世纪的古典先驱不同，它绕开了心理分析并用逻辑分析取而代之。弗雷格、罗素和怀特海发明的新逻辑都为20世纪头几十年的分析哲学设定了议程、提供了方法。议程旨在澄清命题和逻辑法则的性质和地位，阐明弗雷格的概念文字或罗素《数学原理》的逻辑语言与自然语言之间的关系，并弄清自然语言和逻辑计算与思想和实在之间的关系。在随后几十年中，这项任务一直在进行，并为这些问题提供了不同的解决方案。这些问题使分析运动的许多（但不是全部）哲学家着迷。但他们的答案五花八门，并且彼此冲突。该方法（以罗素的描述理论为典范）的要点在于使用介词和谓词演算工具分析的主题。但是，正如我们已然看到的，不同哲学家在不同时代对这一主题有不同看法，从事实、形式、思想、科学语言到自然语言都有所不同。当然，如此构想的逻辑分析在大多数牛津分析哲学家或后期维特根斯坦的工作中没有发挥任何作用，维特根斯坦认为："'数理逻辑'，通过建立对我们日常语言形式的肤浅解释来作为对事实结构的分析，彻底损坏了数学家和哲学家的思维。"（1978：300）另一方面，它在蒯因的作品中继续发挥着重要作用，蒯因将现代逻辑的符号系统视为一种典范符号，这将清楚地揭示我们的本体论承诺。但是，正如我稍后将论证的那样，蒯因是分析哲学的主要颠覆者。

**4. 通过对语言的哲学解释对思想进行哲学解释**　德国哲学家通常将分析哲学称为"语言分析哲学"（sprachanalytische Philosophie），这确实并非巧合。显然，与分析哲学捆绑在一起的，是对哲学与语言及其使用之紧密关联的敏锐意识。这都是陈词滥调，并没有将分析哲学与苏格拉底的"言语之道"或亚里士多德对"所言为何"的方法论关注区分开来。然而，更进一步的尝试是危险的。达米特进行过此类尝试，他声称存在三个"整个分析学派共有的"原则（Dummett 1978：458）。第一，哲学的目标是思想结构分析；第二，思想研究与思维研究有明显区别；第三，对思想分析的唯一合理方法是语言分析。

哲学的目标是思想结构分析的说法并不清楚，它想表达的意思可能是，哲学的目的是研究思想内部结构和思想之间的逻辑关系。假设"思想"表示的是我们在思考 $p$ 时所想的东西，那么下面这点并不清楚，即我们所想的东西**具有**一个结构（除了转喻以外），正如下面这一点也同样不清楚，即当我们害怕、期待、怀疑或假设 $p$ 时，我们所害怕、期待、怀疑或假设的东西具有一个结构。可以说，具有结构是思想（害怕、期望、怀疑或假设）的**表达**。

即使忽略这些疑虑，深层担忧仍然存在。价值论基本问题是："善的本质是什么？""善有哪些不同的种类或变种，它们之间有什么关系？"或者："什么可以辨识伦理的善，它与行为的道德理由有什么关系？"数学哲学中的基本问题是："什么是数字？""我们赋予数学真理的必然性本质是什么？"或："数学真理与证明的关系是什么？"这些问题可以在价值论或数学哲学中成倍增加，并且可以在任何其他哲学分支中得到类似的例证，但不能（仅由分析哲学家）不平凡地归入"思想的哲学"标题之下，也不能被说成可由分析哲学通过分析思想给出唯一解答。

摩尔或早期罗素不会同意下面这种论点，即分析思想结构的唯一正确方法是分析语言。[1]并且，后期维特根斯坦肯定会认为，思想具有结构的观点不具有任何意义。可以肯定的是，用于表达思想的句子确实具有

---

1　虽然我认为，根据权威观点，它会得到哈曼和尼采的赞同（见 Philipse 1992：167）。

结构。但是后期维特根斯坦的基本原则是摒弃句子的形式和结构，包括谓词演算的形式和结构，认为它们具有误导性。单词的形式误导人，这并不是因为表层结构隐藏了一些由谓词演算（带有进一步的改进）给出的所谓深层结构，正如他在《逻辑哲学论》中所论证的那样；而是因为表层形式没有揭示用法，这是由于具有完全不同用法的句子可能具有完全相同的形式或结构。[1] 谓词演算的形式与自然语言的形式一样具有误导性。

**5. 语言转向**　在肯尼和达米特身上也可以找到分析哲学的不同特征。肯尼建议：

> 如果说分析哲学是在"语言转向"时诞生的，那么它的诞生必须追溯到 1884 年《算术基础》的出版，当时弗雷格决定，研究数字本质的方法是分析数字所出现于其中的句子。
>
> （Kenny 1995：211）[2]

这个建议似乎也没有用处。如果语境原则标志着哲学的语言转向，那么边沁在 1816 年就采取了这种转向，他当时在《论文集》（*Chrestomathia*）中写道：

---

1　诚然，维特根斯坦在《哲学研究》§664 中介绍了表层语法和深层语法之间的对比。但是，后来被生成语法学家所采用的深层语法的比喻，对于维特根斯坦的目的来说是非常不合适的。他的意思与乔姆斯基的想法截然相反。表达式的深层语法不是什么隐藏的东西，需要通过分析来挖掘（如在《逻辑哲学论》中），而是完全可见的东西——只要一个人愿意环顾四周，并提醒自己表达式用法的一般模式。在此，地形隐喻比地质隐喻更合适。

2　这里，肯尼追随 M. A. E. 达米特（1993：5）。理查德·罗蒂于 1967 年编辑的同名语言哲学选使"语言转向"这一表达流行起来，他将此短语的提出归于古斯塔夫·伯格曼（Gustav Bergmann）的《逻辑与实在》（*Logic and Reality*，1964）。它的重要性已经超出了其发起者的意图。

任何比整个命题小的东西,即小于整个命题意义的东西,
都无法进行交流。因此,在语言中,要寻找的整体是一个
完整的命题——逻辑学家称之为逻辑命题。对于这个整体而
言,任何一个话语,即使是最重要的话语,无非是一个片段。
而在这方面,在多词称谓中,话语部分、语词部分是指导性
的。它是整体的部分,通过它传达了寻找整体的暗示。

(Bentham 1983: 400)

这清楚地说明了通常被认为是由弗雷格首先提出的格言所说的东西,
"一个词只有在句子的语境中才有意义",并且维特根斯坦在后来的
阐明中更明确地表达了这一点,即句子是语言游戏中最小的一步(参见
Wittgenstein 1958: §49)。从这个意义上说,边沁对虚构的分析,尤
其是对法律虚构的分析,是分析哲学的典范。因为边沁认为,研究义
务、责任和权利的性质的方法就是分析,或者更明确地说,是找到出现
"义务""责任"或"权利"等词的句子的释义等价物。为此,他设计
了他的套句法、释义法和原型法。但是,将分析哲学的诞生日期定为
《论文集》的出版日期是很古怪的。

毫无疑问,语境原则在分析哲学史上具有重要意义,正如罗素的不
完全符号理论一样(边沁的虚构理论也预见到了这一点)。然而,它本
身仅是各种分析方法中的一种而已。此外,没有充分理由将语境原则与
哲学中所谓的"语言转向"联系起来。我将在下面论证语言转向晚于分
析哲学的兴起,并且它与《逻辑哲学论》及其影响下的分析哲学后续发
展有关。

**6. 语言哲学的首要地位**  可以确信20世纪分析哲学的显著特征是
关注语言和语言的意义,并且我希望,如果确信分析哲学不能通过参考
(4)或(5)获得充分的辨识,人们可能会尝试更进一步的策略。有人

可能会建议，正如斯鲁加所做的那样，分析哲学的特征信条是"语言哲学是所有其他哲学的基础"（Sluga 1980：2）。[1]但这也是不可接受的。一方面，很难将毛特纳（Mauthner）视为分析哲学家，虽然他认为所有哲学都是对语言的批判。另一方面，摩尔和罗素都明确否认他们的分析形式与语言分析有关，更不用说与"语言哲学"这一主题有关了。我们已经注意到，后期维特根斯坦认为哲学是"扁平的"（flat），并否认哲学中的任何部分相对于任何其他部分具有首要地位。简要看一下战后牛津哲学家就能够发现，这里并没有承诺语言哲学具有首要地位的观点。如果赖尔算作心理学的分析哲学家，如果哈特算作法学的分析哲学家，如果奥斯汀在他对言语行为的研究中算作语言的分析哲学家，在他对知觉或他心的研究中算作分析的知识论学家，那么就不能说分析哲学家普遍认为语言哲学是哲学其他部分的基础。

**7. 拒斥形而上学**　有人可能会提出，分析哲学的特点是拒斥形而上学。它拒绝先天综合真理的可理解性，并否认只有纯粹理性才能获得关于实在的任何知识。确实，对思辨形而上学的否定在分析哲学的某些阶段发挥了作用。对于两次世界大战之间的剑桥分析哲学家、维也纳学派以及大多数（如果不是全部）牛津分析哲学家而言，这样说当然是对的。但这并没有将分析哲学与其他形式的哲学区分开来。首先，正如维特根斯坦就《维也纳学派宣言》告诫石里克时所说的那样，"废除形而上学"并非什么新鲜事：休谟曾大力挥舞过这面旗帜，康德（就先验形而上学而言）和孔德也是如此。其次，早期分析哲学，即早期摩尔和罗素的多元论柏拉图主义，中期罗素和《逻辑哲学论》的逻辑原子主义，以及两次世界大战之间的剑桥分析学派，无疑都致力于有关实在的终极本质和

---

1　斯鲁加（Sluga）与肯尼一样，也追随达米特的脚步。达米特声称"我们可以将分析哲学描述为，接受语言哲学是该学科其余部分的基础，这一点是追随了弗雷格的想法"（1978：441）。

世界的逻辑结构的形而上学论题。他们拒绝了绝对唯理论的思辨形而上学，只不过用有关事实及其成分的各种推定的分析形而上学取而代之。《逻辑哲学论》否认存在任何形而上学命题，坚持认为任何陈述形而上学真理的尝试都必然会导致无意义。但这并不是因为维特根斯坦认为不存在形而上学真理，恰恰相反——《逻辑哲学论》的大多数命题都是自觉地尝试陈述这些真理，即使**严格意义上**它们只能被显示。正如康德为了给信仰留出地盘而划定了知识的界限一样，青年维特根斯坦为了给不可说的形而上学留出地盘而划定了语言的界限。

对形而上学的拒斥——事实上是强烈拒斥，刻画了维也纳学派的主要特征。战前的年轻牛津和战后的成熟牛津与"维也纳学派"一样，并不同情形而上学，[1] 但它没有分享后者圣战的热情。正如赖尔所说，"我们大多数人对形而上学覆灭并不感到悲伤。毕竟，我们从来没有遇到过从事任何形而上学研究的人。我们的《表象与实在》满是灰尘，我们多数人从未看过《存在与时间》"（Ryle 1970：10）。后期维特根斯坦拒绝了所有形式的形而上学愿景，尽管不是基于不存在先天综合命题，或者不是基于所有必然真理都是分析的。

如果上述分析运动的哲学家名单是合理的，那么似乎很清楚，这七种形象中没有任何一个能描绘全貌，除非以失真为代价。将这些特征组合成任何一组单独必要且共同充分的条件也无法奏效。有人可能会争辩说，分析哲学概念应该被视为一个家族相似性概念。[2] 因此，将分析学派哲学家联合在一起的将是一系列方法和学说的重叠相似性，没有任何一个能够单独成为分析哲学家必要条件。这可能是有道理的。但首先，除了 20 世纪分析运动的参与者之外，人们还会在自己的网中捕获一大群

---

1　斯特劳森在《个体》（1959）一书中，显然同情康德精神下的形而上学努力，并以分析的方式复兴了形而上学的习语。但在这里复活的只是字面上的形而上学，而不是传统所认为的形而上学精神。见下文，pp. 22f。

2　见 Philipse 1992：168。

哲学家，从亚里士多德到休谟和边沁。这或许是一个可以接受的代价。帕普肯定就是这么想的，他说：

> 一部分析哲学史，倘若已被写出来的话，也不必从 20
> 世纪开始。它可以一直追溯到苏格拉底，因为苏格拉底的
> "辩证法"正是一种澄清意义的方法，主要应用于道德术语。
> 同样，亚里士多德的大部分著作都包含逻辑分析……尤其是
> 所谓的英国经验主义者，洛克、休谟、贝克莱及其后继者，
> 他们主要将哲学作为一种分析方法来进行实践。可以肯定的
> 是，他们所创作的大部分内容属于心理学，但如果扣除这一
> 点，仍然存在对意义问题的认真关注，对分析哲学充满着持
> 久的贡献……
>
> （Pap 1949：vii–viii）

其次，家族相似性概念通常会随着时间而演变，新的纤维被添加到绳索中，以此回应新发现或新发明、概念和概念关系的模式转变、在新现象与熟悉现象之间感知到的类比和近似、看待事物的新方法、人类的需求。"分析哲学"是一个相当新的术语。这是哲学家的技术术语。试图遵循维特根斯坦关于家族相似性概念的建议："不要想，而要看！"（1958：66），即考察讨论中的表达式实际上是如何使用的，这是没有意义的。因为该术语没有得到广泛认可的用法。在这里，我们可以随意塑造这个概念；其实，可以说这不是随意的，而是必须这样做。有待解决的问题是：为了什么目的我们需要分析哲学概念？如果它的主要用途是刻画 20 世纪一场哲学运动及其方法，那么可以说将其解释为一个家族相似性概念会剥夺它作为一个历史范畴的首要用法，因为它在其网络中收集的内容比我们这个世纪的分析运动要多得多。此外，如果我们有意用家族相似性概念的形式塑造它，我们就有责任确定为什么这些特性

而非那些特性是家族特征。这绝非易事，也不是一项人们可以指望就其达成共识的任务。

## 一个历史范畴：分析哲学的概观

20 世纪的分析哲学有无数先驱，从苏格拉底和亚里士多德，再到笛卡尔和莱布尼茨，从洛克、贝克莱和休谟，再到康德、边沁和弗雷格。[1] 编织分析哲学这块织锦的大部分（并非全部）织线都可以追溯到有点儿遥远的过去。织锦的最大特色是各种织线的交织方式和设计特征。这些随着时间的推移而改变，一些织线要么被废弃并被新织线取代，要么被以不同的方式使用，而另一些在编织中变得比以往更加突出，一些模式在一个时期占主导地位，但在后面逐渐沉入背景或完全消失。我认为，分析哲学最好被理解为一种动态的历史运动。[2]

---

1　弗雷格确实发明了新的逻辑，辩护了一种反心理主义的柏拉图主义，并进行了算术的逻辑分析。正如罗素所承认的，从这个意义上说，他是分析学派的先驱。但他对摩尔没有影响，对罗素的影响也很小，除了他在祖先关系上的定义（罗素评论说，他所得到的数字定义"是弗雷格在 16 年前提出的，但我直到重新发现它一年之后才知道"［Russell 1959：70］）。弗雷格没有在哲学中进行"语言转向"，他也没有像罗素那样，将逻辑分析扩展到数学哲学范围之外的认识论、形而上学、心灵哲学等。他显然不认为语言哲学是整个哲学（包括哲学心理学、伦理学、政治与法律哲学、美学和宗教哲学——对此他没有写过任何东西）的基础。相反，他坚持认为"逻辑学家的职责是不断地与……语言和语法中那些无法自由自在地对逻辑进行表达的部分作斗争"（Frege 1979：6）。逻辑学家必须努力将我们从语言的束缚中解放出来（Frege 1979：143），打破语词对人类心灵的控制，将思想"从依附于它的语言表达方式的本质"中解放出来（Frege 1972：前言），因为"研究语言并确定语言表达包含的内容不可能是逻辑的任务。想要从语言中学习逻辑的人，就像一个想要从孩子那里学习如何思考的成年人……语言并不是为了符合逻辑而生的"（Frege 1980：67f.）。根据弗雷格的说法，为我们的命题（思想）分析提供钥匙的并不是自然语言，而是他发明的概念符号。

2　对于欧洲文化中的另一个伟大运动，即浪漫主义，也可以提出类似的观点。

　　它诞生于世纪之交的剑桥，伴随着对绝对唯理论的反抗。摩尔和罗素将反心理主义视作理所当然的——在这方面，他们与其唯理论老师没有争论。争论的主要焦点是知识对象对认识者的依赖、绝对的一元论、真理符合论、关系的非实在性和内在关系学说。摩尔和罗素都拒斥唯理论——无论是贝克莱式的还是康德式的唯理论，坚持知识对象独立于认识者，捍卫真理符合论，否定一切关系的内在性学说，肯定关系的实在性和客观性。他们对绝对唯理论者的批评不是基于经验主义原则，他们的方法论也不是出于对日常语言的忠诚。相反，他们接受了一种充满活力的多元论柏拉图主义实在论。他们支持分析，以取代新黑格尔主义唯理论的综合特性。摩尔认为自己从事的是分析独立于心灵的概念，当这些概念置于心灵面前时，可以看出它们要么是复合的，要么是简单的。如果是复合的，哲学家的任务就是详细说明这些从复杂概念中分析出来的构成概念，并阐明它与其他概念是如何联系、如何区分的。他一方面把知道表达式的意义、知道其语词定义与知道其用法区分出来，另一方面与知道其意义的分析区分出来。他将知道表达式意义解释为在脑海中拥有那个概念，并将其与能够对意义进行分析相区分，即能够说出其组成部分是什么以及如何将其与其他相关概念相区分。根据他的官方学说，可以在不关注其语言表达的情况下分析一个概念（或一个术语的意义）。

　　罗素的分析概念在某些方面有所不同。它植根于 19 世纪一些数学家的著作，例如威尔斯特拉斯（Weierstrass）、狄德金（Dedekind）和康托尔，他们有关微积分概念(例如连续性和极限)的著作是罗素的模范。像摩尔一样，他认为分析是客观的和非语言的。随着他的数学基础工作持续推进，他的分析概念变得越来越逻辑化，但并没有被认为是语言的分析。《数学原理》的逻辑语言成为主要工具，用于穿透自然语言的误导形式并揭示事实的真正逻辑形式。但是描述理论和类型理论带来了压力，罗素只是不情愿地、慢慢地屈服于压力，承认它们比他迄今为止对语言所做的研究更重要。就像边沁的虚构理论一样，对不完全符号（其中也包含了限定描述）的分析方法，实际上是句子释义法。类型理论很容易转化为不尊重现实的逻辑句法理论片段。

罗素和摩尔之间的差异远不止于此。摩尔坚信，我们非常确定地知道无数事实。任何挑战这一点的哲学都是错的，应当对其加以拒斥，因为我们对这些事实的确定远远超过对任何哲学论证的确定。我们知道，这个世界已经存在了很长时间，我们拥有身体，存在独立于我们心灵的物质事物，我们本可以经常采取与我们实际行为不同的方式，我们确实知道很多真理，等等。我们不知道的是对这些事实的分析。我们知道这些命题的意义，我们知道它们是真的，但我们不知道对其意义的分析。哲学的任务是意义的分析（意义被认为是独立于心灵并独立于语言的实体）。相比之下，罗素的哲学是对确定性的笛卡尔式探索。我们事先不知道该探索将把我们引向何方，也没有理由假定它会完好无损地保留摩尔所引用的那些平淡的确定性。实际上，他打趣地说，"哲学的意义在于从一些如此简单以至于似乎不值一提的事情开始，然后以如此荒谬以至于没人会相信的事情结束"（Russell 1986：172）。数学是罗素确定知识的范式，他对数学基础的研究是为了从纯逻辑中推出皮亚诺算术公理，证明其真实性和不容置疑性。罗素在《数学原理》中满意地完成这项任务之后，转向了对我们有关外部世界知识的分析，希望为一般的经验知识做出他自认为为算术所做的事情，即将它建立在可靠的基础之上。因此，他支持奥卡姆剃刀原则——如无必要勿增实体（为了避免被命运摆布），并倡导"科学的哲学的最高原则"——尽可能用逻辑建构代替推断实体。他战后的两部作品《心的分析》和《物的分析》的特点，是还原和逻辑构造。他认为哲学是科学知识的一种形式，与特殊科学的不同之处仅在于它具有更大的普遍性。它的任务是寻找真理。确保所揭示内容为真的，主要工具是笛卡尔式怀疑。

正如冯·赖特所指出的那样（von Wright 1993：26-30），罗素和摩尔的差异代表了分析哲学根源上的二元性。这种二元性后来成为一般分析哲学中的两极对立，体现为维也纳学派中卡尔纳普和石里克之间的差异，以及牛津哲学家中艾耶尔和奥斯汀之间的差异。正如魏斯曼所说（Waismann 1939-40：265；von Wright 1993：26），这些两极对立甚至可以说代表了两种根本不同的人类心灵态度。一个主要关注真理，另一个主要关注意义；一个主要关注知识的增长，另一个主要关注理解的加深；一个在怀疑的恐惧面前建立确定性，另一个主要关注对预先存在的确定性持怀疑态度，认为肯定是可以反驳的（如摩尔所说的）或者确实是不融贯的（如维特根斯坦所说的）；一个效仿科学的成就、进步和理论构建，另一个以追求明晰为目的。[1]

分析哲学的第一阶段从世纪之交充满活力的多元论柏拉图主义发展到 20 世纪初出现的逻辑原子论（构成其第二阶段）。这部分归功于罗素尝试将《数学原理》分析方法应用于一般经验知识，部分归功于青年维特根斯坦——他对罗素的影响既令人震惊又激动人心——以及他在 1913 年至 1919 年间创作的杰作：《逻辑哲学论》。就当前目的而言，《逻辑哲学论》有四个特点值得注意。

第一，它使现代欧洲哲学分析和分解的动力达到顶峰，这种动力源自笛卡尔和莱布尼茨，也同样源于洛克和休谟。这一观念主导了两次世界大战期间的剑桥分析学派，并以一种改良的方式（没有关于事实和简单对象的形而上学，也没有关于原子命题的独立论点）塑造了逻辑实证主义的分析观念。它还使在弗雷格和罗素手中开花的逻辑的形而上学结出硕果。在其形而上学体系内，思想和命题的图像理论为解决自笛卡尔以来主导哲学思想的命题意向性问题，提供了迄今为止最有力的解决方案。它提供了一种形而上学的解释，以此说明一种心理现象，即思考一

---

1　参见维特根斯坦的"前言草图"，可能是为《文化与价值》中的《大打字稿》而写的（1980：6f.）。

个思想如何可能具有一个与实际情况相同的内容，如果它是真的；但如果它的内容与实际情况不同，即它是假的，那么这时它如何可能仍然具有一个内容。与此相应，它解释了一个命题如何可能一方面是错误的，另一方面却仍然具有意义。概括而言，它解释了符号的意向性，其方法是参考思想与意指这类心理行为的内在意向性。

第二，它彻底摧毁了弗雷格和罗素的逻辑概念，代之以一个完全不同的概念。《逻辑哲学论》的"基本思想"（Grundgedanke）是没有逻辑常项。[1]逻辑连接词既不是逻辑对象的名称，也不是特殊逻辑函项（概念或关系）的名称。命题既不是真值的名称，也不是复合物的名称。逻辑命题既不是对抽象对象之间关系的描述，也不是对宇宙中最普遍事实的描述。逻辑真理的标志不是绝对的普遍性，因为逻辑真理不是重言式的概括，而是"绝对的"（simpliciter）重言式。逻辑真理的标志是必然性，而逻辑命题必然性是命题真值函项组合退化情况的产物。在逻辑命题中，基本命题被真值函项算子组合在一起，以至于无论它们拥有什么真值都为真。这种有保证的真理需要付出空洞的代价。逻辑命题无意义（senseless），意义为零，对世界无所言说。但每一个重言式都是一种证明的形式。尽管所有逻辑命题都说同样的事情，即什么也没说，不同重言式差异之处在于它们揭示了不同的证明形式。逻辑命题的标志在于，在合适的符号系统中可以仅通过符号就把它识别出来。这阐明了逻辑命题的本质及其与经验命题的范畴差异。它还清楚地表明了弗雷格 / 罗素逻辑公理化以及诉诸自明性来支持他们所选公理是多么具有误导性。这些公理并没有因其特殊的自明性而享有特权。它们和定理一样都是重言

---

[1]　这个观点有两个方面，这里只涉及其中一个方面，即否认逻辑运算符是逻辑实体的名称。另一个方面是指，诸如事实、对象、概念、命题、关系等形式概念（也被罗素称为"逻辑常项"）不是实质概念，不能出现在结构完整的有意义命题之中。因此，罗素的下述主张是错误的，即"存在双重关系"是一个逻辑命题，描述了有关宇宙的绝对普遍事实。

式。它们本质上并非原初的，定理本质上也并非派生命题，因为所有逻辑命题都具有同等地位，即空洞的重言式。因此，不存在弗雷格和罗素所设想的逻辑知识，因为知道重言式之真就是对实在一无所知。逻辑和数学都不构成真正先天知识的例子。这为维也纳学派所谓的"连贯的经验主义"铺平了道路。

第三，《逻辑哲学论》阐明了一种革命性的哲学观念，它塑造了分析哲学的未来。在这个观念看来，哲学与科学迥然有别（1922：4.111）。哲学中没有假设。它并非如摩尔和罗素所设想的那样描述宇宙最普遍真理，也没有像弗雷格所认为的那样描述抽象实体之间的关系。它并非如英国经验主义者和心理学家所设想的那样描述人类心灵的运作，也没有像康德所认为的那样研究经验的形而上学预设并用先天综合命题来描述它们。没有可以用命题表达的形而上学真理，因为唯一可表达的必然性只不过是空洞的逻辑重言式。任何表达形而上学真理的企图都会不可避免地侵犯意义的界限。《逻辑哲学论》本身就是形而上学的绝唱，因为它的命题是无意义的。没有哲学命题，因此没有哲学知识。哲学不是一项认知事业。它的贡献不在于人类的知识，而在于人类的理解。哲学的任务是一种逻辑澄清的活动（1922：4.112）。这项任务将通过对有问题的命题进行逻辑分析来实施，这尤其会将形而上学断言揭露为无意义（1922：6.53）。这种哲学观念对剑桥分析学派和维也纳学派都至关重要。石里克后来写道，它构成了哲学的"决定性转折点"。

第四，《逻辑哲学论》引发了哲学的"语言转向"，虽然并未完成。这标志着与弗雷格、摩尔和罗素的彻底决裂。维特根斯坦大胆地宣布，"所有的哲学，都是'语言的批判'"（1922：4.0031）。这种转向在这本书的下述主张中显得格外突出：（a）思想的界限将通过划定语言的界限来实现，即通过确定意义与无意义之间的边界；（b）未来哲学的积极方案是命题（即有意义的句子）的逻辑—语言分析；（c）未来哲学的消极任务是展示出形而上学断言试图说出就语言内在本质而言无法说出的东西；（d）维特根斯坦努力的关键在于阐明介词符号（prepositional sign）的本质（1922：4.5）；（e）对"现象"的逻辑研究，即逻辑的应用（这虽然直到 1929 年写成的《关于逻辑形式的一些评论》才开始，但在书中有计划地预示着逻辑的应用），将受到对经验现象的语言描述所做的逻辑分析的影响；（f）对逻辑真理的阐释是此书最伟大的成就，这是通过对符号系统的研究而实现的。"逻辑命题的特殊标志是，人们可以仅从符号中认识到它们是真的，而这一事实本身就包含了全部的逻辑哲学。"（1922：6.113）我已经强调，《逻辑哲学论》引发了"转向"，但没有完成。只有当这本书的语言转向与它的基础割裂开来时，即与不可说的符号系统的形而上学割裂开来时（例如，只有简单名称才能代表简单对象，只有事实才能代表事实，一个命题就是一个事实），这个转向才算完成。这个转向直到 20 世纪 30 年代才得以实现，一方面是通过维特根斯坦拒斥《逻辑哲学论》的形而上学得以实现，这将逻辑从任何形而上学基础和（在维特根斯坦对这个术语特殊使用的意义上）"元逻辑"基础中解脱出来，另一方面是通过深受维特根斯坦影响的维也纳学派得以实现。

第一次世界大战之后，分析哲学流派变成两个分支，剑桥分析学派和逻辑实证主义分支。剑桥的分析学派源于摩尔、罗素和《逻辑哲学论》。尽管摩尔发表的文章很少，但他在剑桥的教学很有影响力，他对知觉感觉材料理论的专注，与布罗德一样，赋予剑桥分析学派一个独特主题。[1]他细致的分析风格，以及他坚持哲学事业就是对意义的分析，也同样如此。然而，作为语言转向的结果，摩尔所说的"意义"被年轻一代进行了改造，即从对客观概念的直观思考转变为分析表达式语义的自觉努力。

---

1　另一个特色主题是归纳和概率。剑桥的刺激因素是凯恩斯的《概率论》（*Treatise on Probability*，1921）。布罗德、约翰逊、拉姆齐、伦齐（Wrench）、杰弗里斯（Jeffreys）以及 20 世纪 30 年代末期的冯·赖特都为这场辩论做出了贡献。

虽然罗素已不在剑桥，但影响力也不小。布雷思韦特在 1933 年评论道：

> 在 1919 年和此后的几年里，剑桥的哲学思想被伯特
> 兰·罗素的著作主导……他在书和文章中阐述了他不断变
> 化的哲学，这些书和文章被人们如饥似渴地阅读，并成为 G.
> E. 摩尔和 W. E. 约翰逊讲座中详细解释和评论的主题。
>
> （Braithwaite 1933：1）

凯恩斯在1924年写道，《逻辑哲学论》"自成书以来一直主导着剑桥所
有关键的讨论"（Wittgenstein 1974：116）。这对青年拉姆齐、布雷思
韦特和威兹德姆产生了重大影响。剑桥分析学派朝着还原论和逻辑建构
方案的方向发展。有些人接受了事实的本体论（尽管不是简单对象的本
体论），并试图分析事实的逻辑形式，表明某些事实只不过是其他事实
的逻辑构造。该方案在威兹德姆发表于《心灵》1931年第3期的《逻辑
构造》一文中达到顶峰。逻辑主义的可行性仍然在剑桥的议程上占据重
要位置，拉姆齐在剑桥努力弥补其缺陷。到1930年他英年早逝时，他已
经同意维特根斯坦的观点，即这是无法弥补的。哲学的非认知观念使老
一辈感到震惊，对年轻一代则很有吸引力。布雷思韦特说，传统的思辨
形而上学被否定了，其中麦克塔格特（McTaggart）的《存在的本质》
（1927）提供了"一个可怕的例子"。因为维特根斯坦已经表明，"如
果一个系统声称可以从逻辑必然的前提中通过逻辑必然蕴涵关系便能得
到有趣的经验命题，我们就可以预先断定这个系统一定是在哪里出错
了"（Braithwaite 1933：23）。《逻辑哲学论》引发的革命性哲学观念
在整个20世纪30年代的英国激发了广泛的哲学争论，涉及哲学的本质、
分析的特征以及它与逻辑和语言的关系。从1930年起，维特根斯坦本人
就在剑桥讲学，并摒弃了许多他早期的思想。这使剑桥分析学派转向了
不同方向，从经典的还原分析和逻辑构建转向了《哲学研究》的方法，

这些方法在第二次世界大战后主导了英国哲学。

两次世界大战之间的第二股分析哲学流派起源于维也纳，从那里传到德国、波兰、斯堪的纳维亚地区，后来传到英国和美国。在此，维特根斯坦的影响甚至比 1929 年之前在剑桥的影响更大，无疑部分原因是他在 1927 年至 1936 年间与维也纳学派成员的交往，还有部分原因是维也纳学派对《逻辑哲学论》这本书的密切关注。[1]他们放弃了逻辑原子主义及其简单对象和事实的本体论，拒绝了言说和显示的学说及其所伴随的不可言说的形而上学，并否定了每种可能的语言都必然具有反映事实逻辑形式的相同逻辑句法的想法。但他们欢迎这样的说法，即只存在逻辑的必然性，逻辑真理是空洞的重言式。他们接受了维特根斯坦对逻辑连接词和外延性论点的说明。五个主题刻画了逻辑实证主义的特征，所有这些主题都深受维特根斯坦的影响，虽然有时是误解的结果。

首先，维也纳学派的哲学观念来源于《逻辑哲学论》。哲学不是一门认知学科，它与科学完全不同。根据卡尔纳普的说法，它的积极作用是阐明有意义的概念和命题，并为科学和数学奠定基础。传统的哲学问题要么是伪问题，要么是经过适当阐明之后显示为经验问题。哲学是阐明科学语言逻辑句法的活动。

第二，维也纳学派提倡废除形而上学。在此，他们接受了《逻辑哲学论》的主张，即不存在形而上学命题，同时拒绝只能展示而不能言说的不可说的形而上学真理的想法。

第三，他们接受了源自 1929 年至 1930 年与维特根斯坦讨论得出的证实原则，并将证实性作为经验意义的标准。

第四，他们旨在坚持"连贯的经验主义"，否认理性可以成为综合知识和先验知识的来源。经验主义的传统绊脚石是逻辑、算术和几何以及形而上学的真理。在他们看来，正是《逻辑哲学论》对逻辑真理的解

---

1　他们在 1924 学年和 1926 学年的每周例会中逐行阅读这本书。

释使得连贯的经验主义成为可能。但与维特根斯坦的不同之处在于，他们对逻辑真理的解释是约定主义的。维特根斯坦认为逻辑真理源于命题的本质两极性，而维也纳学派则将它们解释为符号系统任意约定的结果，即凭借逻辑连接词的意义而成真。他们接受了希尔伯特对几何的约定主义解释，并（错误地）觉得维特根斯坦认为算术命题可以还原为空洞的重言式。

第五，他们采纳了科学统一性观点，并致力于一个还原论方案，将所有具有认知意义的命题显示为可以从构成"所予"的基本命题中推导出来。这一观点可以追溯到笛卡尔，这一方案可以追溯到罗素，但所有命题都是基本命题真值函项（外延性论点）的思想是源于《逻辑哲学论》。假设基本命题可以从直接经验得到验证，这点为该计划提供了支持。

到 20 世纪 30 年代中期，维也纳学派的观点开始两极分化，形成了在《宣言》中被确立起来的正统实证主义的卡尔纳普—纽拉特派，以及石里克—魏斯曼派，后者深受维特根斯坦后期哲学思想的影响，这时维特根斯坦的思想发展与《逻辑哲学论》背道而驰。维也纳学派的思想统一性在内部批评下开始瓦解，它的物理统一性则被纳粹主义的兴起摧毁。它的主要遗产留在了二战后的美国，维也纳学派的许多成员在那里定居并塑造了战后美国哲学的形态。

战争使哲学陷入了停滞。1945 年后的几年内，分析哲学的主要中心变成了牛津。它的主要人物是赖尔和奥斯汀，伴有几个强有力的配角，包括魏斯曼、格赖斯、哈特、汉普夏和伯林，以及他们的晚辈如斯特劳森、厄姆森以及后来的黑尔、皮尔斯、昆顿和沃诺克。主要的影响来自后期维特根斯坦，在他去世后及《哲学研究》出版之前，他的想法先是由魏斯曼和保罗，后来又由安斯康姆传播到牛津。但许多著名人物，如奥斯汀、克尼尔和格赖斯，都对他们无动于衷。与维也纳学派不同，牛津分析哲学不是一个"学派"。它没有发表任何宣言，并且也不固守正统观念。尽管维特根斯坦的影响很大，但他的思想是被吸收而不是被培养。牛津分析哲学包含多种观点，有时甚至是相互冲突的观点，只有无知的人才会把它们归入"日常语言哲学"这一误导性的标题之下。

尽管如此，还是可以确认一些共识。形而上学被否定了。有一段时间，这个词只出现在索引上。当斯特劳森在《个体》（1959）中重新使用它时，它已经被洗得很干净了。因为描述的形而上学并没有自命不凡地要求获得超验知识或者描述世界的逻辑结构。它仅限于描述我们概念图式的最普遍特征，概念图式即我们的语言或任何可以区分经验及其对象的语言。因此，描述的形而上学是对诸如客观的个例、人、经验、时空等最普遍结构概念的关联性分析研究。

先前所设想的分析，以及在两次世界大战期间盛行的还原和逻辑构造方案也被拒绝了。但是，现在被称为"语言分析"或"概念分析"的分析术语被保留下来。出于哲学阐释的目的，这相当于描述相关概念的相互联系，描述它们的含义、兼容性和不兼容性，以及描述哲学上成问题的表达式用法的条件和情境。这种分析并没有终止于逻辑上独立的基本命题或者简单的、无法分析的名称或概念。当概念网络通过其所有相关网格得到追溯时，它终止于针对给定问题所获得的清晰性。斯特劳森的"关联性分析"术语很好地展示了这种方法。

在这种松散和非还原的意义上，分析的对象是词语在句子中的使用。摩尔式关于概念的观念被否定了，概念的讨论被认为是从词语使用中得到的抽象。人们并非普遍认为所有哲学问题都是**关于**语言的问题，或者它们都是**源自**语言的伪问题，更不用说它们都必须通过设计一种"理想语言"来解决。很少有人（如果有的话）相信谓词演算工具提供了解开哲学谜题的钥匙，更不用说它构成了任何可能语言的深层语法。但是，人们普遍认为，解答或解决任何哲学问题的先决条件有两个，一是耐心，二是系统地描述自然语言中相关术语的使用（这既有可能是一门特殊科学的技术词汇，也有可能不是）。

虽然后期维特根斯坦的哲学治疗观念没有被普遍接受——至少不是

作为整体——但他坚信的下述观点以不同程度获得了广泛共识：哲学与
科学是不连续的，哲学是自成一体的，是对人类理解的贡献，而不是对
人类知识的延伸或补充。虽然没有找到他对"语法"一词特殊使用的追
随者，但他的下述说法确实能找到追随者，即"语法陈述"是先验的，
并被翻译成牛津习语"概念真理"。赖尔指出，哲学问题是一种特殊类
型的问题，而不是关于特殊实体一般类型的问题——例如理念、柏拉图
式的意义或概念、逻辑或意向对象等实体。它们不是科学的、经验性的
问题，不能用科学的方法或理论来解决。

　　人们普遍认为哲学是不分等级的。认为逻辑是哲学基础的假设，或
者认为"语言哲学"学科（当时甚至不存在这个术语）是其余部分基础
的假设都不被认可。哲学中没有任何部分被认为是享有特权的或基础性
的。但是语言转向已经发生，到了 20 世纪 50 年代，这种转向在很大
程度上被认为是理所当然的。虽然这个主题的不同部分并不是从共同树
干产生的，但它们显然是哲学困惑的共同特征和解决问题的共同方法的
联合。哲学的核心关注点是意义和表达式意义的澄清，这不是为了它们
自身的问题，而是为了解决哲学问题。一种主要的方法是对词语使用的
描述，而不是在戴维森纲领模型上的意义理论构建，后者曾在 20 世纪
七八十年代主导了英美语言哲学。那时，分析哲学已走向衰落。

## 何往？

　　20 世纪分析哲学的统一是历史性的。它是多样性中的统一，因为没
有明确特征来刻画分析运动的所有阶段。但是每个阶段都与前面的或同
时的阶段共享一些特征。其中一些特征具有古老的渊源，例如分析（在
这个术语的某些解释之下）、"言语之道"、拒斥形而上学。但它们被
以全新的方式探索，或者被以比之前更加彻底和精确的方式探索，并被

新的论证加以辩护。其他方面是新的，例如，用新逻辑作为分析工具、哲学的非认知观念。我认为，使用"分析哲学"这个术语称呼我们这个世纪独特的思想交汇是最有启发性且最不具误导性的。既然如此多的思想确实有古老的渊源，分析哲学先驱相对而言能够被毫无争议地识别出来，就是通过他们的哲学和哲学方法与这一 20 世纪运动某阶段的相似性来识别的。这个运动本身最好通过描述而不是分析来识别。

我说过，分析哲学在 20 世纪 70 年代之后衰落了。最后，我想对此进行澄清。分析运动的每个阶段都受到革命热情的驱动。主角们满怀激情地相信，他们正在摆脱理智自负的哲学，清理垃圾堆积如山的奥吉斯（Augean）马厩，并让这个主题有了全新立足点。到了 70 年代，革命的日子已经结束。科学理性的精神无须辩护。它在技术上取得了胜利，在 20 世纪科学的伟大理论发现中取得了胜利。自满开始了。分析运动在其所有阶段的方法论自觉特征都消失了，因为哲学似乎不再需要辩护。20 世纪后期哲学的显著特征是，人们不再激烈地争论什么是哲学、可以从中得到什么、什么是哲学命题（如果有的话）以及它们如何与科学命题关联。许多当代哲学的标志是科学主义，尤其是心理学哲学和语言哲学（特别是受理论语言学影响的地方）。分析传统的批判功能已被抛弃。哲学再次被普遍认为是科学的延伸，与其说它具有普遍性（如罗素所设想的那样），不如说它具有思辨特征。

影响这种变化的力量是多方面的，其中许多与哲学无关。在哲学领域，主要贡献者是蒯因。他对分析／综合区分的否定本身并不构成与分析传统的决定性决裂，而只是与卡尔纳普和逻辑实证主义决裂。后期维特根斯坦同样回避了这个术语，它在牛津哲学家中也并没有发挥重要作用。[1] 但我认为，对分析／综合、偶然／必然、先验／后验的**任何**区分的

---

1 事实上，早在 1951 年蒯因的"两个教条"之前，魏斯曼在牛津已经挑战了传统的明确区分，这主要体现在他于 1949—1953 年发表在《分析》（Analysis）杂志上有关"分析—综合"的六篇文章之中。

全面否定，或对任何**相关**区分的全面否定，确实构成了决定性决裂。因为随着对这三个区分和**任何同类区分**的否定，哲学作为一种自成一体的概念，作为一种与科学完全不同的批判学科，作为一种先天研究，作为自然的理性法庭而非原告，就会瓦解。但是从第一次世界大战后的几年开始，即从《逻辑哲学论》出版开始，到维也纳学派和剑桥分析学派，再到《哲学研究》和牛津分析哲学家，分析哲学的特征正是这种元哲学观念——尽管表现方式有所不同。分析哲学可以愉快地放弃由康德、弗雷格和卡尔纳普提出的分析 / 综合区分。它不仅可以，而且应该将必然 / 偶然的区别视为考察和阐明的合适主题，而非需要依赖的分析工具。但是，如果它还必须放弃意义的先验性问题和事实的经验性、后验性问题之间的任何区别（其中一种形式是维特根斯坦对语法命题和经验命题的区别——句子使用之间的区别，而不是类型句之间的区别），那么哲学作为一门独立学科的地位就会受到损毁。这就意味着分析哲学的终结。它假借哲学的幌子开启了通往思辨科学的大门，不受观察、实验和证实的限制。

有人很可能会说，蒯因回到了早期分析哲学的罗素阶段，该阶段先于《逻辑哲学论》。因为他的哲学观念与罗素的观念有相似之处。如果是这样，为什么不将其视为这场运动的进一步发展，即将早期罗素与实用主义嫁接在了一起？人无法在历史的洪流中回游。如果 1911 年在剑桥遇到罗素的人是青年蒯因而不是青年维特根斯坦，分析哲学的历史可能会完全不同。但是分析哲学的河床被《逻辑哲学论》决然地改变了——并且转向了与罗素哲学观念相悖的方向，后者对这场运动再没有进一步影响。到 1960 年蒯因的主要著作出版时，它已不再像过去四十年那样与分析哲学的主流相接续了。它构成了决定性的决裂。虽然在某些方面可以追溯到罗素，但蒯因甚至不接受罗素的分析观念——这一观念首先表现在他的逻辑主义之中，然后表现在《我们关于外间世界的知识》的还原论之中，后来表现在《心的分析》和《物的分析》之中。

蒯因对上述三个区分的攻击在美国被广泛接受，这并不是他在哲学中鼓励科学主义的唯一特征。在我看来，另外四个特征值得一提：蒯因的本体论转向，他的物理主义，他对自然化认识论的倡导，他的行为主义以及由此产生的对语言哲学中规范性问题的排斥。第一个是对分析问题关注点的转向，即从探究各种话语领域存在归属意味着什么（即探究声称存在颜色、存在精神状态、存在法律制度或存在虚构人物意味着什么）转向了探究假设的本体论，即探究是否存在某些"实体"，或者，为了科学的目的抑或为了有关实在东西的最佳"理论"，是否需要设定"实体"。蒯因认为唯一真正的知识是科学知识。他声称，物理学研究的是"世界的本质"，并且支配一切存在物行为的根本法则就是物理法则。"如果我们是在勾勒实在的真实终极结构"，我们应该避免使用有意的习语，因为不需要设定心灵状态，而只采用仅涉及"有机体物理构造和行为"的朴素方案。（Quine 1960：221）因此，对一切发生事情的终极解释也是物理学提供的解释。蒯因的物理主义是20世纪七八十年代出现的取消论物理主义版本的科学主义的主要灵感来源。他的自然化认识论"是作为心理学的一章，因此也是作为自然科学的一章"（Quine 1969：82-83）。因此，对辩护模式的分析研究，对知识主张所涉及的概念表达的分析研究，被对辐射模式（patterns of irradiation）的输入如何导致语言和其他行为输出的研究所取代。自然化的认识论实际上恢复了一种遗传主义的形式，分析哲学的反心理学主义曾力图根除这种形式。他的行为主义和从语言解释中消除规范性问题的做法，排除了对意义和无意义界限的考察，这种考察从20世纪20年代开始曾一直是分析哲学的核心。

蒯因的观念生发了这样一种信念，即哲学与科学是连续的，哲学与科学一样关注理论建构。哲学与科学一样，目标是增加人类有关实在的知识。因为，如果蒯因是对的，如果每一个概念框架都是理论性的，涉及本体论承诺，那么，在许多同时代人看来，日常语言只是一种文化的前科学概念框架，这对其进化的世俗目的有用，但却承诺一系列错误的前科学理论。据称，在日常语言中蕴含着一种前科学的物理学和心理学。因此，哲学理论化不需要比物理学或心理学更加关注表达式的日常使用。它的目的既不是解开因不明显地违反感官界限而引起的混乱，也不是描述我们概念框架的表达方式，而是为我们有关世界的理论做出贡献。

蒯因所激发的趋势得到了哲学外部资源的进一步支持：乔姆斯基的理论语言学，计算机科学和人工智能的发展，以及神经生理心理学的成就——尤其是在视觉理论领域。后行为主义认知科学（蒯因对此深恶痛绝）诞生了，分析的心灵哲学衰落了。心理学哲学与认知科学预测结盟，对心理概念表达的分析研究与关于大脑运作的假说之间的界限变得模糊了。同样，分析的语言哲学和理论语言学之间的界限也被削弱了。

我们可以对分析哲学的衰落采取一种末日观点。人们可能会倾向于认为，康德式批判哲学终结了哲学追求科学无法企及的先验真理的自命不凡，而分析哲学通过终结揭示先天综合真理的哲学目标，以及遏制纯粹理性在数学领域获取这些真理的自命不凡，完成了对主题的毁灭。分析哲学既然剥夺了哲学本身的任何主题，岂不就终结了这个主题吗？值得注意的是，石里克的"哲学转折点"以对未来的展望做了总结："人们将不再需要谈论'哲学问题'，因为人们将以哲学的方式谈论所有问题，即，清晰而有意义的方式。"卡尔纳普质疑，如果所有断言某事的陈述都具有经验性质并属于科学，那么哲学还剩下什么？他回答："剩下的不是陈述，不是理论，也不是体系，而只是**一种方法**：逻辑分析的方法。"他认为，逻辑分析的积极任务"是澄清有意义的概念和命题，为事实科学和数学奠定逻辑基础"。这个且只有这个，将是未来的"科学的哲学"（Carnap 1959：77）。但是，人们可能会想，如果卡尔纳普的恰当哲学领域完全依赖于他对分析/综合区分的坚持，并且如果蒯因成功地消除了这种区分，那么"科学的哲学"就会与科学融为一体。哲学的转折导致了哲学的终结。

我相信这种反应会是一种误解。我不知道，分析哲学的衰落是否只是一个暂时阶段。但这似乎很明显。分析传统给哲学留下了两个一般任务，后代可以自由承担。首先是批判。它的任务是解决概念困惑和概念混淆，这出现在哲学中，也出现在人类思想与反思经验的其他领域。后期维特根斯坦对这种哲学作用给出了最清晰的表述。恰当地说，它对贯穿其历史的许多主要哲学问题，以及处理这些问题的一种方式（或一类方式），至少做了部分刻画。人们对此太熟悉了，因此不需要详细说明。它有时被指责为"消极的"和"沉默的"。唯有在医学是消极的意义上，它才是消极的——"仅仅是"让病人恢复健康。与医学一样，哲学对抗的许多智力疾病是常年存在的，以不同的突变一代又一代地复发。这种哲学任务的观念绝不是寂静主义的，这在另一个特征中显而易见。哲学第一次获得了侵入科学的许可。因为概念上的困惑和混淆并不是哲学所独有的。分析哲学在其革命狂热岁月中的大敌——思辨形而上学的神话制造，宗教对科学问题进行断言的自命不凡，在伦理和政治问题上的**自以为是**（ipse dixitism，用边沁的恰当措辞）——可能已经至少被**暂时**（pro tempore）打败了。理性的科学探究和理性的社会和政治思想，在其适当的领域内，现在基本上摆脱了我们文化中的这些障碍。但这不应引起自满。因为敌人现在已经进了城门。如果科学大获全胜，它也是神话和神秘化的来源。因为每一个真理的来源都必然是两种错误的可能来源。面对经验性错误，科学装备精良，虽然它们的斗争可能会很困难。面对神话制造、概念的神秘化和混乱，它们却并非如此。因为人们遇到的困难不是理论上的；其错误不是一种谬误或者理论缺陷，而是缺乏意义。分析哲学非常适合解决这个问题。哲学批判的部分任务不是质疑真理，而是质疑一些可理解性，例如，理论语言学家谈论的一种与生俱来的思想语言，一种"语言基因"，或一种语言说话者无意识地"认知到的"为了相互理解所必需的普遍语法理论或解释理论。其部分任务不是考察它是否真实，而是考察下面这样的说法是否**有意义**：像许多实验心理学家所做的那样，这种说法声称，为了让一个人看见东西，大脑必须构建假设、运用归纳逻辑、进行推断、构建视阈地图，并根据可用信息为对象表面分配颜色。所考察的类似问题在物理学和生物学的分支中很常见，在经济学和社会科学中也是如此。批判的分析哲学不是科学的延伸，而是一个理性法庭，当科学滑入神话制造并陷入概念混乱时，应该对它进行提审。

　　第二个任务是补充性的。用维特根斯坦的术语来说，就是它在特定的话语领域内，为我们语词的使用和语言的语法（在他对"语法"一词的特殊使用的意义上）提供一个清晰的再现表达（perspicuous representation）。或者，用斯特劳森的话来说，为我们概念图式的结构或其中的一些片段提供描述。又或者，用赖尔的比喻，绘制和修正我们已经拥有的知识的逻辑地理。（这里存在概念上的差异，但出于当前目的，可以忽略它们。）如果一个人具有适当笼统的目的，就像斯特劳森在《个体》中所做的那样，那么，绘制的地图可能非常笼统，就像是从卫星上看到的那样。或者它可能像鹰的视野——更详细，但仅限于选定的地形范围，就像冯·赖特在《善之种种》中所做的那样。或者它可能集中在一个非常具体的地方，像艾伦·怀特（Alan White）在《注意力》中所做的那样。但是，无论是为了描绘地球、大陆、国家还是郡县，这项任务可能是出于其独立的魅力，也可能是出于与特定哲学问题相关的特定目的，这些问题虽然是概念性的（非经验性的），但不一定是概念纠葛和困惑的表达。无论哪种方式，其执行都有助于消除概念上的混乱。

　　哲学的这一积极任务只能在相对意义上完成。概念地形不可能有单一的地图。这取决于制图师的视角和目的。根据不同时代的智力需求，需要不同的地图。虽然景观的许多特征是稳定的，因为我们的语言及其使用具有合理的永久结构特征，但是，其他特征会发生变化，被风雨侵蚀，并偶尔受到火山剧变的影响，因为我们自己的概念和周围世界的概念会经历周期性灾难变化。

哲学的批判任务确实是西西弗斯式的。因为我们可能陷入的混乱是无限的。此外，随着新发现的出现（例如当代神经生理心理学的进展），随着新理论的提出（例如相对论）和新发明的出现——无论是先天的（例如现代逻辑演算的发明）还是实用的（例如计算机的发明），概念混淆和智力神话的新来源出现了，新的解释范式变得可用，并且往往被应用到其合法限度之外，科学的实验方法和理论建构所不能适应的新问题也随之出现。那些奋力登顶的人必须意识到，他们的成就可能只属于他们这一代人，与困扰他们时代的问题有关。每一代人都必须重新劳作。那些到达顶峰的人可能会因而感到安慰，因其可以把明亮的光线和清晰的视野传达给同时代的人，即便他们知道阴云可能正在地平线之外聚集。[1]

参考文献

Baker, G. P. and P. M. S. Hacker (1985) *Wittgenstein: Rules, Grammar and Necessity*, Oxford and New York: Blackwell.

Bentham, J. (1983) *Chrestomathia*, Oxford: Clarendon Press.

Bergmann, G. (1964) *Logic and Reality*, Madison: University of Wisconsin Press.

Braithwaite, R. B. (1933) "Philosophy," in H.Wright (ed.) *Cambridge Studies*, Cambridge: Nicolson and Watson.

Carnap, R. (1959) "The Elimination of Metaphysics," in A. J. Ayer (ed.) *Logical Positivism*, New York: The Free Press.

Dummett, M.A.E. (1978) "Can Analytic Philosophy be Systematic, and Ought it to Be?" in *Truth and Other Enigmas*, London: Duckworth.

— (1993) *Origins of Analytic Philosophy*, London: Duckworth.

Feigl, H. and Sellars, W. (eds) (1949) *Readings in Philosophical Analysis*, New York: Appleton-Century-Crofts.

---

1　我非常感谢 H.-J. 格洛克（H.-J. Glock）博士、O. 汉弗林（O. Hanfling）教授和 J. 海曼（J. Hyman）博士对本文初稿提出的评论。

Flew, A. (ed.) (1951) *Logic and Language*, Oxford: Blackwell.

Frege, G. (1964) *The Basic Laws of Arithmetic*, trans. M. Furth, Berkeley and Los Angeles: University of California Press.

— (1972) *Conceptual Notation*, Oxford: Clarendon Press.

— (1979) "Logic," in *Posthumous Writings*, Oxford: Blackwell.

— (1980) *Philosophical and Mathematical Correspondence*, Oxford: Blackwell.

Hacker, P. M. S. (1996) *Wittgenstein's Place in Twentieth Century Analytic Philosophy*, Oxford: Blackwell.

Kenny, A. J. P. (1995) *Frege*, Harmondsworth: Penguin Books.

Keynes, M. (1921) *Treatise on Probability*, London: Macmillan.

McTaggart, J. M. E. (1927) *The Nature of Existence*, Cambridge: Cambridge University Press.

Nagel, E. (1936) "Impressions and Appraisals of Analytic Philosophy in Europe," *Journal of Philosophy* 33.

Pap, Arthur (1949) *Elements of Analytic Philosophy*, New York: Macmillan.

— (1955) *Analytische Erkenntnistheorie*, Vienna: Springer Verlag.

— (1958) *Semantics and Necessary Truth: an Inquiry into the Foundations of Analytic Philosophy*, New Haven: Yale University Press.

Philipse, H. (1992) "Husserl and the Origins of Analytical Philosophy," *European Journal of Philosophy* 2.

Quine, W. V. O. (1951) "Two Dogmas of Empiricism," *Philosophical Review* 60: 20–43.

— (1960) *Word and Object*, Cambridge, Mass.: MIT Press.

— (1969) *Ontological Relativity and Other Essays*, New York: Columbia University Press.

Rorty, R. (1967) *The Linguistic Turn*, Chicago: University of Chicago Press.

Russell, B. (1914) *Our Knowledge of the External World*, Chicago: Open Court.

— (1921) *The Analysis of Mind*, London: Allen and Unwin.

— (1927) *The Analysis of Matter*, London: Kegan Paul.

— (1959) *My Philosophical Development*, London: Allen and Unwin.

— (1986) "The Philosophy of Logical Atomism," in John G.Slater (ed.) *The Collected Papers of Bertrand Russell*, Vol. 8, London: Allen and Unwin.

Ryle, G. (1970) "Autobiographical," in O. P. Wood and G.Pitcher (eds) *Ryle, a Collection of Critical Essays*, New York: Doubleday.

Schlick "Turning Point in Philosophy," in A. J. Ayer (ed.) *Logical Positivism*, New York: Free Press.

Sluga, H. (1980) *Gottlob Frege*, London: Routledge and Kegan Paul.

Strawson, P. F. (1959) *Individuals*, London: Methuen.

— (1985) *Scepticism and Naturalism*, *Some Varieties*, London: Methuen.

— (1992) *Analysis and Metaphysics, an Introduction to Philosophy*, Oxford: Oxford University Press.

von Wright, G. H. (1993) "Analytic Philosophy: a Historico-Critical Survey," in *The Tree of Knowledge and Other Essays*, Leiden: E. J. Brill.

Waismann, F. (1939–40) "Was ist logische Analyse?," *Erkenntnis* 8.

— (1949–53) "Analytic-Synthetic," *Analysis*.

Wisdom, J. (1931-3) "Logical Constructions," *Mind*.

Wittgenstein, L. (1922) *Tractatus Logico-Philosophicus*, London, Boston and Henley: Routledge and Kegan Paul.

— (1929) "Some Remarks on Logical Form," *Proceedings of the Aristotelian Society*, suppl. vol. ix: 162–71.

— (1958) *Philosophical Investigations*, Oxford: Blackwell.

— (1974) *Letters to Russell, Keynes and Moore*, Oxford: Blackwell.

— (1978) *Remarks on the Foundations of Mathematics*, revised edition, Oxford: Blackwell.

— (1980) *Culture and Value*, second edition, Oxford: Blackwell.

第二部分  情节

# 2 分析哲学中的分析 [1]

彼得·希尔顿 (Peter Hylton) / 著

薛少华 / 译

哲学分析与分析哲学具有某种关系，这是一个很自然的推测。这个推测要是与分析哲学的另外两个特征（文末将以稍微不同的形式回到这些特征讨论）联系起来，就会得到加强。其中一个特征，就是分析哲学内部对于"**清晰性**"（clarity）的重视。[2] 在某种意义上说，这个实践性事务只是要求自己在写作中保持清晰（当然，并非总得如此）。另外，这种重视也是一项理论性事务：有人认为只要我们把哲学问题描述得足够清晰，那么这些哲学问题就会消失，或者变得可解决，或者至少表达清晰。在这里，分析哲学与哲学分析的联系表现为：分析有时被认为是一条，甚至是唯一一条，实现真正清晰的道路。（某些）分析哲学的第二个特征是重视现代的（即后弗雷格的）逻辑——多数情况下指的是带有恒等式的一阶逻辑。逻辑对分析哲学之所以重要，至少与它成为一种

---

1 本文还有另一个更早期的中译版本，由李国山翻译，陈波校对，载于《分析哲学：回顾与反省》（第二版，上卷；陈波、江怡主编，中国人民大学出版社，2018年，第376—394页）。在翻译本文的过程中，两位前辈学者的译文给了我莫大的帮助，在此向他们致以最真挚的感谢！译者注。

2 参见 Hart 1990。

哲学分析工具有关。因此，一阶逻辑的符号记法提供了一个关于清晰性的理想，这一理念使笔者提及的两个特征产生了联系。

当然，还有一些分析哲学与哲学分析几乎没有直接关系。[1]而且，在分析哲学中被称为哲学分析的东西，并非都与逻辑有关。但至少乍一看，在分析哲学中仍然有一条清晰的思路，即从初等数理逻辑中寻找分析范式。而罗素的摹状词理论便是一个典型的例子，它被拉姆齐（1931）和G. E. 摩尔（1946）称为"哲学的典范"。假设你走进一间教室，看到黑板上写着：

1. 当今的法国国王是秃头。

而且，在这些字的下面还写着一些单词和符号的组合：

2.（∃x）[ x 是当今的法国国王 &（y）（如果 y 是当今的法国国王，则 x=y）&x 是秃头 ]

在这种情况下，你肯定走进了一间最近正在进行分析哲学实践的教室（或者，这可能是一个受分析哲学密切影响的语言学分支教室；或者，这些主题中有一个曾经被反驳，或之前被讨论过：无论如何，那里刚刚发生的事情与分析哲学密切相关）。实际上，从过去到现在总有一些分析哲学家投身于这类分析。但我坚信，即使从事这种分析还不是成为分析哲学家的必要条件，它也接近一个充分条件了。我还认为，强调上述意义上的分析这一思路尽管可能更有争议，它在——分析哲学中或多或少具有统一的传统——这个理念中发挥了重要作用。

如果所有这些说法都正确，或者无论如何都是合理的，那么去了解哲学分析是什么，对于那些关心定义分析哲学的人来说一定大有裨益。从某种意义上说，哲学分析是什么已十分清楚：我们可以举出如上所述的案例，并一致认为它们可以算作例证——甚至可以算作范例。但从另

---

1　我在这里说"直接"（directly），是因为还存在着很多学者，他们的工作与分析没有明显联系，但十分强调这种方法；这是一种重要却不直接的联系。

一种意义上说，哲学分析是什么，这个问题还远非那么清楚。哲学分析究竟是什么，当我们从语句1（一个"未分析的"语句），过渡到语句2（其"已经过分析的"形式）时到底发生了什么，我们对此几乎没有达成一致的理论解释，我将试图说明这一点。

我们一开始的想法是，通过思考哲学分析，可以给分析哲学的理念赋予某种统一性。然而经过仔细考察，我们发现没有哪一个哲学分析的理念具备这种能力。像弗雷格、罗素、卡尔纳普、蒯因这样的哲学家，其工作以数理逻辑为基础，人们倾向于将其视为分析哲学家的典范。然而，对于我们从语句1到语句2实际上发生了什么，上述哲学家几乎没有一致意见。时常我们会听到这样一种说法，即把分析哲学统一起来的是它的研究方法——这也许是说，运用哲学分析是分析哲学的一个特点。从表面上看，这个论断可能在一些（尽管并非全部）分析哲学家那里成立——许多人可能会同意这一点，即从语句1到语句2的改变带来了某种哲学进步。但是，如果这里的"方法"也包括对这种概念的解释，那么这种共识便不复存在了，而分析哲学的统一也就成为一个更加困难，或许也更有趣的问题。

正如前文所示，我将首先从探讨不同哲学家如何看待哲学分析开始。


## 弗雷格


首先，弗雷格的情况尚不明晰。但我认为，这里的不明晰恰恰富有启发。一方面，弗雷格确实说过，思想（Gedanken）在某种字面意义上似乎由各部分构成，因此哲学分析大概是一个将思想分解为其构成部分的过程，或者至少是以一种清晰的方式将思想展示为由这些部分构成的过程。因此他说："如果一个名称是一个真值名称的一部分，那么前一个名称的意义就是后一个名称所表达思想的一部分。"（Frege

1964：90）在《数学中的逻辑》一文中，他认为："思想由其部分
（Gedankenbausteinen）所构成。这些部分，这些积木（Bausteinen），
对应于一组声音，表达那个思想的那一语句就是由这些声音所构成……"
（Frege 1979：225）在《复合思想》的开篇，他再一次坚持认为，我们
可以"区分思想中与语句部分相对应的部分，这样句子的结构就可以作
为思想结构的图景"（Frege 1984：390）；类似的评论也出现在其他地方，
例如在《否定》（1984：373-389）一文中。

  另一方面，也有其他段落破坏了这种直接的图景。在上段《复合思
想》中引证出来的那句话之后，弗雷格紧接着又加了一个关键性的限定：
"诚然，当我们把整体与部分的关系转到思想上时，这不过是类比了一
下；然而，这个类比是如此直白，过于让人不当回事，以至于我们对时
常出现的麻烦也熟视无睹。"为什么弗雷格在这一点上犹豫不决？最一
般性的回应是：他的基本分析方法——他的哲学在很大程度上是基于这
种分析方法——是区分函项和主目的方法，至少从表面上看，函项—主
目分析与部分—整体的类比不太契合。显而易见，这两者**通常**是互相冲
突而非互相契合；一般情况下，一个给定主目的函项值，既不以这个函
项也不以这个主目为构成部分，它本来就不是一个由函项和主目构成的
整体。若非如此，则很快会产生谬论：4由2和函项"……的**平方**"构成，
也由5、1及函项"减去……"构成，还由3、1和函项"加上……"构
成，以此类推。而且，这种荒谬也不局限于数学案例。如果有人认为"……
**的父亲**"是人们与其父亲之间映射关系的函项，那么对于给定的一个主
目，这个函项的值显然并不包含这个主目和这个函项。

  弗雷格指出，函项和主目的关系与区别在多数情况下大致如此，但
这并不能解决问题。或许，涵义领域构成了这个一般规则的例外情况。
在涉及涵义的特殊情况下，（函项的）值（比如，一个语句的涵义）确
实包含了主目（比如，一个名称的涵义）和函项（该概念表达式的涵义）。
而且，正如我们所看到的，弗雷格在一些地方似乎就有这样的观点。但

是，他对此问题的犹疑不定，也有一定的原因。有学者认为，一个简单的主谓句所表达的思想，可以用弗雷格模式将其分析为函项（该例子中指一个概念）和主目（一个对象）。然而，这种探讨问题的做法并不严谨。严格地说，思想不能被分析成相关的函项和相关的对象，因为把该函项应用到该对象上后，所产生的并不是该语句的思想，而是它的真值。恰恰相反，函数表达式的涵义和对象名称的涵义必须是分析的相关基础。因此，这就要求我们把函数表达式的涵义当作一个函项，而这一点能否正确地归因于弗雷格，以及它能否与弗雷格的术语保持一致，并不清晰。另外，这里还有另一个困难，我们可以从上文数字 4 的例子中看出：一个给定的思想，能否被分析成一组唯一且确定的函项和主目，这一点也不太清晰。举例来说，简单的主谓句所表达的思想，似乎能被分析为（一阶的）函项和对象；然而，它也能被分析成一个一阶函项和一个适用于该一阶函项的二阶函项。如果这个论断正确，那么到底哪一种分析是合适的，可能取决于我们希望加以解释的是哪一种推理：一个给定的思想将在无限多个推理中发挥作用，而有些推理可能需要某一种分析，另外一些推理则可能需要其他不同的并与之不相容的分析。在这个问题上，分析相对于推论而成立，因此实际上并不存在一种正确的分析。

我认为，上述情况会让我们无法确定这件事，即一个弗雷格主义者能在多大程度上认为，分析的过程清楚揭示了在思想（Gedanke）中独立存在于我们的客观结构。弗雷格几乎所有的语言实在论基调使人很自然地认为，他会坚持这样的结构是客观的；但是，如果我们进一步仔细考察他的观点，这至少会使我们在作出这种论断时有所怀疑。[1]

---

1　非常感谢里基茨（T. G. Ricketts），我和他在通信中交换了关于本节论题的看法。

# 罗　素

在弗雷格那里，分析的地位或许并不那么清晰。然而，在罗素和 G. E. 摩尔身上，我们却看到了非常明确的观点。[1] 部分与整体的讨论，对弗雷格来说只不过是一个有说服力的类比；但在罗素和摩尔这里，这种说法却受到了认真对待。如此一来，哲学分析就像化学分析一样，是把复合事物分解成较简单的（最终是绝对简单的）组成部分的过程。

在 1900 年，当罗素刚拒斥唯心主义之后不久，他直接且有力地（有人可能会说这有些夸张）宣布了一个新观点："所有可靠的哲学都应该从分析命题开始，这是一个显而易见且不证自明的真理。"（Russell 1900：8）罗素在这里强调的是这样一种理念：分析将向我们表明，许多命题（或者，在某种意义上包括所有命题）都是关系式的，这与他认为的唯心主义观点——所有命题都是主谓形式——完全相反；在他看来，对命题的分析直接对唯心主义提出了一种毁灭性的、普遍的驳斥。（在笔者看来，这个估计过于乐观，笔者已在别处讨论过。）[2] 然而，能够支持这个理念的分析几乎很少出现，这是因为罗素主要关心的命题只是表面上的关系式。他坚持认为，这些命题就是它们看起来的那种样子。

尽管罗素在 1900 年提出了这个命题，但他最初所强调的分析（如 1905 年以前）与其说是对**命题**的分析，不如说是对构成命题的那些思想或概念的分析。在这里，分析似乎有一种不同的意义——分析是一种零敲碎打的哲学方法，而不是那种以完全驳斥唯心主义为目标的论证。这种分析，或罗素常说的定义，完全依赖于部分—整体的类比。罗素认为："很明显，定义只适用于复合理念。广义地说，定义把复合的理念

---

1　尽管我认为我将讨论的罗素主义思想至少到 1918 年才发生了变化，然而这里谈到的内容，则是罗素从拒斥唯心主义到维特根斯坦对其思想发生重大影响的那个时期，即 1900—1914 年。

2　见 Hylton 1990，特别是第二部分第四章。

分析成它们的简单构成成分。"（1900：18）在《数学原理》（1903）中，罗素也提出了类似的观点。然而在这部著作中，由于罗素区分了数学定义和哲学定义，因此其论述过程有些复杂。数学定义只要求我们（粗略地）给出作为所关注对象的充要条件；然而，哲学定义的要求则更高一些："从哲学上讲，定义这个词……事实上只限于将一个理念分析为其构成部分。"（1903：111）

　　摩尔的《伦理学原理》（1903）中，也有非常类似的观点；事实上，该观点是以一种戏剧化的方式表达出来的。摩尔也使用"定义"这个词，而不是"分析"，但他煞费苦心地确保我们不要认为他关心的是"用其他词来表达某一个词的意思"（Moore 1903：6）；他说，在这个意义上，定义"在词典编纂学之外的任何研究中，都不可能具有根本的重要性"（Moore 1903：6）。更确切地说，他所关注的是"那些描述这个词所指称的对象或理念的真实性质的定义，而不仅仅是告诉我们这个词通常意指什么"（1903：7）。摩尔举了一个给"马"下定义的例子。摩尔对英语单词"horse"不感兴趣，他所关心的是"更为重要的"（1903：7）意义上的定义。在这个意义上，马的定义告诉我们这件事："我们都知道的一个特定对象，以某种特定方式构成：它有四条腿、一个头、一颗心、一个肝脏等，所有这些都以彼此确定的关系排列在一起。"（1903：7）现在，人们可能会由此认为，摩尔偏爱的定义只适用于可以分解为部分的物理对象。但事实上，他将这个观点扩展到了一般意义上进行使用。紧跟着上述引文，他说道："正是在这个意义上，我否认善是可定义的。我认为它不是由任何我们可以在脑海中思考时用以代替它的部分所构成的。"

　　尽管笔者不打算详述摩尔的情况，但值得注意的是至少在某种程度上，他的分析观从未改变过。他始终认为，他所分析的不是一个言语表达式，而是一个抽象的实体，一个概念或命题。在施尔普编写的著作（Schilpp 1942：660-7）对 C. H. 朗福德（Langford）的回复中，他以典型的摩尔主义风格明确地表达了这一点。例如在第 661 页，他说："当我谈论分析任何事物时，我谈论的分析总是一个理念、概念或命题，而**不是一个言语表达式**。"至少对摩尔来说，被分析的对象是一种结构，它总是隐藏在我们言词背后并赋予其意义；而分析的目的就是揭示这种结构，使原本隐藏的东西得以彰显。

在这里讨论罗素和摩尔时，笔者着重强调了他们按照其字面意义来看待部分—整体的那种类比。也许，我们在这里需要关注的更根本、更重要之物在于，他们从不怀疑在哲学分析中他们所得到的是真实存在的、作为我们话语的基础的那些结构。哲学分析就是要把一直存在的，但以前却没认识到的东西弄清楚。我们可以称之为**哲学分析的实在论概念**。

罗素把这一中心指导理念完整地保留下来，并在其他方面修改了其哲学分析的概念。凸显这种改变的最明显之处，则始于罗素 1905 年的《论指称》一文，他在文中将重点从概念的分析转移到了命题的分析。在《数学原理》一书中，他假设句子的结构或形式通常与它所表达的命题的结构相对应（具体可见 1903：42）。尽管他在实践中并不总是坚持这种假设，但理论上它至少适用于大多数情况。《论指称》所引发的进一步发展所带来的革命性变化之一，便是这样一个理念：语句形式并不是通向命题形式（即更重要的逻辑形式）的好向导。因此，罗素在《论指称》中认为，一个含有限定摹状词的语句表达了这样一个命题，即这个命题的逻辑形式是一个存在量化句的逻辑形式；随后，几乎所有包含专名的语句都被同样对待。（沿着同一思路，罗素进一步主张，唯一的复杂性是命题的复杂性；或如后来所主张的，是事实的复杂性；然而，这偏离了我们的主要关注点，不再深究。）

独立于摹状词理论之外的第二条发展路线，也与此相关。这是一个认识论方面的发展。从他对唯心主义的拒斥开始，罗素就认为，关于心灵之外的任何事物的知识，都是心灵与对象之间一种直接的、无预设的、无中介的关系，他把这种关系称为**亲知**。起初，亲知这个概念被称为因变量：每当我们具有关于某事物的直接知识时，罗素就会直接做出这个假设——我们实际上在亲知该事物，他经常默认接受了这一点。因此，《数学原理》中提出的学说似乎暗示着，我们可以亲知奇美拉怪兽、荷马诸神，以及我们能说出名字的一切事物。从 1904 年或 1905 年开始，罗素越来越多地把注意力转向"亲知"这个概念，而且还将他认为我们所亲知事物的种类，加上了越来越多的限制。不久以后，我们能够亲知的对象范围就变窄了，并且被分门别类：一方面是直接通过感知获得的感觉材料；另一方面，则是不处于时空中的抽象对象。罗素还认为——尽管他后来改变了观点——我们每个人都亲知自己的心灵或自我。由于罗素坚持认为，除非我们能证明这个命题完全是由我们所认识的元素构成的，否则我们便没有达到对语句的正确分析，也没有揭示隐含着的命题，亲知与分析的关联于是便显现了出来。这种关联是对分析概念的认识论约束。然而（根据罗素关于亲知的狭义观点），我们的大多数语句显然不是由那些指称我们所亲知实体的语词构成的。因此，如果在这种认识论约束下，我们的几乎所有语句都必定表达的命题，其构成部分和结构会隐藏其中，而不被语句本身所揭示。

罗素《论指称》中的哲学立场，以及他对认识论日益增长的关注，最终产生了罗素分析观的两个转变，这实际上并不造成罗素在实在论概念上的退却。事实上，强调命题的最终构成部分必须是我们亲知的实体，这一观点似乎加强了实在论的倾向。（罗素思想中日益增长的认识论倾向清楚地表明，他认为分析所揭示的是具有心理实在性的结构。由分析命题而得的每一个要素，都对应于一种心理的亲知行为。）然而，罗素所关注的实体类型确实发生了改变。一个命题可能具有的各种逻辑形式，被视为独立自存的实体，并且日益成为关注对象。哲学分析仍然关注发现组成一个给定命题的那些实体，但它也主要关注寻找命题的逻辑形式，以及识别命题或事实可能具有的各种逻辑形式。[1]

因此，罗素认为哲学分析越来越关注逻辑形式；他还认为，哲学分析是哲学的主要构成部分。到 1914 年，他就明确提出哲学**就是**哲学分析。他坚持认为，哲学必须有自己的研究主题，而这个主题就是逻辑形式。[2] 进而，罗素逐渐把哲学等同于逻辑（或逻辑的一部分）。他认为："哲学变得与逻辑难以区分。"（1918：111）而且，他还说："每一个哲学问题，当它经受必要的分析和净化时，要么被发现实际上它根本不是哲学问题，要么在我们使用'逻辑'这个词的意义上是逻辑问题。"（1914：42）但他的意思并不是说，哲学应该等同于我们通常意义上的数理逻辑。只是因为把逻辑理念延伸了之后，"哲学就是逻辑"的说法才成为可能。罗素说，逻辑被分为"两个并非截然不同的部分"。第一部分指那个为人熟知的逻辑学科，它为定理之类的东西提供证明；而第二部分，则指在可被等同于哲学这个意义上，它才是逻辑。在这个意义上，逻辑学"关注对逻辑形式的分析和列举，也就是说，关注可能出现的各种命题，关注事实的各种类型以及对事实的构成部分的分类"（1918：112；参见 1914：67）。

因此，根据罗素 1914 年的论述，哲学是由分析构成的。尽管分析也涉及对命题的各种构成部分进行分类澄清，但分析在很大程度上又反过来涉及逻辑形式。这一过程的认识论依赖于亲知这个概念，即在心灵与各类非心理实体（包括逻辑形式和其他抽象实体）之间，存在着一种直接的、无预设的关系。当我们一旦发现任何给定句子所表达内容的实

---

1　我在这里笼统地提到"命题或事实"，因为就我们的目的而言，其区别并不重要。在 1906—1910 年之间的某个时期（确切时间不太清楚），罗素放弃了命题是真正实体的观点；从那时起，事实的概念在他的思想中处于核心地位，而在以前，它只是一个非常次要的概念。确切地说，在讨论罗素这个时期之前的思想时，我们应该说命题的逻辑形式；而在这之后讨论他的思想时，我们就应该说是事实的逻辑形式。

2　参见罗素 1914，特别是第 27 页。

际构成成分，和隐藏于任何给定语句所表达事物内在的那个实际形式时，分析的过程就完成了；哲学家知道自己已经做到了这一点，因为在命题构成部分的最终清单上都是他亲知的对象（事实上，可以假定，这全都是哲学家实际亲知的对象）。

## 维特根斯坦

表面看来，维特根斯坦的《逻辑哲学论》（1922）在大部分篇幅中提出了一种哲学分析观，除了完全没有认识论的成分，它在许多方面都可看作是罗素版本更鲜明、更清晰的再现。世界是由事实构成的；复杂事实是简单事实的真值函项复合体，而每一个简单事实都是由简单对象按一定的排列构成。语言有一个真实结构，它隐藏在语言的表面结构之下；语言的真实结构恰好反映了实在的结构。每一个表达事实的语句——尽管它看起来可能不是——都是基本语句的函项复合体；基本语句是由简单名称按照一定的顺序排列而成。语句表达事实，这是因为在基本语句和基本事实的层面上，语言同世界建立起了联系：基本语句中的简单名称对应事实中简单对象的名称，而对象在事实中的排列方式与名称在语句中的排列方式是相同的。因此，要对一个语句进行完整的分析，就是将相关的基本语句以相关的真值函项组合排列给显示出来。

正如上文提到的，这幅图景似乎就是在《逻辑哲学论》大部分篇幅中所提出的那样。这里之所以需要加上限定条件，是因为该著作后面的一些段落，通过宣布前文所述的话都是无意义的，在根本上摧毁了它们。在某种程度上，这只是一个内部一致性问题：根据《逻辑哲学论》的说法，所有语句——所有有意义的符号——必须可以被分析成基本语句的真值函项组合，而这些基本语句又是基本名称的组合。然而，我们很难想象，那些表达《逻辑哲学论》本身学说的语句能够满足这些要求；因此，如果《逻辑哲学论》的理论是正确的，那么它们就是不可表达的，所以那些试图（表面上）表达它们的语句是无意义的。[1]同样，我们可以把这一激进的步骤，看作是对罗素1914年的哲学观（甚至可能是类型论）中隐含内容的思考结果。如果像罗素间或所说，哲学由哲学分析构成，那么哲学又怎么能包含罗素提出的诸如此类的各种主张呢？（尤其是它怎么可能包含哲学是由哲学分析所构成的这样一个主张呢？）

维特根斯坦认为，所有哲学——包括《逻辑哲学论》表面上的观点，也包括所有其他哲学——都是无意义的胡说。这种对所有哲学的拒斥将哲学分析安放于何处呢？依笔者看来，这一点并不清楚；或许，他并不是在拒斥这种分析的理念或过程；他也有可能认为，在某些情况下，用语句2替换语句1有一定道理。然而有一点是明确的，那就是他完全拒斥任何一种可能在这个过程中进行的哲学修饰，拒斥任何一种关于我们在进行哲学分析时会接近某种事物的说法。尤其值得注意的是，抛开书中余下的大部分内容不管，其最后几段评论——如果我们完全认真对待它们的话——相当于拒斥了我所谓的关于哲学分析的实在论构想，也就是这样一种立场：哲学分析揭示出了完全独立于我们而存在的结构，这些结构构成了我们话语的基础，并使我们的话语成为可能。

罗素的哲学分析观，建立在对命题的结构、其构成成分，以及我们对这些元素知识的形而上学解释基础之上。维特根斯坦不仅反对罗素的说法，还反对任何类似的说法，更反对罗素所从事的那种试图揭示隐藏实在计划的可行性。然而，尽管有维特根斯坦这样一些反对意见，罗素的计划似乎取得了一些人们可能不愿放弃的成果——这体现在《数学原理》中的不朽成就（无论这一工作所取得的确切成就是什么），也体现

---

1　我并不是想在这里暗示维特根斯坦认为，《逻辑哲学论》的观点是真实的却是无意义的；或者暗示他会认为这样一种状况是完全可能的。恰恰相反，我认为上述看法扭曲了维特根斯坦的思想。我所持的观点只是：理解为什么人们把这本著作的理论当作无意义的一种方法是，一开始就辩证地假设它们是真的。

在《我们关于外间世界的知识》中提出的对经验知识进行类似研究的诱人想法，更体现在像摹状词理论所提供的那种小规模的意义澄清上。在不陷入任何类似于罗素那种形而上学的情况下，我们如何才能使这个世界对于这样一些理念来说是安全的呢？

## 卡尔纳普

卡尔纳普深受弗雷格、《数学原理》和《我们关于外间世界的知识》的影响，他所面对的正是这样一种问题。同时，他也深受维特根斯坦的影响，但他不愿意放弃一切可能以哲学名义存在的东西。我们如何能在不提出任何形而上学要求的情况下，进行哲学分析呢？——在这种情况下，我们还能做哲学吗？和罗素一样，卡尔纳普也认为哲学的工作与那种提出可由感觉经验回答的经验要求无关。然而，他追随维特根斯坦，并把所有非经验的主张都斥为无意义的。因此，他面对的问题更加紧迫：我们如何在不提出任何主张的情况下进行哲学分析？

为了消除这些疑虑，卡尔纳普试图认真考察这个理念：哲学的主题是语言。他对哲学分析本质为何这个问题的回答，依赖于我们可以在其中自由选择的替代语言这一想法。他会把从语句 1 到语句 2 的过渡大致理解为这样一个过程，我们从一种包含形如语句 1 的特定语言（比如，普通的口语）开始。哲学家认为，就某些目的而言，英语可能会造成不便或误导，正是因为它包含了那种形式的语句（例如，它可能会引发一些毫无结果的形而上学忧虑，即如果一个语句包含了一个明显的指称表达式，而实际上却没有指涉任何东西，那么该语句如何产生意义？）。因此，哲学家创造了另一种语言，这种语言与英语相同，但是它引入了形如 1 的语句作为形如 2 的语句的缩写。

对于卡尔纳普的哲学分析以及哲学本身的图景来说，另外还有两点也至关重要。首先，是关于一种语言或另一种语言的主张所处的地位。当然，哲学家会提出这样的主张：例如他（或她）会说，在英语中限定摹状词是初始表达式，而在另一种语言中——我们称之为英语 *，限定摹状词通过缩写引入。卡尔纳普不允许这样的主张是经验性的，因为他不希望把哲学同化为经验性语言学。但是，他似乎也不能容许它们是非经验的，否则它们就显得是形而上学的。然而，哲学家的（明显的）主张，如何既是非经验的又是非形而上学的呢？卡尔纳普完全否认哲学家的话语是真正的主张：它们必定是分析的——空无内容，但并非毫无意义。按照这种观点，哲学家不是把语言当作实际存在的现象来研究的——在这种意义上，语言属于经验性语言学研究的范畴。哲学家所关注的其实是人工语言，它首先被认为是一套语义和句法规则。[1]设立这种规则，可能是为了与一种实际存在的语言相对应（就像为了模拟一种物理现象而设计出一种纯数学一样）；然而，哲学家所关心的语言，是由语言的规则来定义，而不是由使用这种语言的人如何行动来定义（就像数学是由数学规则而不是由物理现象来支配一样）。现在，哲学家对任何给定语言的（明显的）主张，都只是遵循该语言的规则。用卡尔纳普的话来说，它们是分析的；它们只是说明规则中已经包含的内容，而没有增加任何新的知识，无论是经验的知识还是所谓的形而上学的知识。在卡尔纳普看来，它们就像逻辑真理一样，既不是经验的也不是形而上学的，因为它们根本就不是主张。

从我们对卡尔纳普大致图景的论述中，产生了第二个问题：各种可能语言的地位——在我们的例子中，即英语和英语 *。根据卡尔纳普的观点，为这种或那种语言订立使用规则，并非哲学家应该做的事情。哲学家并没有说这种或那种语言是正确的语言。这一点至关重要。如果这

---

1    在写作《语言的逻辑句法》（1937）期间，卡尔纳普认为只需要句法规则；后来他认为，语义规则也是必需的。然而，就我们的目的而言，这一点并不重要。

里存在正确性的问题，那么是什么东西能使一种语言正确，而其他语言不正确呢？或许是这样一种理念，即第一语言对应于思想和言语背后的真实结构。但恰恰是这种关于所有语言的底层真实结构的讨论，被卡尔纳普斥为一种形而上学。与罗素（或许还有弗雷格，尽管情况不是那么清晰）形成鲜明对比的是，卡尔纳普把这些主张当作无意义的加以拒斥。与此同时，他也放弃了正确语言的任何理念，甚至（更温和地）放弃了分析一个给定语句或习语的正确方法。如果这些事情都不存在正确标准的话，那么在他看来，它们一定是自由选择的问题。因而唯一合理的批评是，一种特定的语言没有得到清楚的解释；或者出于一种纯粹实用主义的立场而言，即一种特定的语言可能不像其他语言那样便于实现特定的目的。这是卡尔纳普的宽容原则所维护的立场：

> **逻辑中没有道德可言**。每个人都可以随心所欲地建立自己的逻辑，即自己的语言形式。他所需要做的只是，如果他想讨论这个问题，他必须清楚地阐明他的方法，并给出句法规则，而不是哲学论证。
>
> （Carnap 1973：52）

卡尔纳普对语言选择的宽容，受到了以下观点的支持：在一种语言内部发生的事情，与我们从一种语言转换到另一种语言时发生的事情，有着明显的区别。换句话说，我们信念的改变分为两种截然不同的类型。涉及语言之改变的变化，他称之为外部变化。这里没有正确的标准，因为所有这些标准都是某种语言的一部分。当然，这就是为什么宽容是一种适当态度。我们没有任何可以用来判定某种语言正确与否的标准；我们有的只是实用方面的考虑，例如：就这个或那个目的而言，一种语言可能比另一种语言更方便或更不方便。然而，卡尔纳普的观点并不是一种普遍宽容的观点；他的观点与认识论无政府主义者的立场——任何东西都同任何别的东西一样好或一样坏——不是一码事。对于内部的改变——那些不涉及语言之改变的变化——存在着由语言规定的正确性的清晰标准。因此，卡尔纳普的立场似乎要求内部改变和外部改变之间有一个明确的区别，并且也要求这两类改变的认识论地位完全不同。

值得注意的是，这里的内部—外部区别，本质上就是分析—综合区别的另一种形式：那些涉及对先前分析语句的想法的改变，实际上是语言的改变，因为这些分析语句（或多或少）是该语言的构成元素；然而，有一些改变只涉及综合语句，这是内部的改变。

让我们概括一下从卡尔纳普的工作中呈现出来的分析图景。对某一类给定语句的分析，例如把形如语句 1 的语句分析成形如语句 2 的语句，严格地说，应该理解为用一种语言代替另一种语言，后者也许与前者只有微小差别。这里并没有说一种语言是正确的，另一种就不正确；因而，这里只有一个语言学上的建议：为了这样的目标，我们应该使用第二语言而不是第一语言。因此，这里不存在要么是经验的，要么是形而上学的论断。当哲学家告诉我们使用这种语言而不是那种语言的结果时，也没有提出任何真正的实质性主张。在那里，我们所得到的只是从给定语言的规则而来的分析性结论；既然它们是分析的，它们就没有任何真正的主张。

这一图景与我们在罗素的作品中看到的分析的实在论构想完全对立。它不谈深层结构，不谈使思想和语言成为可能的、为我们语言的表层结构所掩盖的真实形式（逻辑形式）。然而，尽管这种对立存在，但也并非毫无共同之处。特别是，卡尔纳普还可以照着罗素的方式把形如语句 1 的语句分析为形如语句 2 的语句。从语句 1 到语句 2 的步骤，可能保持完全相同。然而，关于这个步骤、其哲学意义以及它被认为做出的哲学承诺的讨论，却完全改变了。

# 蒯 因

卡尔纳普关于分析的图景是下述哲学观的一部分，它旨在避免他所认为的罗素对形而上学的承诺。然而，这一图景也有其自身的承诺。一方面，必须有一类分析语句，这些语句可以被主张但不能对知识作出真正的或实质性的要求。另一方面，从一种语言转换到另一种语言和在一种特定语言之内修改自己的信念之间，必须有一种明确的、认识论上的显著区别。这两点都是分析—综合区分的表现形式，这后来已逐渐成为一块哲学巨石。蒯因当然拒斥这种区分，至少拒斥它每一种将会产生重要哲学意义的形式；因此，蒯因也拒斥卡尔纳普加在哲学分析之上的虚饰物。

尽管如此，哲学分析或者类似之物，在蒯因的哲学中保留了下来。在《语词与对象》（1960）前两章明显的哲学奇谈怪论之后，分析或释义的例子在书中不胜枚举。该书第 53 节的标题是"作为哲学范式的有序对"——这无疑是拉姆齐对罗素摹状词理论的有意回应。这一荣誉现在被应用于另一个不同的例子，但理念依然如故：哲学分析——最不偏不倚地说，是从一种表达模式到另一种表达模式的过渡——这是哲学最好的一个事例。蒯因要用什么样的故事来描述这个转变，他在这个转变上又加了什么样的哲学虚饰物呢？正如人们所预料的那样，他拒不接受罗素那种实在论构想：谈论或许可以直接呈现于心灵面前的深层结构，这并不符合他关于科学严谨性的标准。当然，他也没有采纳卡尔纳普关于自由选择这种语言或那种语言的说法。

让我们看看蒯因对这个典型的例子是怎么说的：

> 我们不要求同义语。我们并非要去弄清楚，这个不清晰表达式的使用者一直在心中无意识地想些什么。我们不像"分

析"和"解释"这两个词所暗示的那样，揭示某些隐藏的含义。
我们做的是查漏补缺。我们把注意力集中在不清晰表达式的
特定功能上，这些功能使它值得我们费心，然后设计一个替
代物，用我们喜欢的方式表达清楚，并以此来替代那些功能。

（Quine 1960：258—259）

在这里，分析（或"分析"）似乎是一件相对随意的事情，不带有
任何形而上学的承诺。人们发现，无论出于何种原因，一种表达方式比
另一种表达方式更清晰，而且能够实现使用后者时的所有目的；因此，
我们使用第一种表达形式。事情就是如此简单直白。

《语词与对象》中较早的一篇文章也很有启发性。蒯因谈到了把语句
S 转述为或分析为语句 S′。他强调，我们不应该期望，甚至不应当希望，
这两者是同义词。他继续说到 S′："它与 S 只是这样一种关系，即说话
者在那个情况下试图借助于 S 及其他东西去应对的那一点事情；而通过
使用 S′ 而不是 S，事情也可以处理得令他心满意足。如果他愿意的话，
我们甚至可以让他在这种转变之下修改他的目的。"（1960：160）在这
里看来，某些情况下的释义可能完全是特设性的；这并不是暗示，一种
表达形式能够实现由一些不太清楚的表达形式所担当的所有功能。更确
切地说，情况可能是这样的：在某个特定的场合下，我们发现我们可以
使用一个不同的表达式，仍然能达到我们想要达到的效果，甚至会做得
更好。这样看来，我们似乎很难不同意这一点。另一方面，蒯因在这里
所说的似乎只不过是一条指令：如果一种特定的表达方式在特定的场合
没有起到帮助的效果，例如，它似乎不能促进流畅和准确的交流，那么
就试着寻找另一种更好的表达方式吧！毫无疑问，这是一个很好的建议，
但是很难想象，在这个最小意义上理解的分析，能够成为哲学的核心。我
们已经远离了罗素将分析当作通往哲学真理的捷径这一理念，甚至卡尔纳
普的下述观点：对可供选择语言的建构乃是哲学家对知识的突出贡献。

## 结　论

我并不奢望本文对分析哲学中各种分析概念的概述能够详尽无遗。另一个值得一提的理念，来自乔姆斯基的语言学革命。它是基于这样一种理念：从根基上支撑我们言谈并使之成为可能的实在，并不是抽象对象构成的实在，而是心理实体和心理结构的实在，它们与我们通常意识到的任何事物都不同（可以认为，这些心理实体和心理结构具有一种神经科学的实在性，即可以通过某种方式在大脑中实例化）。这显然是一种非常不同的哲学（或语言学）分析的构想，并有赖于一套相当不同的技术和范式（尽管相互之间重叠的程度可能令人惊讶）。

我也不想宣称，我所描绘的这条发展路线——从罗素、卡尔纳普再到蒯因——毫无疑问地符合时代精神的运动，甚至符合分析哲学精神的运动。这里不存在一个整齐划一的辩证演进过程。在我所描绘的这个发展路线中，哲学分析的概念变得越来越不形而上学。罗素的形而上学预设被卡尔纳普所拒斥（有人还认为，维特根斯坦在《逻辑哲学论》中的形而上学预设，也被维特根斯坦在《逻辑哲学论》中加以拒斥）。卡尔纳普接着提出了一个分析的构想，它之所以看起来似乎非形而上学，只是因为它利用了其他的假设（本质上是各种分析—综合区分的形式）。而蒯因反过来又驳斥了这些假设，他提出了一种分析的观点，这点似乎没有特定的理论承诺；而且，出于同样的原因，它似乎不具有普遍意义。然而，这个故事并非仅此一个。特别地，还有一个关于某个版本的实在论构想的复兴也值得提一下。也许，自罗素提出这一观点以来，这种将哲学视为对言谈的抽象结构的理解从未完全消失过；然而在过去 25 年里，这一观点似乎获得了更大的声势。（我们有理由认为，关于分析的实在论构想以及与之相伴随的形而上学的复兴，是由于卡尔纳普的反形而上学观点受欢迎程度下降。这反过来又是蒯因对卡尔纳普进行批判的结果，就此而言，这真可谓哲学史上的一个绝妙讽刺。）毫无疑问，有些人没有给对从语句 1 到语句 2 的转换加上特定的虚饰物，也没有给它提供哲学上的解释，但却假定了这样的转换必定具有哲学意义，这里无疑也有一个更为凄凉的故事可以诉说。

比起这些不同的哲学立场，我更关心的是它们的多元化这一事实。它们都是关于哲学分析以及它的作用和重要性等的论述。至少在我看来，它们的多元化表明，虽然哲学分析这一概念可以为分析哲学的核心带来某种统一，但它只是表面意义上的方法统一———一种实践的统一，而不是关于这一实践解释的统一（如果你愿意，可以将其称为方法的统一，但不是方法论，即方法的内在逻辑的统一）。

在一些（并非全部）分析哲学家之间这种方法上的表面统一，我认为确实向我们展示了分析哲学的一些东西。人们经常说，分析哲学特别关注语言，这无疑是正确的（这种观点把罗素 1905 年以前的工作，也许还有弗雷格的工作，归为前分析哲学，但这个结论似乎可以接受）。强调哲学分析，使我们了解分析哲学家与其他哲学家相比一直关注语言的那些特定方式。（例如，赫尔德［Herder］也可以被描述为"特别关注语言"，然而，很明显他的关注点与我们所认为的分析哲学的特征相去甚远。）哲学分析的典型对象通常仅仅是陈述句，而且，分析哲学家们常常逐个关注语句，着眼于准确理解每一语句对世界做出了何种陈述。我认为，更重要的是哲学分析将我们的注意力引向未经分析语言的（实际的或潜在的）引人误解性的那种方式。我认为这个理念与哲学分析的理念密切相关；对许多分析哲学家来说，正是语言的引人误解性导致了对分析的需求。

我认为,语言使我们误入歧途这一理念是分析哲学的一个重要论题。[1]

---

1　在此我要感谢与里奥纳德·林斯基（Leonard Linsky）的一次谈话。

然而，就像哲学分析技术本身一样，这一理念共存于各类不同的哲学见解之中。举一个明显的例子，这个理念既可以用来表达形而上学的倾向，也可以用来表达反形而上学的倾向。形而上学家也许会说，语言具有误导性，因为它掩盖了我们思想的真实结构或者（更深层次上）语言的真实结构，而这种真实结构将向我们展示世界的形式。正是本着这种精神，罗素在 1918 年指出，符号主义理论是重要的，这很大程度上是出于一些消极的原因：如果我们没有对符号形成正确的意识，那么我们就会错误地思考它们，而不是思考哲学的真正主题；因为符号是有形的，而真正的（哲学）主题非常抽象和难以捉摸。在这种背景下，他发出了这样一个著名的感慨：一个好的哲学家会设法"每六个月……花上一分钟时间"去思考哲学的真正主题，而"坏哲学家从来就不做这种思考"（1986：166）。在这里，我们得到了这样一种观点：真正的（哲学）主题和真正的（哲学）问题隐藏于我们的语言之内，或深埋于我们的语言之下。

反形而上学家也同样认为语言具有误导性，但采取了不同的方式，也得出了不同的结论。其典型观点是：真正的哲学问题是不存在的，但对这些问题的幻觉是由我们的语言结构引起的，或出自我们在做哲学时所使用的那种语言，或由我们对语言结构的混乱思考造成。这里想要表达的理念是，语言以这样或那样的方式具有欺骗性，而哲学问题之所以产生，是因为我们被语言欺骗了——正如《逻辑哲学论》的作者所说，它们产生于"我们未能理解我们语言的逻辑"（4.003）。也许正是本着这种精神，《哲学研究》的作者才把哲学说成是"一场反对借语言使我们理智入魔的战斗"（§109）。

哲学家们可能会（一致地）强调语言的误导性，同时在其他重要方面表现出各种差异。正如我已经指出的，分析哲学中的一条强有力的思想路线被这样一个事实深刻影响着，即（中立地看）初等数学逻辑——弗雷格和罗素逻辑的一个片段——能够给我们提供关于断言的（某些方面）推理能力。逻辑能让我们洞察语言和思想的结构（或者至少是这种洞察的幻觉）。我认为，这是一个对分析哲学而言最重要的事实。我怀疑，正因为如此，数学逻辑的发明才与一种将语言置于其关注中心的哲学紧密联系在一起。然而，在分析哲学内部也有这样一些人，他们站出来反对这样一种理念：用逻辑将我们的日常语言图式化在哲学上是有用的。最明显的就是哲学中所谓的"日常语言"学派。卡尔纳普和奥斯汀都关注语言，都反对形而上学，但这些相似之处与彼此的深刻分歧互相伴随而生。

希望诸位从文中可以清楚地看出，我认为不可能也没有必要给一名分析哲学家下一个充分必要条件式的严格定义。[1]我们对这一理念的理解，源于某些经典人物、经典作品和哲学问题的经典思考方式。正如维特根斯坦关于游戏所说的，在所有这一切中，我们所看到的是重叠交织的线索，而非一条（或两条、三条）贯穿始终的主线。（Wittgenstein，1953：§67）在这个图景之中，哲学分析的理念就相当于这样一种线索；然而，它本身是由各种纤维拧成的一股线索。本文试图找出这些问题的某些复杂性，但也只是一个开始。

参考文献

Carnap, R. (1937) *The Logical Syntax of Language*, London: Routledge and Kegan Paul.

Frege, G. (1964) *Basic Laws of Arithmetic*, trans. M.Furth, Berkeley and Los Angeles: University of California Press; cf. *Grundgesetze der Arithmetik, begriffsschriftlich abgeleitet*, volume 1, Jena: Verlag Hermann Pohle, 1893.

---

1    参见 Hylton 1995。

— (1979) *Posthumous Writings*, Oxford: Basil Blackwell; cf. *Nachgelassene Schriften*, Hamburg: Felix Meiner Verlag, 1976.

— (1984) *Collected Papers,* Oxford: Basil Blackwell. ("Compound Thoughts," original publication in *Beiträge zur Philosophie des deutschen Idealismus*, III, 1923–6: 36–51; "Negation," first published in *Beiträge des deutschen Idealismus*, I, 1918–19: 143–57.

Hart, W. D. (1990) "Clarity," in D.Bell and N.Cooper (eds) *The Analytic Tradition*, Oxford: Basil Blackwell.

Hylton, P. (1990) *Russell, Idealism, and the Emergence of Analytic Philosophy*, Oxford: Oxford University Press.

— (1995) Review of Michael Dummett's *Origins of Analytical Philosophy* (Cambridge, Mass.: Harvard University Press, 1993), *The Journal of Philosophy* XCII, 10.

Moore, G.E. (1903) *Principia Ethica*, Cambridge: Cambridge University Press.

— (1946) "Russell's 'Theory of Descriptions,'" in P.A.Schilpp (ed.), *The Philosophy of Bertrand Russell*, Evanston, Ill.: The Library of Living Philosophers.

Quine, W. V. O. (1960) *Word and Object*, Cambridge, Mass.: MIT Press.

Ramsey, F. (1931) *The Foundations of Mathematics and Other Logical Essays*, London: Kegan Paul.

Russell, B. (1900) *A Critical Exposition of the Philosophy of Leibniz*, London: George Allen and Unwin; new edition 1937.

— (1903) *The Principles of Mathematics*, Cambridge: Cambridge University Press; second edition, London: Allen and Unwin, 1937.

— (1905) "On Denoting," *Mind*, NS 14: 479–93.

— (1914) *Our Knowledge of the External World*, London: Allen and Unwin; revised edition, 1926.

— (1918) "On Scientific Method in Philosophy," in *Mysticism and Logic*, London: Longmans, Green and Co.

— (1986) Lecture I on "The Philosophy of Logical Atomism," in John G.Slater (ed.) *Collected Papers of Bertrand Russell*, Vol. 8., London: Allen and Unwin.

Schilpp, P. A. (ed.) (1942) *The Philosophy of G.E.Moore*, Evanston and Chicago: Northwestern University.

Wittgenstein, L. (1922) *Tractatus Logico-Philosophicus*, New York: Harcourt, Brace and Co.

— (1953) *Philosophical Investigations*, London: Basil Blackwell.

# 3 分析哲学的风格[1]

雅各布·罗斯（J. J. Ross）／著

陆鹏杰／译

迈克尔·达米特（Michael Dummett）最近出版了一本非常有趣的书，叫《分析哲学的起源》，该书根据达米特 1987 年在博洛尼亚大学所做的系列讲座修订而成。虽然我打算针对他关于这场分析运动的论述发表一些评论，但我更关注的是他如何看待这场运动的一些当代表现形式，而不是他如何论述这场运动的起源。我从这些评论所获得的教益与该著作的一个核心主题有共通之处，那就是我们需要消除现象学和分析哲学之间的鸿沟。达米特建议我们可以（而且应当）回到双方的共同起源并在分歧点重新携手同行，以此来建立沟通；但我将论证，我们必须向前看，把目光放到一个双方可以共同解决问题的平台上——在那里，那些将被人们提出来并加以讨论的实际解决方案会比研究方法的风格更加重要。我相信，我们已经有了这样一个平台，它来自认知研究领域，尤其是认知研究与所谓的"心智哲学"交叉重叠的地方。

---

1 本文还有另一个更早期的中译版本，由李国山翻译，陈波校对，载于《分析哲学：回顾与反省》（第二版，上卷，第 395—408 页）。在翻译本文的过程中，两位前辈学者的译文给了我莫大的帮助，在此向他们致以最真挚的感谢！译者注。

在论证这一点时，我会采纳达米特的这个观点：他认为分析哲学具有一种特殊的风格。我会努力说清楚在他看来这种风格是什么，并且将他的观点与其他人关于分析哲学风格的说法进行对比。

一

从达米特之前对弗雷格著作的研究成果来看，我们很容易预料到，他会认为弗雷格是这场分析革命的大英雄，并且他的讲座大部分内容都牵涉弗雷格关于真理与意义，以及思想和语言之间关系的独特看法。除此之外，达米特还花了不少篇幅来讨论弗雷格的观点与布伦塔诺和胡塞尔的思想遗产之间的关系。虽然达米特明确将"语言学转向"视为分析哲学的起点，并且认为是维特根斯坦在 1922 年的《逻辑哲学论》中迈出了推动这一进程的关键一步，但他将弗雷格、摩尔和罗素都视为重要的奠基人。（Dummett 1994：127）因此，令人惊讶的是，尽管达米特花了很多篇幅来讨论弗雷格，他却很少讨论摩尔、罗素乃至维特根斯坦的作品。原因在于，达米特认为，虽然罗素和摩尔都是重要的先驱者，但他们都不是分析哲学的真正来源。在他看来，

> 分析哲学的来源是那些主要或完全用德语写作的哲学家的著作；如果不是纳粹主义的祸患驱使那么多讲德语的哲学家跨越大西洋，上述这一点对每个人来说将是显而易见的。

> （1994：ix）

达米特说，正是吉尔伯特·赖尔关于博尔扎诺（Bolzano）、布伦塔诺、迈农和胡塞尔的讲座让他看到了这一事实。他为自己没有讨论罗素和摩尔的贡献找了个借口，他说，因为"这个领域已经被很好地研究过了"，

而且罗素和摩尔来自一个非常不同的哲学环境。在这些讲座中，达米特几乎没有直接阐述维特根斯坦的观点；他倾向于将维特根斯坦的观点当作某种读者或听众已经知道的东西。他确实关注了唐纳德·戴维森的观点和后期维特根斯坦之间的差异（他认为戴维森的思路跟弗雷格很接近）（Dummett 1994：14-21），也关注了维特根斯坦关于如何进行语言研究的新建议所具有的含义——维特根斯坦的新建议是：要去考察我们在使用语言的时候如何使用陈述句（Dummett 1994：162-6）。尽管达米特很尊重戴维森所坚持的真值条件理论，但在这些讲座中，他在好几个地方都表明了他对后期维特根斯坦这个观点的普遍认可。然而，达米特在讲座结尾指出，他认为"要证明（维特根斯坦的）这些一般性观点是正确的，就必须提供某种可信的概述，表明这些观点可以对语言提供一种系统的解释"（1994：166），而这个工作尚未完成。因此，事实证明达米特的著作确实专注于探究分析运动的起源，而不仅仅是对"语言学转向"提供阐述，无论这种阐述依据的是前期维特根斯坦还是后期维特根斯坦的观点。

## 二

相比之下，达米特对分析哲学的现状和未来的看法会更加有趣，正是在这里，他提出了这样一个观点，即分析哲学具有一种独特的风格。达米特反思了某些学者所倡导的新趋势，这些学者——比如已故的加雷斯·埃文斯（Gareth Evans）——把"语言优先于思想"这个观点给颠倒过来，他们认为语言只能根据先前所给定的不同类型的思想观念（notions）来解释，并且这些观念独立于它们的语言表达式。埃文斯认为"信息获取"是一个比"知识"更基本的概念，因为获取信息并不一定要掌握包含该信息的命题；他的这个观点给达米特留下了深刻的印象

（Dummett 1994：186）。但是，既然达米特认为分析哲学与其他学派的区别恰恰在于自弗雷格以来的"语言学转向"，并且根据他的观点，这种转向是基于这样一种观念，即对思想的哲学解释必须建立在对语言的解释之上，这似乎意味着埃文斯不再是一名分析哲学家了。达米特认为这样的结论显然难以接受，因为正如他所说，埃文斯的遗著《指称种种》（*The Varieties of Reference*）所依赖的三大支柱分别是罗素、摩尔和弗雷格，而他们无疑是分析哲学的杰出代表。因此，为了消除自己的不安，达米特主张，就埃文斯而言，"他之所以还是分析学派的一员，仅仅是因为他从属于这样一个传统：该传统采用某种哲学风格，并且借鉴某些特定学者，而不是另一些学者"（1994：4-5）。因此，显而易见，对达米特来说，虽然"语言学转向"仍然是分析哲学的核心，但有某种独特的哲学风格构成了分析哲学的特征；只要某个哲学家的著作具备这种风格，并且他借鉴的是分析运动中某些经典哲学家的著作，我们就可以把他当作分析哲学家，即便他不接受达米特所认为的分析运动那些最基本的观念。

我觉得达米特的这种观点很可笑。我不知道为什么对达米特来说，将加雷斯·埃文斯和克里斯托夫·皮考克（Christopher Peacocke）看作是分析学派的一部分会如此重要，因为对一些读者来说，埃文斯、皮考克和另外一些当代思想家显然已经在许多方面超越了那些在"语言学转向"中曾被广泛接受的学说。把这些思想家和许多其他当代哲学家——比如泰勒·伯吉（Tyler Burge）、丹尼尔·丹尼特（Daniel Dennett）、基思·唐奈兰（Keith Donellan）、大卫·卡普兰（David Kaplan）、大卫·刘易斯（David Lewis）、罗伯特·斯塔尔内克（Robert Stalnaker）、斯蒂芬·斯蒂奇（Stephen Stich）等——叫作"后分析（post-analytical）哲学家"，可能会更合适。虽然人们一度把 19 世纪末到 20 世纪 60 年代在奥地利、英国和美国发生的那些新的哲学运动称为"哲学革命"——我们现在则称之为"分析哲学"，但说这种"语言学转向"是这场"哲学革命"的唯一组成部分或主要组成部分，这一点对我来说并不是显而易见的。"语言学转向"是这场"哲学革命"的重要组成部分，这是毫无疑问的；维特根斯坦的著作在这场革命中占据着中心地位，就足以说明这一点。但说"语言学转向"是主要组成部分，因此弗雷格应当被当作分析运动的唯一来源，也就是分析哲学的唯一"祖父"（Dummett 1994：171），而博尔扎诺是曾祖父，罗素和摩尔则更像是叔叔（或者甚至"可能是叔祖父"），这种说法也许充分地反映了这样一种达米特式的偏见，即把弗雷格和他的观点放在中心位置上。（顺便说一句，其他生物都有一双祖父母，但分析哲学这种生物却只有一个祖父，这也太奇怪、太反常了吧！）然而，我们有理由认为，比起任何与弗雷格有直接联系的事物，"分析"这个概念（这场运动以它来命名）和摩尔以及伯特兰·罗素在其职业生涯某个阶段所使用的那些哲学技巧，具有更密切的联系。

即便埃文斯和皮考克都不接受达米特所认为的分析传统的基本公理（即对思想的分析必须通过对语言的分析来进行），达米特还是认为他们属于分析传统，而在这本书的其他地方（1994：128-9），达米特对此给出了一个稍微不同的解释。他认为，虽然埃文斯和皮考克不再认为语言处在根本的位置上，但他们仍然把关于思想的哲学作为哲学的基础，因此，他们对哲学这门学科的总体架构的看法与那些仍然坚持基本公理的人在本质上是一样的。我觉得这个观点是站不住脚的，在我看来，这将使埃文斯与分析学派的联系变得更加问题重重。因为如果现在把专注于探究思想哲学看作分析传统的组成部分，那么很难说哲学中的分析转向与现代哲学（从笛卡尔到康德）中的认识论传统有哪些真正不同之处。这可能会使人想起，在《哲学和自然之镜》一书中（该书无疑是一本"后分析哲学"的著作），理查德·罗蒂已经指出，由认识论转向形成的现代哲学和由语言学转向形成的分析哲学，两者所经历的历程是非常相似的。达米特可能会说，弗雷格把思想当作命题态度的内容，从而对思想提出了一种非心理主义的解释，正是这种非心理主义的解释带来了哲学革命，并且挑战了笛卡尔以来所形成的这种观点，即知识理论（theory of knowledge）具有首要的地位（1994：184-5），而埃文斯和皮考克的著作保留了这样一种反认识论的态度。因此，正是这种反认识论的态度使得埃文斯和皮考克对思想理论的研究方式与从笛卡尔到康德的认识论哲学有所不同。达米特认为埃文斯和皮考克持有这样一种反认识论的研究方式，这个观点有可能是正确的。但是，由于埃文斯和皮考克对"思想"这个概念的处理方式牵涉到乔姆斯基以及当代许多受他影响的哲学家所提出来的那些议题，而且由于乔姆斯基坚持认为思想哲学是心智哲学的一部分，因此意义与某些发生在大脑中的非常复杂的事情密切相关（1994：187-8）。这样一来，想要把思想哲学的问题与传统认识论的问题彻底分开，将会是一件异常困难的事情。无论如何，既然乔姆斯基的追随者和弗雷格/分析传统的追随者目前在同一个公共平台上讨论他们之间的差异，想要把前者正在做的研究归类为"非分析哲学"，同时又坚持认为后者继续在进行真正的分析哲学研究，这恐怕没那么容易吧？

三

达米特认为，分析哲学之所以是一场革命，就在于它提倡思想要通过语言来分析；值得注意的是，达米特的这个看法明显具有牛津哲学的特征。在英国广播公司（BBC）第三套节目中，牛津大学一群杰出的演讲者——艾耶尔（A. J. Ayer）、涅尔（W. C. Kneale）、斯特劳森（P. F. Strawson）、保罗（G. A. Paul）、皮尔斯（D. F. Pears）、瓦诺克（G. J. Warnock）和瓦尔海姆（R. A. Wollheim）——做了一系列的演讲，他们所提出来的恰恰是跟达米特一样的观点；这些演讲内容后来以《哲学革命》为题结集出版了，并且由吉尔伯特·赖尔撰写导论。但该书认为，与弗雷格同时代的牛津哲学家布拉德雷（F. H. Bradley）对这场运动也有功劳，这样一来，达米特似乎会把布拉德雷当作分析学派另一个被遗漏的"祖父"。根据赖尔的观点，联想主义心理学认为语词优先于命题，但弗雷格和布拉德雷都主张这种观点是错误的；他们坚持认为，思想或判断是一个具有不同特征的功能统一体，但并非由可分离的部分组成。在弗雷格和布拉德雷看来，思想具备这样一些内在属性：为真或为假，或者具有"客观的指称"；这些属性的意义正是摩尔的"分析"想要去分析的对象，而罗素则把他的"原子"当作这些意义的组成部分。也许达米特故意忽略布拉德雷等人在这个故事中所扮演的角色。因为他说自己并不特别迷恋牛津哲学，他认为在二战刚结束的那些年，当他还在牛津上学的时候，当时的牛津哲学极其自信、狭隘。

大约在同一时间（1966），还有另一本题为《英国分析哲学》的论文集也出版了，该文集主要由一群更加年轻的牛津哲学家撰写，并由伯纳德·威廉姆斯（Bernard Williams）和艾伦·蒙特菲奥里（Alan Montefiore）担任主编。在该文集的导论中，我们可以找到另一种对分析哲学风格的不同说法。该导论先提醒我们注意，某些哲学著作之所以被当作"存在主义"作品（这本文集最初是为欧洲大陆的读者准备的），是因为它们具备某种特定的风格并且关注某类特定的事物，而不是因为它们持有某个独立的学说体系，也不是因为它们与那些为存在主义运动的主要观念及其名字做出贡献的伟大哲学家具有某种联系；之后，该导论指出，同样的道理也适用于这本文集所收录的那些哲学家，并且这一点会更加显而易见。该导论说，这一时期学派之间的差异更多地表现在方法上，而不在学说上，这绝非偶然。

　　比如说，正是某些思想风格、思考方法、某些类型的问题以及某些用来讨论这些问题的术语和观点，最明显地体现出存在主义思想的统一性；而类似的道理也适用于本书所收录的论文。这些论文都展示了某些哲学讨论的方法，而这些方法自二战以来在英国和英语世界的其他地方影响最大，并且（可以说）现在也仍然如此。

（Williams and Montefiore 1966：2）

该导论认为分析哲学有它的"风格"和"方法"，但它并没有立即解释这些"风格"和"方法"指的是什么。事实上，该导论还指出，该文集所收录的风格和主题，其范围大到足以表明，分析哲学与很多不同的哲学兴趣以及一般信念都是相容的。因此，两位主编并没有打算为这种类型的哲学风格提供一个普遍性的说明，他们认为这本文集会以实际行动向大家展示这种风格，以此来阐明这种风格。然而，该导论仍然非常笼统地指出：通过采取一种夸张的描述方式，欧陆哲学的风格会被说成是思辨的、形而上学的，要么在表达上模糊不清，要么就拥有与雄心勃勃的理性主义相伴随的那种特殊的清晰性，而英国的风格则被说成是经验的、务实的，使用朴素的表达方式。该导论指出（Williams and Montefiore 1966：5），在这种夸张描述的背后，双方对"哲学上的严肃性由哪些东西构成"这一问题持有真正的分歧：英国哲学具有学术上的自我意识，它重视的是同行而不是大师。因此，英国哲学会拒绝这样一种在欧陆哲学中更为常见的戏剧性风格，即通过寻求引人注目的例子来强化我们的所见所感。

有人可能会怀疑，这种说法是否真的充分阐明了**分析**哲学的风格（而不是**英国**哲学的风格）。但也许在一定程度上，英国分析哲学家的某一个群体，即所谓的牛津分析学派，确实具备上述特征。这个学派——尤其是像吉尔伯特·赖尔和约翰·奥斯汀这样的哲学家（达米特在牛津上学的时候，赖尔和奥斯汀是这个学派的领袖人物）——才是达米特所说的他一直在反对的对象。达米特认为，赖尔具有一些消极影响，因为他教导学生忽视卡尔纳普；而奥斯汀的影响虽然积极但却有害，因为他把人们推向了错误方向。达米特说，像当时的伊丽莎白·安斯康姆（Elizabeth Anscombe）和菲利帕·富特（Philippa Foot）一样，他觉得自己是一个局外人，并不认可牛津的"日常语言分析"；尽管达米特对20世纪50年代初在牛津访学的蒯因持批判态度，但他对蒯因的尊重超过了他对牛津其他人的尊重。显然，与牛津的"日常语言分析"相比，达米特对美国后卡尔纳普式（post-Carnapian）哲学持有更高的评价，后者的代表人物是蒯因和戴维森，他们所继承的哲学则一度被称为"理想语言分析"。

## 四

我们中那些在同一时期求学于剑桥的人，会更多地接触到由约翰·威兹德姆所延续的那种维特根斯坦式思想遗产，并且会被教导（像达米特一样）要对牛津试图传播的新"日常语言分析"有所怀疑。但对我们来说，分析学派的思想遗产应当被总结为"形而上学的变形"（这个短语是威兹德姆创造的），而不是"哲学革命"。当后期维特根斯坦将哲学研究引向对日常用法的详细分析时（按照威兹德姆的看法，早在维特根斯坦说出这么做的理由之前，摩尔的技术就依赖于这种做法），他的主要解放措施是让我们意识到：我们有时候会对捉摸不定的日常语言用法的含义形成一种错误看法，而根据这种看法进行过于仓促的哲学思考就会产生一些狡猾的陷阱，但我们必须学会让自己摆脱这些陷阱的误导。所以，哲学主要具有治疗的功能。然而，威兹德姆认为（当时在牛津的弗里德里希·魏斯曼也这么认为），哲学家的形而上学怪癖有时候可以带来某些洞见，这些洞见能够让我们比以前更好地理解事物。在此基础之上，牛津大学的彼得·斯特劳森进一步主张：现在有更多的空间可以构建哲学体系，我们可以使用与治疗分析（therapeutic analysis）相同的材料和方法，用一种更具普遍性、更系统的方式对我们的概念和言语形式的逻辑特征进行区分并加以描述，以此作为建构体系的依据。但威兹德姆却对斯特劳森的主张嗤之以鼻，认为这将背叛维特根斯坦的观点，因为在维特根斯坦看来，日常用法完全没有任何问题。斯特劳森确实承认，美国有些哲学家正在使用后卡尔纳普式理想语言技术，而体系建构者则受到这些技术的启发和支持，可他认为这些技术与英国哲学所追求的那种对日常用法的考察是互补的，并不一定会冲突。虽然我们中有不少人觉得分析哲学当时已经完全跌入了谷底，但或许这种看法是情有可原的。此外，在 20 世纪六七十年代，各种传统的，有时甚至是古老的哲学主张又重新进入我们的视野，只不过这一次它们是用分析哲学的新术语和新风格写出来的。对此，我们并没有感到惊讶。回过头来看，威兹德姆的观点以及他对维特根斯坦的解释，或许更像是在反抗艾耶尔和维也纳学派的逻辑实证主义，而后者正是以后期维特根斯坦哲学作为代表。

## 五

事实上，许多人尚未完全弄清楚这一事实，即从 20 世纪 50 年代开始，分析哲学和逻辑实证主义之间的鸿沟变得越来越大。在"哲学革命"系列演讲的最后一讲中，瓦诺克认为他有必要做出如下声明："我想直截了当地说，我并不是一个逻辑实证主义者，我所熟悉的哲学家也没有一个人是逻辑实证主义者。尽管从这一系列演讲来看，这一点是显而易见的，但还是值得澄清一下，因为目前似乎有一种流行的观点认为，逻辑实证主义在某种程度上是当代哲学的官方学说。"（1967：124）直到今天（瓦诺克的声明已经过去了四十年！），许多分析哲学的批评者依然假定，任何以"分析哲学家"自称的人必然保留了维也纳学派的一部分观点。但事实并非如此。尽管维特根斯坦的《逻辑哲学论》被维也纳学派当作官方圣经，但维特根斯坦本人从来就不是一个实证主义者。维特根斯坦确实一度与维也纳学派持有某些相同的观点，比如他们都支持意义的可证实性理论，都将形而上学视为无意义的主张并加以拒斥，也都对逻辑和数学采取一种约定论的解释，并且都认为哲学唯一的正当任务是逻辑分析。然而，与维也纳学派不一样的是，尽管维特根斯坦把形而上学主体、宗教、善与恶等事物当作"神秘的东西"，并且认为人们不能对这些东西存在与否说出任何有意义的话，但维特根斯坦相信，这些东西对人类来说可能比其他东西更重要。卡尔纳普认为形而上学就像是由没有音乐才能的人创作出来的音乐作品，但早期维特根斯坦却认为形而上学是在努力说出那些不可说的东西，是一种勇敢的尝试。这种经历本身是无法用语言表达的。从 20 世纪 30 年代末到 50 年代，大多数哲学家（包括那些之前支持实证主义的人）开始意识到，他们的学说如果不进行重大修改，将难以成立。与此同时，自 1933 年以来，维特根斯坦本人已经摆脱了他以前的意义图像理论，并且已经在剑桥与他的学生讨论新的观点——核心观念是，意义依据的是用法而不是真值函项性（truth-functionality），这种观念构成了其遗著《哲学研究》一书的根基。

　　达米特说，他发现很难表明有哪一个清晰连贯的学说是维也纳学派所共享的。按照某种严格的解释，实证主义认为，如果我们没有一个程序可以用来确定某个陈述的真假，那么该陈述必定没有意义。但这种解释带有过多的限制性。因此，实证主义者试图弱化这一原则。可如果我们说我们并不需要一个现成的证实程序，那么我们就必须放弃经典逻辑，因为排中律只适用于那些我们确实知道如何证实或证伪的陈述。然而，维也纳学派坚定不移地相信经典逻辑是正确的——这一点不仅是他们整套逻辑观念的关键，而且当他们用跟《逻辑哲学论》一样的方式来谈论重言式的时候，这一点同样也是关键。达米特因此总结道："所以，我看不出他们的观点是如何结合在一起的。"（Dummett 1994：189-90）尽管达米特显然把维也纳学派的这个阶段当作一条死胡同和一种反常现象（就像他似乎也把他学生时代的牛津日常语言时期当作一条不幸的死胡同一样），达米特显然认为卡尔纳普后期的观点，以及卡尔纳普给他那些美国追随者（比如蒯因和戴维森）所遗留下来的技术，是分析哲学身上的活组织（living tissue），它们延续了弗雷格所发起的那场革命。

# 六

也许达米特过分强调了弗雷格某个方面的影响，即"语言优先于思想"这一主张所依据的那些观念，却忽略了他另一个方面的影响，即那些与逻辑和谓述（predication）的特征相关的观念，正是后面这些观念推动伯特兰·罗素去发展数学逻辑或符号逻辑（在其早期著作中），并且最终促使罗素和怀特海合著的经典著作《数学原理》得以诞生。比起我们使用自然语言所习惯的方式，新的符号逻辑能够让我们以一种更精确、更准确的方式来表达我们的思想。正是这种观念激发了这样一种想法：只有借助符号逻辑，我们才能够分析出我们所真正断言或论证的东西。因此，在20世纪早期，人们普遍接受的说法是，罗素的"摹状词理论"是哲学分析的典范。有些人也许会想起来，正是这一理论推动维特根斯坦形成"逻辑形式"的观念，之后又促使罗素提出逻辑原子主义，并且促使维特根斯坦在《逻辑哲学论》中提出意义的"图像化"理论。我们无须在此详述卡尔纳普对其中一些观念的发展，尽管正是卡尔纳普的发展推动了"理想语言分析"这一概念的形成。然而，这些观念直到今天仍然给分析哲学留下了一大类哲学著作，包括书籍和论文，它们都强调使用符号逻辑来阐述它们的论证。罗素的逻辑主义（logicism）一直都没有给我们之前提到的那些"日常语言"哲学家留下太多印象。维特根斯坦在20世纪30年代后期改变了他早期的观点，并且在后期对语言和逻辑的本质提出了不同的看法，这些都被"日常语言"哲学家当作对他们的支持。到了1950年，斯特劳森发表了《论指称》一文，这又让"日常语言"哲学家受到了鼓舞，因为在这篇文章中，斯特劳森拒绝了罗素的"摹状词理论"。几乎在同一时间，吉尔伯特·赖尔出版了《心的概念》，该书以生动有趣的英国风格写成，而且除了用日常语言来分析概念，并没有依赖其他方法。尽管如此，它仍然是一部"语言学哲学"著作，因为它的论证方式主要在于以一种清晰的方式来提及某些英语中早已存在的区分。奥斯汀所使用的技术是同一个东西的一种更微妙的延伸。他关注的是某些英语表达式在意义与用法方面的细致区分。奥斯汀认为，日常语言所包含的任何区分都不能被轻易忽视；他通过仔细考察某些可能被其他人视作微不足道的细微区分来获得启发。因此，在《英国分析哲学》这本文集的导论中，威廉姆斯和蒙特菲奥里承认（1966：8-9），奥斯汀以这种风格所撰写的一部分作品（他自己称之为"语言现象学"）几乎无法翻译成其他语言，即便这两位主编认为，我们也许可以在其他发展成熟的自然语言中发现类似的区分。牛津哲学家以这种方式专注于研究日常语言用法，他们的写作风格独树一帜，人们有时候会觉得他们确实揭示了一些有价值的区分。但在许多批评家看来，他们对技术的回避似乎是一种自我强加的障碍。并非只有达米特才认为这种模式的分析哲学已经没什么用了。这或许可以解释，为什么在过去 20 年里，美国式的分析哲学对英国年轻一代哲学家产生了越来越大的影响。

# 七

这种影响是从蒯因开始的。在蒯因不再关注纯逻辑问题，开始提出更具实质性和原创性的论题之后（"On What There Is"［1948］和"Two Dogmas of Empiricism"［1951］），他的哲学著作不仅变得更好读，而且还会让人联想起威廉·詹姆斯和约翰·杜威等美国实用主义领军人物那些最好的作品。蒯因对卡尔纳普那种高度技术化风格的背离，就像他与卡尔纳普某些激进的经验主义观点之间的分歧一样引人注目。他的《词与物》（1960）一书被誉为对语言哲学的重大贡献。语言哲学在兴起之后就成为一个核心关注点，这无疑反映了当时分析哲学的总体情况。然而，诺姆·乔姆斯基在20世纪50年代的工作以及蒯因在20世纪60年代的工作，却将美国的哲学推向了一个有时会与当时的英国哲学截然不同的方向。到了1970年，索尔·克里普克在他关于"命名和必然性"（Naming and Necessity）的演讲中谈到了指称问题，并提出了一个与19世纪约翰·斯图亚特·密尔观点相似的理论；而克里普克之所以被认为开辟了一片新天地，主要是因为他的观点对认识论、形而上学、科学哲学和心智哲学中的问题具有重大意义。唐纳德·戴维森的著作加强了这一点，他那些关于心智哲学、行动理论和形而上学的新颖观点引起了广泛关注，在英国和美国都产生了重大影响。因此，在过去20年里，一方面以语言哲学为中心，另一方面则以心智哲学为中心，哲学家们展开了一场多维度的争论。但所有这些争论都是"分析哲学"吗？其中有些争论所关注的问题是相同的，有些论证方式则是相通的。然而，尽管在20世纪六七十年代，不少哲学家觉得一场革命正在发生，哲学会变得跟过去完全不一样，但现在这种感觉似乎没那么强烈了。

# 八

我们在前面提到过达米特的这个观点，他认为蒯因和戴维森的观点有助于使分析运动的活组织继续保持弗雷格所发起的那场革命的精神。但是，哲学中真的还有分析学派吗？早在1967年，瓦诺克就已经写道，他那个时代的"当代哲学"（他显然更喜欢这个术语，而不是"分析哲学"）根本不是一个教条的、带有限制性的学说体系，它反而指的是在某些领域共同寻求启发。他补充道：

　　尽管人们也许会自然而然地依据一些相互竞争的学派和团体，以及一些相互竞争的大人物和领袖来思考学术主题，但这是一种令人厌烦的习惯；如果可以的话，让我们彻底抛弃这种习惯吧；而如果做不到的话，那么我们至少不要把过去那些过时的分类强行放到当下来使用。

（Warnock，in Ryle 1967：124）

如果这一点在当时是正确的，到了今天就更是如此。达米特说因为埃文斯"采用某种哲学风格，并且借鉴的是某些特定的学者，而不是另一些学者"，所以埃文斯仍然是分析学派的一员，那么我们又该如何看待达米特的这个主张呢？

# 九

　　正如我们所见，我们很难定义这种风格是什么，但我相信，达米特的主张有一定道理。这一点我在几个月前深有体会：当时我参加了一个周末研讨会，听了一场讨论法国哲学家伊曼纽尔·列维纳斯的哲学著作的演讲——列维纳斯后来去世了。我发现，该讲演者表达思想的方式令人费解，其所使用的术语以及对笛卡尔、黑格尔和罗森茨威格等其他哲学家著作的引用则显得深奥难懂。列维纳斯的核心拥护者肯定会感受到，这里有某种独特的哲学风格。他们显然不会把维特根斯坦、蒯因、戴维森或达米特等人当作先贤并加以借鉴。事实上，列维纳斯是一名"存在主义"哲学家，他接受的是现象学派的教育，并且是胡塞尔的学生。当胡塞尔采用某种方式来继承弗雷格和布伦塔诺的思想，而罗素、维特根斯坦和蒯因则采用另一种方式来继承这些思想时，达米特和列维纳斯可以通过回到双方的分歧点来建立沟通吗？我对此表示怀疑。在该演讲者提到的那篇文章中，列维纳斯所关注的所有问题与达米特可能感兴趣的东西并没有任何联系。只有当列维纳斯和达米特有共同关心的问题时，他们才能比较双方各自的答案，核对他们对古今共同权威的引用，以及对另一方的观点表达赞同或反对。按照我的理解，即便列维纳斯和达米特可能会发现他们内心坚信的宗教信仰是相同的，他们捍卫各自观点的方法也不会有太多共同之处。


# 十


正如我们之前所顺便提及的，分析哲学有许多不同的写作风格和修辞风格。维特根斯坦的风格除了一部分是技术化和数学化的风格，其他的就像尼采和叔本华的风格一样，往往是由格言警句组成的。他的演讲笔记（如《蓝皮书和棕皮书》）展现的是一种更加散文化的风格，该风格显然没有展示出他最好的一面。如果威廉姆斯和蒙特菲奥里所撰写的导论是正确的，那么毫不意外，维特根斯坦根本就不是一名英国哲学家。他真的是一名"分析"哲学家吗？如果分析哲学的主要先贤之一实际上并不是一名分析哲学家，那确实太奇怪了！罗素的大部分哲学著作都有一种清晰明了的散文风格，卡尔纳普则喜欢高度技术化的表达方式。随着时间的推移，在我们这个时代，不少著作都是以科学的模式写成，带有许多引文和脚注，并在结尾附上详细的参考文献。不过，某些当代英国哲学家的文章却是另一种风格，这些文章既没有添加任何脚注，也没有引用其他哲学家的著作。有些哲学家以"精确"作为哲学的目标，因此他们大量使用逻辑符号；另一些哲学家则更喜欢那种带有文采和引文的对话风格，因此他们尽可能避免使用术语。这些著作真的有什么共同点吗？也许它们有时候会引用维特根斯坦或弗雷格的只言片语，或者其他诸如"可能世界"之类的时髦词语。然而，如果这些著作真的有共同点，它们彼此之间最多具有一种微弱的"家族相似性"（注意：这又是一个时髦词语！）。因此，是什么东西使得它们成为"分析哲学"或"后分析哲学"的一部分呢？

# 十一

我想指出的是，（后）分析哲学的风格在当下是如此宽泛，以至于它囊括了所有其他学派——只要那些学派是为同行的专业人士而写作的。在《哲学革命》一书的导论中，赖尔指出，自19世纪末以来，哲学家已经变得世俗化和学术化了，他们会把作品发表在自己的专业期刊上——也许赖尔的这个观点确实是正确的。

> 哲学家现在会将他们的问题和论证提交给同行专家批评，这种新的专业实践方式导致哲学家越来越关注那些与哲学技术相关的问题，也越来越关注推理的严密性。口才好并不足以让持不同意见的专家保持沉默，说教也不会被同行所认可。此外，一篇文章或一篇论辩型的论文的篇幅也不够大，不足以驳斥或捍卫任何一种重大的"主义"。现在的哲学家将不得不成为"哲学家的哲学家"。
>
> （Ryle 1967：3-4）

赖尔接着指出，如果其他学科的从业者问"哲学的主题是什么"，哲学家或许可以回答说"分析"。如果赖尔在这一点上是正确的——我猜测这至少描述了一部分事实——那么罗素的文章《哲学中的科学方法》就会是新分析学派最重要的奠基性文献之一，因为正是在这篇文章中，罗素捍卫了一种渐进式的哲学研究方法，以确保我们可以在哲学上取得进步。

# 十二

在后期维特根斯坦哲学的刺激之下，一种富有成效的、科学式的后分析哲学通过逐渐加强对心智哲学的关注而获得了进一步发展。随着计算机的发展和人工智能时代的到来，再加上人们对计算机翻译的需求（这激发了乔姆斯基式的语言学革命和认知学科的发展），目前至少有一个跨学科平台已经建立起来了，各个学派的哲学家都可以在这个平台上做出自己的贡献。其中有些哲学家（如埃文斯和皮考克）确实从弗雷格 / 分析传统那里获得灵感。另一些哲学家则在其他地方寻找启发。因此，有些哲学家（如休伯特·德雷福斯 [ Hubert L. Dreyfus ]）受到了胡塞尔现象学的启发，也就不足为奇了。人们确实希望可以消除分析风格和现象学风格这两种哲学风格之间的鸿沟。此外，人们同样也希望，欧陆哲学和英美哲学之间的鸿沟，以及在有些欧陆大学的哲学系和语言学系之间所存在的更大的鸿沟，都可以消除。

参考文献

Dummett, Michael (1994) *Origins of Analytical Philosophy*, Cambridge, Mass.: Harvard University Press.

Evans, Gareth (1982) *The Varieties of Reference*, ed. J. McDowell, Oxford: Clarendon Press.

Kripke, S. (1980) *Naming and Necessity*, Oxford: Blackwell.

Quine, W. V. O. (1948) "On What There Is," reprinted in *From a Logical Point of*

*View*, Cambridge, Mass.: Harvard University Press (1953).

— (1951) "Two Dogmas of Empiricism," reprinted in *From a Logical Point of View*, Cambridge, Mass.: Harvard University Press (1953).

— (1960) *Word and Object,* Cambridge, Mass.: MIT Press.

Rorty, Richard (1980) *Philosophy and the Mirror of Nature*, Princeton, N. J.: Princeton University Press.

Russell, Bertrand and Alfred N. Whitehead (1911) *Principia Mathematica*, Cambridge: Cambridge University Press.

— (1917) "The Scientific Method in Philosophy," in *Mysticism and Logic*, London: Allen and Unwin.

Ryle, Gilbert (1949) *The Concept of Mind*, London: Hutchinson.

— (1967) *The Revolution in Philosophy*, A. J. Ayer et al. (eds), London: Macmillan.

Strawson, P. F. (1950) "On Referring," *Mind LIX*: 320–44.

Warnock, G. J. (1967) *The Revolution in Philosophy*, A. J. Ayer et al. (eds), London: Macmillan.

Williams, B. and Montefiore, A. (1966) *British Analytical Philosophy*, London: Routledge and Kegan Paul.

Wittgenstein, L. (1922) *Tractatus Logico-Philosophicus*, London, Boston and Henley: Routledge and Kegan Paul.

— (1953) *Philosophical Investigations*, New York: Macmillan Publishing Co. Inc.

— (1958) *Blue and Brown Books*, Oxford: Blackwell.

# 4 分析哲学：理性主义对浪漫主义

阿纳特·马塔尔（Anat Matar）/ 著

刘小涛 / 译

 

 

我们倾向于使用二分思维，至少看起来如此。20 世纪哲学中，分析学派与欧陆学派之间的区分便是一个老掉牙的二元区分。可是，依我看，这种二元区分引人误解，尤其是因为它模糊了一个更重要的二元区分——关于哲学的理性主义态度和浪漫主义态度之间的区分。只有通过阐明后一区分，我们才能正确地评价从根底支撑着分析传统的那些预设。分析哲学家们总是把理性主义框架视为理所当然：无论反抗的是康德或黑格尔，还是布伦塔诺或密尔，他们发起的战斗总是以纯粹的理性主义为基础。实际上，分析哲学时常被看作（至少被它的实践者看作）以最清晰的方式表达心灵的理性主义框架。然而，颇具讽刺意味的是，在当代的浪漫主义者[1]看来，当理性主义与浪漫主义之间的区分本身要用分析的方法来加以阐述的时候，这恰恰暴露出了分析哲学内部存在着的一些严重的——实际上是致命的——问题。而且，由于分析哲学被当成理性

---

[1] 在我看来，我们目前正被哲学中强大的浪漫主义潮流裹挟着前行。首先让人想起的自然是卡维尔（S. Cavell），不过我想到的还有罗蒂、麦克道威尔（J. Mcdowell）及戴蒙德——只是略举几位而已。

主义的典范，所以这些问题又指向更一般的理性主义态度的无益性。汉斯·斯拉格（Hans Sluga）讨论弗雷格的著作（1980），是遵循这一思路的一个实例：该书讲述了理性主义的分析哲学的盛衰史，追踪它的演变过程，一直讲到在作者看来出现了不可避免的危机时为止。然而，故事都是从特定的视角来讲述的，一位故事讲述者要在一种哲学传统中觉察出不可避免的危机，他必定处身于这一传统之外。我本人采取局内人的视角，我认为只在浪漫主义者的眼中，分析哲学或者更一般性的理性主义，才是注定要失败的。尽管浪漫主义的批评有时候挺合理，分析哲学也能从中获取一些重要的洞见，但这些批评绝不是摧毁性的。恰恰相反，它可以帮助分析哲学家重新评估自己的立场并更好地理解它。

## 浪漫主义者

让我们在克兰·布林顿（Crane Brinton）关于浪漫主义的文章（载于《哲学百科全书》，1967 年）的帮助下，勾勒出一幅浪漫主义态度的图画，以便随后将它同理性主义态度相比较。布林顿一开始便指出，他的努力乃是"一位严谨的语义学家的绝望挣扎"，并且承认"典型的浪漫主义者会认为他自己并不典型，因为'典型的'这一概念意味着那些可以分档归类的理智工作，这正是浪漫主义者所鄙夷的东西"。虽然如此，从他的文章中，我们还是可以提炼出浪漫主义哲学家的四个相互关联的特征。

- 由于坚持个体的独特性，他们抵制概括，而只专注于特殊情况。他们对概括的反对，同他们对"抽象观念"以及"人和社会的合理组织"的不信任紧密相连，所以他们嘲笑"理性及精致算计的世界"，嘲笑"多管闲事的理智"，嘲笑"庸俗、朴实乏味的常人"。

- 浪漫主义哲学家倾向于强调不可言传之物在哲学中的作用。由于憎恶"理性主义的枯燥无味和偏狭,他们努力寻求**超越**的东西,寻求无限"。布林顿列举赫尔德和叔本华作为这两个特征的代表,但他也把尼采归为浪漫主义者,尽管后者把"浪漫主义者"当作"一个责备的字眼"来使用。他写道,尼采"分享浪漫主义者对以靠常识为生的商贩世界的所有憎恶,并且最重要的是,他也有追求**超越**的浪漫主义欲望"。基于同样的理由,因为强调审美经验在获得理解方面有相对于理性作用的优先性,我也把海德格尔看作浪漫主义者,尽管他作出过相反的告诫。

- 一般来说,不太容易将所谓的"职业哲学家"同作为广义的文化运动的浪漫主义挂起钩来,因为直到最近,哲学还一直被认为是理性主义者独霸的疆土。在布林顿看来,更能代表浪漫主义精神的是"通俗作家、散文家、传道士"。这些人,譬如卡莱尔(T. Carlyle)、爱默生、罗斯金,"强调直觉、精神、鉴赏力、想象力及信念的提升,强调不可度量者、无限者、不可言传者——或者至少强调最高贵的语言"。与之相应,"诗歌、小说和历史乃是最伟大的浪漫主义文学体裁",比传统的哲学风格可伟大多了。与之相应,浪漫主义哲学家也偏爱在艺术和文学中揭示哲学,而不是把哲学当成一门自主的学科。

- 浪漫主义者的第四个特征是抵制哲学对于"永恒原则"的痴迷。浪漫主义者们强调"连续性,生活及流动、成长、发展的连续性;一个总是为专事分割的分析心灵所污损、毁坏的过程"。他们因此喜爱那种作为"时间产物,而不是出于计划,或者囿于当前理智的产物"的变化。

有了这样一种关于浪漫主义的大致刻画,我将为理性主义者关于上述四点的立场提供一种说明。我相信，这种说明将一般性地标明理性主义者与浪漫主义者之间的差异，特别是分析哲学家与他们的（后）现代批评者之间的差异。

我对每一点的讨论都从康德就相关问题对赫尔德的批评开始，因此我是把康德划归在理性主义者队伍中的。正如布林顿恰当地指出的那样，康德总是把自己看作"坚定启蒙的"，尽管这样，还是可以在他的观点中找到"一株浪漫主义的幼苗"：康德在现象与物自体、在超验的确定性与直觉的确定性，或者在可知领域与不可知领域之间作出的区分，有时就被看作这样的"幼苗"。[1] 当然，这是一个解释方面的问题；在我看来，以下做法仍然是合适的：将物自体当作使我们"对普遍性的追求"合法化的一种形式，以及把先天综合判断看作理性主义者对规范性维度的一种明确的、独断的信奉，这种规范性维度受到了自然主义及其他取消主义倾向的威胁。

## "普遍性的追求"

让我们先来仔细考虑一下理性主义对概括的强调与浪漫主义专注于特殊事物之间的冲突。在《论关于人类历史哲学的观念》一书中，赫尔德以"每一个人都拥有衡量自身幸福的尺度"为根据，为他倾向于特殊事物做辩护。康德在引述了这句话之后，答复说："可是，就它们本身的存在价值而言——也是它们之所以存在的理由，这区别于它们赖以存在的条件——正是因为这一价值，机敏的头脑才能够将它从所属的整体中辨识出来。"（1970：219）这样一个最为根本的问题，应当本着一种更为普遍化的精神加以处理。

---

1　对这些区分的典型理性主义批评的详细阐述，参见 Hylton 1993：457。

我们说过，浪漫主义者抵制诉诸"抽象的观念"，而坚持"个体的独特性"。他们将关注特殊性的视角同如下论点结合起来：哲学"理论"或"抽象"蕴涵着在现象与"真实的世界"之间存在某种区分，但是，这一区分不过是想触碰不可及的"物自体"的无益尝试。[1]这种尝试之所以无益，要么是因为这样一个"空想的"领域毫无意义，要么是因为它仅仅在审美经验中呈现出来，本质上不可能用语言加以描述。[2]理性主义观点与浪漫主义观点之间的对立，于是便可以看作这样两拨人之间的对立：一拨是那些试图寻找神秘的、隐藏着的根基的人，另一拨是那些坚持认为哲学中没有什么隐藏着的东西的人；后一对立，继而又可以被看作一种寻求理论的**科学**倾向与一种将哲学视为**纯粹描述**的观念之间的对立。但是，这样的认识是恰当的吗？

以理性主义者的眼光看，它们暴露出一种完全的误解，因为人们可以——有时还应当——追问一些**根本性的**问题，并以"理论的"方式对它们作出回答，这种理论的方式强调统一性而忽略差异，但不必然需要援引"隐藏着的结构"，更不用说不可描述的东西了。如果我们抛弃"事物的本来状态"与"事物向我们显现的状态"这一区分中至为关键的模糊性，就可以看出浪漫主义者的错误。正像达米特所指出的，这一区分

> 分叉为两种尽管互有联系却又十分不同的区分：在对于这
> 个世界为真的东西与仅仅向我们显现为真实，但实际上并

---

1　"作为哲学家……我们作出那些区分以反映如下一些信念：有些现象是由那些自身不直接向我们显现的事物以某种方式所引起的，其余的现象则不是；这些现象只是别的某种东西的显现。"与之相联系的是"这样的观念：在我们关于真实世界的思想中，我们所意指的那些东西，完全独立于在人类知觉生活中实际看到的东西"（Diamond 1991：68）。

2　这两个选项均被 Cavell 1988：53 认为是浪漫主义的；他分别给它们贴上了"泛灵论"和"高贵者"的标签。

不为真的东西之间的区分；以及所谓的绝对的描述与一种
相对的描述形式之间的区分。

（Dummett 1993：389）

　　虽然第一个区分涉及表明常识的误导性的超验实在，但第二个区分
则既承认特殊描述又承认一般描述的合法性与正确性。达米特进一步写
道："一个以相对的语词作出的描述，本身可以是完全正确的，可是，
**经过反思**，而且很大程度上为了实践的目的，我们更倾向于以绝对的语
词作出描述。"通过避免第一种区分，理性主义者就可以**避免**把特殊事
物视为虚幻；否则的话，他们就不得不利用一个隐藏着的、神秘的柏拉
图式的领域来描述一般或绝对的东西。另一方面，第二种区分的目的，
仅仅是想对我们所使用的概念之间关系的融贯网络作出描述，澄清那些
可能的混乱，并把我们带向对于自身的更为充分的理解。

　　由于相信这样一个一般性的看法难以避免而且还很重要，尤其是
在涉及**根本性**问题的地方，理性主义者因此认为浪漫主义者的这一断
言——哲学中"无物隐藏"，因为哲学是"纯粹描述性的"——是过分
简单化的，并暴露出疏懒、默许以及缺乏好奇心。这样一来，他们便**武
断地**免除了浪漫主义者在这方面的批评。对浪漫主义倾向的这样一种反
应，一个最典型的例子，就是弗雷格对探究数的本质（或意义）的紧迫
性的强调：

　　　　正整数的概念已经免除了它曾经面临的所有困难，以至
于连孩子也能明白关于它的解释可以既是科学的又是详尽
的；而且，在没有对其他人所思考过的东西作任何进一步的
反思或了解的情况下，每一名学童便知道所有关于它的知识
了。因此，学习任何东西所必备的首要条件便是完全的缺
乏——我指的是我们所不知道的知识。结果便是，我们仍然

满足于最为原始的观点。……数的概念……具有一种比其他
科学中的大多数概念更为精致的结构……我的目标……是
唤起一种（对它）做更严格的探究的愿望。

（Frege 1953：iii 及以后）

理性主义者认为，浪漫主义者在"直接的"与"隐藏着的"、"描述的"与"解释的"或"理论的"之间所作出的区分是很可疑的。他们的目标不是想要构造出一种科学理论或解释，而是想要提供一种关于"人类的知觉生活"中直接显现的东西（及其他一些东西）的描述；可由于他们的**描述**乃是一种**哲学**描述，所以它必须是系统化的。他们并不力图揭示出一种**深层**结构，而只是要表达**清晰明白的结构**。这样一来，所得到的结果，就不是一种包含关于起支撑作用的"底层"的假设的理论，而是对于我们所有人共同分享的观念的一种系统而清楚的表达。按拉姆齐的说法："在哲学中，我们处理人们在科学和日常生活中所提出的那些命题，并试图在一个逻辑系统中把它们展示出来……哲学本质上是一个定义系统，或者是……关于如何给出定义的描述系统。"（Ramsey 1931：321）这样一种进路是理性主义者的一般特征，并且也为许多杰出的分析哲学家所拥护。[1]

## 表达不可言传者？

现在轮到浪漫主义者提抗议了，因为理性主义者的回应似乎回避了他们的批评中最强烈的方面。他们的抱怨可不仅仅是说，与我们的"绝

---

[1]  甚至那些彼此观点几乎完全不同的哲学家，也都同意这一点。比如，试比较 Russell 1912：154 和 Strawson 1992：9 对于哲学中的统一性和系统性的强调。

对主义"哲学观点**并行的**还有其他形式的知识，在这些知识中特殊情形是必不可少的。理性主义者会愉快地承认这一点。宁可说，浪漫主义者的论点是彻底的：没有给**任何**有意义的"理论性"哲学留下空间。实际上，**哲学陈述**这个概念本身就是受攻击的目标，因为这样的陈述要么是白费力气地企图表达知识的不可言传方面，即崇高的东西，要么就干脆表明知识是没有任何意义的。

　　理性主义者基于他们对总体明晰性的追求，拒绝接受这一思路。毕竟这一思路本身也是建立在纯粹的哲学陈述基础之上的，并因而获得某些实践上的解释力。不可表达的真理是不可能具备这种能力的。[1]不可言传者对于哲学判断必然是无用的，因为"这里所考虑的唯一一件事情……就是影响到……**可能后果**的东西。一个正确的推理所必需的所有东西都得到了充分的表达……**没有什么东西留给猜测**"（Frege 1972：113）。这样一个回答表明，在关于哲学性质的浪漫主义看法与理性主义看法之间，隔着一道多么深的深渊。对分析哲学家来说，关于形而上学问题的争论就是关于语言的争论；因而，这一深渊所反映的便必定是关于意义的极为不同的观点。现在就来考察一下它的两种表现形式。

## 家族相似与模糊性

　　康德在评述赫尔德的《关于人类历史哲学的观念》一书时，批评了赫尔德大量使用类比的做法：

> 　　评论人必须承认，他并不理解这种诉诸自然的类比的思路。……除了对在任何关于自然的知识中找到答案感到绝

---

1　"不可说的东西，也不可以用口哨吹出来。"或者，用不那么玄乎的话说，如果哲学是胡说，我们就必须"认真对待它是胡说这件事，而不要妄称……它是重要的胡说！"（Ramsey，1931：321）。

望，以及迫不得已决定在广大富饶的诗歌想象领域中去寻
找答案之外，这位哲学家还能援引什么来支持他的论断呢？
这仍将是形而上学，而且是非常独断的形而上学，不管我
们的这位作者为了与潮流保持一致，是多么地想要拒斥这一
蕴涵。

（Kant 1970：208f.）

关于类比、家族相似及模糊性的问题是很有吸引力的，因为在这些
问题上，理性主义者的思想已经有了巨大进展。尽管像弗雷格这样的早
期分析哲学家坚持严格的定义以及完全消除模糊性，认为模糊性是自然
语言的缺陷，当代的理性主义者们则倾向于承认：至少有些模糊的概念
是不可避免的，把一个通常的定义强加给正在演变的概念有时候是错误
的。这种新的态度，与上面曾强调过的思路非常一致，即那种避免信奉
那些由柏拉图式的纯粹本质构成的外在领域的态度：

可是不要忘了，一个语词并没有获得一个已经赋予它的
意义，就仿佛是某种独立于我们的力量所赋予它的，因而可
能有一种科学的探究方式，能够揭示这个语词**真正意味**着什
么。……说我们在哲学中考虑一种与日常语言相对的理想语
言，这是错误的。

（Wittgenstein 1958b：28）

于是，现代理性主义者便给定义和语法的观念引入了新的内容。确
实，"有时候，哲学应当澄清和区分原本模糊和混乱的概念……可是，
就那些原本意义并不是完全混乱的概念而言，哲学也自然可以加以澄清"
（Ramsey 1931：321）。模糊词项并不必然是"完全混乱的"，而且并
非每一个概念都顺从于严格的定义。尽管如此，向浪漫主义的这个让步，

并不等于是从理性主义追求的大撤退；这一追求希冀对我们概念框架中的各种联系作出普遍而清晰的考察。

从浪漫主义立场看来，这种新的进路看起来恰恰是不可能的事情。弗雷格对使用清晰定义的词项的坚持，在人们关于语言本质的思考进程中，并没有被看作一个必不可少的步骤，但它却成为理性主义的分析哲学的一个本质性特征。弗雷格从要求一个表达式在不同的出现场合里具有内容的同一性开始；但是

> 假如这一表达式出现在用来表达推理的前提或结论的语句中，它就必须有指称。无论我们的词项是如何被引入的，某种**别的**东西都是必要的——指称领域必须具备某些特点——倘若我们想考虑包含这些词项的语句的逻辑。
>
> （Diamond 1991：175f.）

对于精确性和明晰性的要求因此便与同一和重复的重要性紧密联系在一起；可这样一来，它就得预设一个需要用逻辑去捕捉的柏拉图领域——这个领域**外在于**逻辑，并且决定了同一性。而且，那些想恰当表达"思想"的语句的无效性，蕴涵着在模糊词项之间还存在一个区分，即可以将那些混乱的、需要澄清的模糊词项和那些原本井然有序的模糊词项区分开来。"家族相似"并不是语言的一个单纯而有趣的特征；它展示了**独特性**和**差异性**在语言中起到的关键作用，也表明没有什么外部领域可以帮助我们在语言用法中分辨出对和错。对维特根斯坦关于遵循规则的论述的一种浪漫主义解读，徒劳地强调语言固有的开放性，以及定义和理论相比于实践、相比于实际情况的低下卑微。[1]

然而，还有另一种对维特根斯坦同一论点的解读，这便是理性主义

---

1　参见 Cavell 1990，第二章"日常论证"。

的解读。在阐释《哲学研究》相关段落时，贝克（G. P. Baker）和哈克（1985）最为强调的是诸如"规则性""同一性""规则""语言"这样一些不可或缺的概念之间的联系。为了能够判定一种独特的使用是不正确的，即为了不使开放性变成无政府主义，我们至少必须把弗雷格对于不同语境下话语内容同一性的要求合法化。同一性的观念在语法上就与语言和意义相联系。确实，正如弗雷格本人所宣称的："在将同一符号应用到不同但却相似的事物时，实际上我们所符号化的已不再是单个的事物，而宁可说是（相似的事物）共同具有的东西，即概念。"（Frege 1972：84）可是，问题仍然存在：如何才能知道我们关于"同一性"的判断是否正确呢？什么东西可以作为标准？我们是不是必然得承认一个外在的（且不说是不是柏拉图式的）领域呢？

## 标准的缺乏

关于哲学陈述是否"可被说出来"这一问题的争论，可以用下述方式予以挑明：理性主义者认为这些陈述能够传达某种真理，而浪漫主义者否认这一点。后者主张，经验陈述可以依据某些外在的标准而为真或者为假。存在着某种东西，比如桌子的实际长度，可以使得"这张桌子是一米长"这个陈述为真或为假。当我们去评价哲学陈述表达真理的能力时，必定会陷入如下的两难境地：要么有一个使哲学陈述为真的外在领域，要么没有。倘若有，我们就必须要问，这个领域由什么构成，我们如何知道关于它的事情，究竟又是什么使得我们的陈述为真或者为假。由于理性主义哲学家不是自然主义者，所以在他们看来，决定陈述真假的东西不可能是经验性质的，如此一来，由于坚持哲学陈述具有内容，他们势必要承认一个神秘的超验领域。另一方面，拒绝接受这一虚假的指称领域会直接导向（上述两难困境中的）第二种困难——主张**不存在**任何使哲学陈述为真的外在领域。逻辑是"内在地"适用于语言的。在这种情况下，关于内容（或真理）的整个观念似乎就不适用于哲学陈述。

这些陈述旨在表达的无非就是**虚无**。剩下来要做的便是决定如何去阐释这种"虚无",即表明:哲学陈述到底是**纯粹的胡说**,还是试图表达不可言说之物的"重要的胡说"。

什么东西使得一个陈述有意义或没有意义,分析哲学家的态度总是特别明晰,所以很自然,他们需要面对上述批评。主要就是由于这个原因,分析哲学的衰落才被看作一般理性哲学的失败。当今的浪漫主义者相信,他们业已在上述基础上表明一系列理性主义法宝的不足,包括概念记法、分析、范畴区分、清晰性要求、语法阐明等。[1]

关于陈述意义的问题,理性主义者们如何回应对他们的这种攻击呢? 他们如何才能摆脱上述的两难困境呢? 我们想到两条或许可以合二为一的途径。若选取第一难,理性主义者确实可以承认一个使哲学陈述为真的"外在领域",即我们对语言的使用。通常的用法,即日常的语言实践,可充当梦寐以求的那种标准。哲学家所追求的便是对这一领域的系统描述。

摆脱困境的第二条途径是完全否弃它,并转而求助某种类似于库恩式的科学观念,根据这一观念,甚至连经验陈述也不是依据外在于它们的独立实在而为真或者为假。一旦科学不再被认为是**表征**外在于它的任何东西,以**外在**标准的存在(或不存在)为基础,在"合法的"经验陈述与"不合法的"概念陈述之间作出的区分便不复存在。换言之,一旦表征主义的图景被**整个儿**抛弃了,再去攻击特定的概念或语法话语没能表达外在于它的真理,便没什么意义了。或许有人会争辩说,这样一幅新图景必然是反理性主义的,因为它必然是整体论的,因而没有为享有特权的一类"哲学"陈述留下任何空间。可这个结论还是下得太仓促了点,

---

1　科拉·戴蒙德对于弗雷格和维特根斯坦的阐释,以及她对当代分析哲学的持续批评,都是基于这样一些论证。参见 Diamond 1991,尤其是第 1—6 章;在该文献的第 58 页,不可言说性的问题与上一节提到的浪漫主义者设想绝对的观点之间建立了联系。

因为享有特权的这一类所要求的那种区分，并不是那个古典的认识论区分，后者假定了一个"粗糙的"材料和一个起组织作用的框架。宁可说，这是在语法的（概念的、标准学的）话语同经验的话语之间的一种语言学区分——没有这一区分，语言便是不可能的。[1] 哲学或逻辑话语所独具的特征是：**它甚至没有假装要去表征任何外在于它的东西**，因为"真理的逻辑原则便是知性与**其自身规律**的一致性"（Kant 1885：10）。正如康德业已指出的，尽管逻辑

> 不是发现的一般技艺，不是真理的工具，也不是可借以发现隐藏着的真理的代数学……它作为对知识的一种批判仍然是有用的、不可或缺的；或者说，它把判断交付给普通理性和思辨理性，其目的不是传授判断，而是使它成为正确的并且与其自身一致。
>
> （Kant 1885：10）

这听起来有点像浪漫主义者所主张的另一种"内在的"图景——它使哲学陈述成为无意义的陈述，因为逻辑与语言之间的距离似乎不存在了。确实，为了避免对理性主义的第一种回答作出自然主义的、经验的解读，我们也应当忽视这二者之间的距离——由此表明这两种回答是多么地接近。然而，上述推理表明，内在的话语并不就是胡说。只要坚持这种语法和经验之间的区分，我们便可看出康德以及其他理性主义者，为何可以支持一种更为正面的哲学观。指出下述一点是重要的：在考虑一种系统性的解释时，便不可避免地要与日常用法保持一定的距离。如此一来，便为一种批判性的探究铺平了道路，比如前面提到过的康德似的进路。这也构成了拉姆齐对维特根斯坦下述观念展开批评时的基础，

---

1　参见 Wittgenstein 1969 第 5、82、88 节（及以后）对这种语言观的辩护。

即 "维特根斯坦的观点认为，我们所有的日常命题都是完全有序的，非逻辑地思考是不可能的"（1931：325）。

许多分析哲学家，尤其是在英国的，在实践中都采纳了这种应对浪漫主义困境的解决办法。拉姆齐、奥斯汀、斯特劳森、赖尔（前期及后期）、达米特、哈克以及其他一些人的工作，尽管他们相互之间存在着巨大差异，可至少都预设了这些解决办法的主要精神。这些哲学家都认为，严格说来，哲学并不是胡说；它不仅是有意义的，而且还能够表达真理，即便没有什么外在的标准。[1]

## 哲学的自主性

我们前面在讨论"家族相似"时已经看到，康德反对用"诗人的想象力"来取代哲学治疗。实际上，他关于赫尔德著作的更为痛切的陈述之一，便是赫尔德的"诗人的雄辩"给他的著作的本质所造成的恶劣影响，认为他以讽喻代替真理，使用隐喻和诗一般的意象掩盖了思想。康德以一种讽刺的口吻宣称，他不打算考虑赫尔德是否"只是从哲学语言的地域到诗歌语言的地域做跨省旅行，而完全不理会两者之间的界限和疆域"（1970：215）。

典型的理性主义者科林伍德（R. C. Collingwood），提到了哲学同诗歌真正的相似之处，并解释了这种相似性的来源（1933：212f.）。继而，他还指出了两者间最根本的区别。以反对诗人的口吻，他说道：

---

1　这甚至和《逻辑哲学论》作者的观点相吻合：他在序言里告诉我们，"这里所表达的思想的真是不容置疑的、确定的"。试比较 Austin 1962：1："我愿意［为我这里所说的话］宣称的唯一优点便是：它们是真的。"

　　论文作者的技能是一种必须将自己隐藏起来的技能，他们写作的作品不是一块因其自身的美而被人欣赏的宝石，而更像是一块水晶，在其深处可以看见不被扭曲或混淆的思想；为哲学作家所特别仿效的，不是珠宝商的技艺，而是磨镜人的技艺。

（Collingwood 1933：214）

　　这些话清楚地展示了另外一个主题，它为理性主义者所赞同，也常常受到浪漫主义者的攻击，即哲学的独特性。在理性主义者看来，哲学不应当被看作和其他学科是连续的：哲学既不与文学、文艺批评、社会科学相连续，也不与自然科学相连续。哲学话语——正如我们在上一节所讲到的——乃是唯一处理思想本身的。因此它本身就自成一类，应当保持其纯洁性和自主性。

　　**反心理主义**，作为分析哲学的著名标志，便是这种态度的一个方面。事实上，它宣称的目标便是把所有非"客观的"东西当作无关的东西清除掉，并将自身维持在"遵循规律的、可被设想和判断的、可用言语表达的东西"的范围之内（Frege 1950：35）。直觉便这样被排斥在哲学解释的工具之外，因为"纯粹可直觉的东西是无法交流的"。任何其他形式的不可表达的知识都被以同样的方式排除在外。

　　不过，应当认识到，客观性并不是反心理主义的唯一动因。弗雷格决心"总是清楚地区分开心理的东西与逻辑的东西，主观的东西与客观的东西"，这通常被理解为将心理主义的错误等同于它的主观性。这种等同忽略了一个事实：弗雷格也将被认为是具有客观性的科学排除在哲学话语之外。对于弗雷格而言，就像所有的理性主义哲学家一样，哲学——或者通常被他称为"逻辑"[1]的东西——是**纯粹概念的**。

---

1　康德、黑格尔和其他理性主义者也是这样称呼的。

> 所有科学都以真理作为目标，但逻辑却以与之完全不
> 同的方式关注真理。……发现真理乃是所有科学的任务；
> 逻辑的任务则是去识别真理的规律……人们也完全可以说
> 是思想的规律。
>
> （Frege 1967：17）

当"表达式'思想的规律'被以类比于'自然的规律'的方式来解释"
的时候，心理主义便出现了——因此说，它的科学主义错误不亚于其主
观主义错误。反科学主义确实是一个教条，它不只是经验主义所特有的
教条，而且是任何理性主义哲学都奉行的教条。维特根斯坦在《逻辑哲
学论》中清楚地表达了这一教条："'哲学'一词必定意指某种处于自
然科学之上或之下的东西，而不是某种与之并列的东西。"（4.111）
而且，尽管维特根斯坦前后期思想存在着差别，《哲学研究》再次出现
了如下论述：

> 假如概念的形成可以通过自然的事实来解释，难道我们
> 不该不对语法感兴趣，而对自然中构成语法的基础的东西
> 感兴趣吗？……但是我们的兴趣并不在于概念形成的这些
> 可能的原因；我们不是在做自然科学，也不是在做自然史，
> 因为我们也可以为我们的目的编造出虚幻的自然史。
>
> （Wittgenstein 1958a：230）

维特根斯坦的反科学主义源于他的理性主义哲学观念，即将哲学看
作对一个可能性的领域所进行的概念探究；这一观念必须把规范话语与
描述话语的区分视为理所当然。在这样一种背景——自主性教条——之
下，蒯因在追求对分析性概念的解释或辩护时所犯下的错误便显而易见

了。为了解释诸如定义、必然性或意义这类规范性概念，我们只能使用其他同类的概念，否则便会陷入错误的科学主义。所以，任何这样的解释都必将陷入某种循环。从理性主义的观点看，自然主义根本就不是一个可以接受的出发点；任何一种想将哲学的（或概念的）术语还原为**任何其他类型的**词汇的尝试也是不可接受的。

请注意，"规范的"在这里并不意味着涉及道德或政治的考虑。确实，理性主义者对哲学自主性的坚持，产生的另一个后果便是这样一个信条：哲学是有层级的。许多理性主义哲学家——尤其是分析学派的哲学家——都采纳了如下假定：形而上学、逻辑或语法的研究，必然（更不用说是可能的了）不需要顾及伦理和政治因素。这一事实似乎令人震惊，特别是当我们考虑到，他们中有些人是那么真诚、那么深入地涉足政治的时候。那么，这一假定的根源何在呢？答案在于，哲学的自主性被等同于它的**基础性**了；这种等同不是认识论意义的，而是在这样一种涵义上，即对哲学的目的、限度及范围的一种方法论和元哲学的澄清，必定不同于并且优先于任何一种特殊的哲学探究，包括道德和政治的探究在内。这一假定一再出现于理性主义文献中。在分析哲学家那里，这一假定采取了下述形式：对分析、澄清或意义理论的一种捍卫，被认为要优先于哲学内部的任何其他探究。这也是不把这种基础性研究冠以"理论"之名的原因之一，因为"先于所有理论构造的东西本身不可能是一个理论"（Schlick 1932/3：88）。

## 永恒的发展？

基础这个观念直接将我们导向将浪漫主义者和理性主义者区分开的一系列标准中的最后一条，即变化与发展的问题。基础的观念几乎必然伴随着一幅关于稳定的、静止不动的原则的图景；这幅图景与浪漫主义想看到所有事物的自然变化、发展和成长过程的愿望截然相反。

然而，浪漫主义者与理性主义者在这一问题上的真正区别，却远不像前述的几种区别那样容易刻画。历史维度实际上是由浪漫主义者赫尔德引入哲学的，可后来被许多启蒙思想家所采纳，而且在随后的理性主义哲学里一直是一个重要的因素。在其著名的论文《对"什么是启蒙？"这一问题的回答》中，康德十分清楚地表达了对于变化的重要性的意识：

> 一代人不可能缔结盟誓，从而把下一代人置于如此境地，使得他们不可能拓展和修正自己的知识……或者不可能在启蒙方面取得任何进步。这将是一桩反人性的罪恶，因为人类的命运恰恰注定是要取得进步。
>
> （Kant 1970：57）

自黑格尔以来，许多理性主义哲学家吸纳了历史的成分。一般来说，分析哲学家并不强调它，不过他们对历史的意识比通常承认的要多得多。例如，弗雷格在为其概念记法作辩护时，也保持着一种真正辩证法的洞见：

> 有人或许会说，不可能用概念记法来推进科学，因为后者的发明已预先假定了前者的完成。……对自然规律的研究需要运用物理工具；但是这些工具只有借助于先进的技术才能制造出来，而先进的技术又是建立在关于自然规律的知识基础之上的。这种［明显恶性的］循环在每一种情形下都以同样的方式被解决了：物理学的进步导致技术的进步，这使得制造新的工具成为可能，借助于这些工具，物理学又被推向前进了。［这个例子］在我们的情形中的应用是显而易见的。
>
> （Frege 1972：89）

这一观点在达米特的下述文字中得到了回响：

> 语言习惯在改变，我们的责任是呈现当今的习惯而不是古代的习俗。不过，在不断努力阐述清楚我们语言的工作方式的过程中，我们也试图让意义变得清晰起来，并提出更为稳固的甚或全新的联系。我们知道，随着时间的推移，有些联系会变得松散，新的联系也将形成：我们并不想一劳永逸，不过是想在一些关键的地方引入足够的严格性，从而能对我们所说的话进行评价、修正，或者不过就是将更多的清晰性赋予我们的语言。
>
> （Dummett 1973：626）

如此看来，浪漫主义者谴责理性主义者忽视了历史和变化，乃是有失公正的。然而，在将变化引入哲学解释的程序方面，仍存在着一个重大差异。理性主义者认为，由于完全不理会普遍的、绝对的或理论的维度，浪漫主义者没有为理论**批判实践**留下任何空间，并因此倾向于服从历史中**任意**出现的**所有**变化。由于放弃了所有稳定的标准，并着力强调语言和思想的不断演化的、"家族相似"的本质，他们必定要无限制地屈从于一般习俗，"因为一般习俗具有为其作为提供辩护的能力，正如时尚可以给最令人厌恶的样式赋予美的声威"（Frege 1952：141）。因此，从理性主义的观点看，对浪漫主义者来说，变化从来都不是**进步**；因为变化不过是自然地、逐渐地顺从现实的结果，而不是"爱管闲事的"的批判性思维的结果。在上面引用的弗雷格和达米特的论述中，这样的批评只是隐含着的，但在康德对赫尔德的历史主义倾向的批评中则显而易见。康德没有批评赫尔德的进步观念——由他引入哲学领域的那种历史维度——而是批评它的根源、它的动力。根据康德的判断，对赫尔德而言，

"所有的文化进步都不过是对既有传统的进一步传递和很随意的利用；如果说人们需要为这种朝向智慧的进步表达感谢，需要感谢的正是这一点，而不是其自身的努力"（Kant 1970：218）。另一方面，在康德看来，**理性**为我们提供了一个目标，从而让我们能够设想一种有意的而不只是随意的变化：

> 这位哲学家可能会说，人类的命运作为一个整体是一个持续不断的过程，而且它的实现仅仅是一个理想——不过在各个方面都是一个十分有用的理想——关于它的目标……我们不得不朝着它努力。
>
> （Kant 1970：220）

浪漫主义者将他们对实践的接受看作唯一心智健全的行为，认为这么做可以免除多余或毫无意义的怀疑。结果，他们有时候便把坚持某种抽象"目标"或"刚性点"的理性主义者描述为不快乐的人，因为"这个世界并不满足于他所规定的条件"（Diamond 1991：10）。不过，浪漫主义者也可能否认理性主义者的责难，他们会将某些偶然的事实看作探索的路标，忽视它们的时间性和文化依赖的本性。这些事实指导我们形成判断，并帮助我们批判当下的实践活动；但最终，它们自身也是易受攻击的对象，向未来的批评开放。[1]

这种反应距离前面描述的理性主义观念有多远呢？差异微乎其微。我们是从对称的责难开始的：浪漫主义者指责理性主义者忽视了历史维度，而理性主义者则非难浪漫主义者寂静主义的变化观念。然而，结果却表明，两者间的距离可能比他们想象的要小些。

---

1　例如，我认为这是 Rorty 1989 的基本观念。

## 结　论

从对第四个分歧点的考察，我们得到的最大教训是，我们应当十分小心地对待不管是理性主义者还是浪漫主义者所使用的口号。作为一名健全的理性主义者，我相信这一教训可以作进一步概括。

在理性主义与浪漫主义的出发点之间确实存在着真正的差别。不过，我发现颇吸引人的地方在于：有时双方互相给对方提出了类似的责难；这些责难只是相对于他们的目标才能解读出一些差异来。浪漫主义者被指责为神秘的，因为据说他们的观点可以容纳比如不可言说者之类模糊的观念。另一方面，理性主义者则被谴责犯下了同样的罪行，因为他们"必须坚守"难以捉摸的柏拉图式的领域。理性主义者指责浪漫主义者追求有疑问的**超越的东西**，但他们自己却又要诉诸一个可疑的"普遍维度"。最近，理性主义者和浪漫主义者又在相互指责，认为对方由于对规则决定意义的作用作出了荒唐的解释，从而误解了语言。

因此，理性主义／浪漫主义之争很容易流于空洞的修辞。戴蒙德把理性主义者描绘为"不快乐的人"这件事可作为一个例证：从这样一种关于理性主义性格的描绘中可以得到些什么呢？唯一值得一提的是与之相伴随的严重歪曲：

> 在［霍桑的］故事中，这种伦理精神在与作恶的关系中被显现出来了。这个故事是一种以几何构造来建立的伦理学：将［这种不快乐性格的］直线延长得足够远，它便会毁掉生活、善、美。
>
> （Diamond 1991：10）

有很好的理由拒绝把这样的口号当作令人信服的论证，也完全有理由采纳一种更具建设性的做法。通过把永恒变化的本质引入他们的哲学，通过重新考虑赋予哲学的自主性程度，并通过发展一种关于他们自己的陈述的判断标准的更令人信服的解释，理性主义者便有望做更多的事情。

另一方面，浪漫主义者也应该承认系统而明晰的哲学图景的不可避免性。这个结论是无法逃避的。浪漫主义者对理性主义思想方式的反驳，确实经过很好的论证，绝不只是凭直觉而起；它们都基于隐含的形而上学假定之上，但这些假定的地位颇受质疑。他们作为论证基础的那些标准，本身既不是经验的，也不是单纯常识性的。总之，浪漫主义者立场的武断一点也不少于理性主义者。康德在对赫尔德的观点进行批评时已承认了这一点：“这仍将是形而上学，而且是非常独断的形而上学，不管我们的这位作者为了与潮流保持一致，是多么地想要拒斥这一蕴涵。”（Kant 1970：208f.）然而，这里并不存在对称的情况。确实，正像理性主义立场一样，浪漫主义立场“包含着关于自然、方法及哲学思想之限度的正面理论”；可是与其竞争对手不同的是，“它既是不一致的，或者说根据它所承认的原则来看是错的，又是不诚实的，因为它（有意或无意地）运用了一种自身不会允许的批评形式来批评他人”（Collingwood 1933：140f.）。[1]

在一种新的哲学视野下，理性主义者应当重新考虑他们赋予哲学的自主性程度，并且找到能让他们的形而上学和意义理论更好地容纳偶然性、变化和模糊性的方式。然而，这些浪漫主义的主题，必须先承认哲学是有意义的，而且概括也不可避免，才能在理性主义的框架里找到家园。我再也想不到还有比分析哲学更适合于开辟这样一个视阈的理论选项了。

---

1　柯林伍德的批评是针对各种形式的怀疑论立场。

## 参考文献

Austin, J. L. (1962) *How to do Things with Words*, Oxford: Oxford University Press.

Ayer, A. J. (ed.) (1959) *Logical Positivism*, New York: Free Press.

Baker, G. P. and Hacker, P. M. S. (1985) *Wittgenstein: Rules, Grammar and Necessity*, Oxford: Basil Blackwell.

Brinton, C. (1967) "Romanticism," in P. Edwards (ed.) *The Encyclopedia of Philosophy*, vol. 7, New York: Macmillan.

Cavell, S. (1988) *In Quest of the Ordinary*, Chicago: The University of Chicago Press.

— (1990) *Conditions Handsome and Unhandsome*, Chicago: The University of Chicago Press.

Collingwood, R. G. (1933) *An Essay on Philosophical Method*, reprinted 1995, Bristol: Thoemes Press.

Diamond, C. (1991) *The Realistic Spirit*, Cambridge, Mass.: MIT Press.

Dummett, M. (1973) *Frege: Philosophy of Language*, London: Duckworth.

— (1993) *The Seas of Language*, Oxford: Oxford University Press.

Frege, G. (1950) *The Foundations of Arithmetic*, trans. J. L. Austin, second revised edition, 1953, Oxford: Basil Blackwell.

— (1952) *Translations from the Philosophical Writings of Gottlob Frege*, P. Geach and M. Black (eds.), third edition 1980, Oxford: Basil Blackwell.

— (1967) "The Thought: A Logical Inquiry," trans. by A. M. and Marcelle Quinton, in P. Strawson (ed.) *Philosophical Logic*, Oxford: Oxford University Press.

— (1972) *Conceptual Notation and Related Articles*, trans. T. W. Bynum, Oxford: The Clarendon Press.

Hylton, P. (1993) "Hegel and Analytic Philosophy," in F. C. Beiser (ed.), *The Cambridge Companion to Hegel*, Cambridge: Cambridge University Press.

Kant, I. (1885) *Kant's Introduction to Logic*, trans. by T. K. Abbott, London: Longmans, Green and Co.

— (1970) *Political Writings*, ed. by H. Reiss, trans. by H. B. Nisbet, second enlarged edition 1991, Cambridge: Cambridge University Press.

Ramsey, F. (1931) *The Foundations of Mathematics*, London: Routledge and Kegan Paul. Quotes taken from excerpts reprinted in Ayer (1959).

Rorty, R. (1989) *Contingency, Irony, and Solidarity*, Cambridge: Cambridge University Press.

Russell, B. (1912) *The Problems of Philosophy*, Oxford: Oxford University Press.

Schlick, M. (1932/3) "Positivism and Realism," *Erkenntnis* III. Reprinted in A. J. Ayer (1959).

Sluga, H. (1980) *Gottlob Frege*, London: Routledge and Kegan Paul.

Strawson, P. F. (1992) *Analysis and Metaphysics*, Oxford: Oxford University Press.

Wittgenstein, L. (1922) *Tractatus Logico-Philosophicus*, trans. C. K. Ogden, London: Routledge and Kegan Paul.

— (1958a) *Philosophical Investigations*, trans. G. E. M. Anscombe, Oxford: Basil Blackwell.

— (1958b) *The Blue and Brown Books*, Oxford: Basil Blackwell.

— (1969) *On Certainty*, Oxford: Basil Blackwell.

# 5

## 主体、规范性结构和外在论

马克·萨克斯 (Mark Sacks) ／著
蒋薇／译

## 导　论

分析传统将"心灵哲学"领域引入了哲学，不过，基于复杂的理由，经验主体 (experiencing subject) 这个话题却未能成为分析传统的首要关切。当代心灵哲学总是试图围绕意识和经验主体的本质等议题展开研究。近来，有些学者开始讨论这个中心议题，但仅限于认知科学或狭义的心灵哲学，结果就产生了一种将意识作为科学现象来探究的路径。可是，不论这一路径如何有价值，它仍然不同于、也没有触及经验主体的哲学概念的问题，特别是个体主体 (individual subject) 是否有理性自治的问题。

当然，没有处理主体问题，不代表分析哲学在这件事上没有立场。确实，要是故意回避对自我 (the self) 的哲学概念的默认理解，分析哲学会显得与现在迥然不同。分析哲学对主体问题的忽视，是指其没有对这一议题进行持续的、明确的关注。这种忽视，导致分析传统基本上是在暗中研究一种主体的自我论概念 (egological conception)。按照我的理解，自我论概念理应在定义上不同于所谓"笛卡尔式的个体论"。笛卡尔式的个体论确切来说是一种语义学理论，而自我论概念更关注使用语义学的主体的本质。自我论概念认为，主体的核心规范性结构是自主的，并独立于语境特征——这样一来，它就在最开始的时候已经赋予了主体以理性自治。（关于笛卡尔式的个体论和自我论概念的关系，我们会在后面论及。）

在我看来，有件事不仅描述性地为真，而且不足为怪。那就是，由于早期分析传统秉持一般实在论和逻辑主义倾向，主体的自我论观点在分析哲学中实际上是默认的。自我论意义上的自我有利于实在论或客观主义视角。对此我们可从两个方面来理解。第一，这种自我观有助于建立一种自我与外物之间的鲜明二分法，这样就能把外物作为独立的对象领域分离出来。第二，这种自我观有助于我们期待不同立场在相关问题上的交汇，这些问题包括"什么是理性思维"以及"什么是充分的理由或者值得追求的目的"。第二点也是本文的主要关注点。自我论式的自我关联着心灵指向的客观法则，这种关联绝不是一种蕴含关系（因为多元主义的个体论是有可能的）。我们也不能说，如果这种自我论式的自我概念没有得到坚守，不同立场之间的交汇便不会出现（参考下文的黑格尔）。这种关联仅仅是指，接受了自我论概念，主体就能够独立于环境特征，我们也就可以将个体剥离出所有语境特性而揭示其本质。只要这种可能性存在，我们便可如此展望：所有正常的人类心灵从语境中剥离出来之后，都会以同样的方式运作，或者运行同样的程序。

不难看到，这种自我处于启蒙哲学的中心。与此尤为相关的是，康德的哥白尼式革命在很大程度上正依赖于预设了这种自我论的主体。根据康德的观点，在心灵的基本能力层面，任何个体只要是人类并且正常地运转着，就都以同样的方式运行。在分析传统当中，这一概念以默认方式留存下来，并没有受到多少关注。某种意义上，这正是因为分析传统与康德先验唯心论之基础这一问题没有太多瓜葛，或者说，分析传统没有特别关注（也许缘于没有刚才提到的那种瓜葛）自我本质的反身转向。即便分析传统确实关注到笛卡尔式个体论的问题，自我论主体也不是什么显性话题，自然无法使得分析传统普遍认识到相关进展的影响力。

　　恰好由于分析传统保留了自我论式自我的默认理解，从其他传统的视角看来，分析传统在这方面才会显得朴素或稚嫩。分析之外的传统没有以同样方式回避对主体的探讨。这一点在关注理性批判的德国哲学传统上体现得尤为明显。自康德伊始，主体之恰当的哲学概念这个问题就一直处于哲学关注的中心。当我们在这里有机会去追寻两种不同传统在主体话题上的交汇，这种探索的有趣程度和吸引力也陡然增加了许多。

## 分析传统之外对主体的自我论概念的拒斥

　　如果要对照分析传统和其他传统，那么将范围限制在分析传统和德国哲学的各自进展上，将会有所裨益。然而，一个很重要的事实摆在我们面前，那就是在欧陆传统中，自我论主体所面临的威胁早已广为人知。所以，连霍耐特（Honneth）都敢直言说，主体性（subjectivity）的经典概念毁灭了（Honneth 1995b：262）。这种看法受到当今哲学的热捧。这种“**自明的**”结论（出处同上）来自对主体“世纪之久”的反身性关注。可对于分析传统来说，它根本不是内在自明的，并且与分析传统的主流预设形成了鲜明差异。分析哲学中的自我论主体之所以完好留存，主要缘于其逃避了批判式的关注。所以，站在分析传统的视角上，有些问题未免显得有些陌生。而分析哲学之外的其他哲学，在“主体的衰落”之后便纷纷陷入了这些问题。我特别想指出的一点在于，其实当今的分析哲学所面临的任务与其他哲学并无本质上的差别。不过，先多谈一点（至少在德国传统中）自我论式自我被批判的历程，将对我们的讨论有帮助。[1]

也许要取代有关自我的传统自我论模式，最著名的替代选项来源于黑格尔。黑格尔的模式是**对话性**或社会性的。自我和自我同一性的反身意识一样，只能从包含主体间承认的社会语境中产生。与他者的邂逅与互动造就了主体的同一性，并带动了对于那种同一性的自我意识。自我论模式极其适用于启蒙理想，黑格尔的对话性模式则与启蒙理想背道而驰。毕竟，根据启蒙观点，脱离了所有依赖社会文化语境的特征和标准的赤裸个体，才能够作为一名自由思考的主体，跳出来评判事物的秩序。可根据对话性模式，根本就没有什么赤裸的、基本的个体能自社会文化结构中抽离，并以自由思考者的身份自居。讽刺的是，正是这样一种概念最终竟居于启蒙事业的中心，人们没有注意到它不过是虚构而已；将个体从文化和历史层面抽离，并不会揭示主体的赤裸内核，最多只会揭示一种粗野的动物主体性，这种动物主体性不具备实质性思考或判断的内容。用泰勒的话（Taylor 1989）说，我们不可能从传承下来的"意义视野"中批判性地抽离。这一说法虽然并无太大差池，但我们也不能说，黑格尔模式反对自我论模式所支持的理性的客观性和理性行为的趋同。理由在于，至少从对黑格尔的某种解读来看，思想的客观结构只是被取代了而已：依然存在一种将约束强加于理性思维的蓝图。这种蓝图是一种铸造心灵方向的规划，它既不是个体化的，也没有独立于语境，而是深植于个体所活动的社会历史空间。

然而，作为主体的自我论概念的替代品，成熟的黑格尔模式似乎包含着一些十分沉重的形而上学机制。黑格尔模式的沉重程度至少与自我论模式的沉重程度相等同，更不用说黑格尔模式还带来了显著的反启蒙后果。大致说来，在自我论模式中，个体得到了充分授权，并以此去构

---

1　关于主体理论之历史的专门介绍，见 Henrich 1992。关于图根哈特、哈贝马斯与亨利希三者之间争论的详细考察，见 Dews 1995。

建社会；可在对话性模式之中，社会则（以某种形式）得到了充分授权，反过来去构建个体。

在当代的非分析哲学（non-analytic philosophy）当中，无论是自我论模式还是黑格尔模式都受到了广泛拒斥。这在某些方面与法兰克福学派有密切的关系。对上述两种模式的拒斥反应，一部分受到了纯粹哲学基础的激发。分析哲学对那种纯粹哲学基础并不陌生。无论形而上学假设属于自我论模式，还是属于黑格尔的社会性模式，都会站不住脚。对本质上非批判性教条的拒斥，以及对这种教条基础上的哲学系统的拒斥，体现了从形而上学到后形而上学的方向性转变。对形而上学的拒斥至少可以追溯至康德，所以并非什么新闻。只不过，过去的形而上学拒斥更具普遍性和严格性。拿康德来说，尽管他表达了对形而上学的拒斥，可他自己仍坚守着另一种形而上学模式。这种形而上学模式关涉一种给定的自我论式自我。对康德来说，这一模式基本上被作为教条而接纳，并构成了其所主张的普遍理性批判的稳定根基。[1]可是，对超越经验的形而上学模式的当代拒斥，其普遍性涉及这样一个事实：至少在德国，对形而上学的拒斥反应还有一定的政治因素。

黑格尔模式诉诸一种并不打算修正的、稳固的形而上学系统。这一系统构建了个体，并规定了哪种社会历史变动是可能的。个体必须忠实于这种系统。我们看到，如果说凌驾于社会之上的自由思想个体具备启蒙优先性，那么黑格尔的观点则是对那种启蒙优先性的明确反转。黑格尔模式诉诸一种形而上学系统，这种系统掌控着社会进步和人类个体行为的可能性，这其中的政治保守性昭然若揭。对这一世纪的德国而言，这种保守本质的危险性尤其明显。不过，自我论模式也未能逃脱政治保守的指责。自我论模式诉诸一种确定的主体，我们不能修正这种主体，还要忠实于它。这也是一种政治上和理智上保守的策略，强行限制了人

---

1  对康德的这种批评并不鲜见，可往前追溯至康德的同代人。

类自由。理性、逻辑、基础分类学、（也许还有）价值，这些通通都会成为结构性特征。除非偏离我们的常规状态或本性，否则我们无法背离这些结构性特征。这种自我便是一种虚构，允许这种自我就是对人类自由的一种强加。这种强加佯装成哲学层面的强加，实际上却是心理和政治层面的强加。这样一来，不需要任何先天的限制，这种强加也能对世界进行修正和改进。就此而言，基于自我论模式的启蒙个体并没有更加自由，而是将其必须附着和从属的权威内化了。有着相应结构的权威藏在主体之中，因而天然地与主体不可分割。此外，比起黑格尔的对话性或社会性模式，自我论模式中的保守性约束更加致命，因为这种约束在自我论模式中更加隐秘。

可能正是由于这个原因，哲学家们俨然形成了一种默契，那就是远离任何残留的形而上学强加。相比之下，批判理论家们则顺应了一种更宽泛意义上的潮流。一方面，他们拒斥了康德式的自我论主体，拒斥了作为先天综合判断来源的心灵先验结构。另一方面，他们又拒斥了黑格尔的主体间构造的形而上学系统。反倒是哈贝马斯、霍耐特等哲学家，在主体这个问题上转向了黑格尔的对话性模式，并对这种模式进行了（最大限度的）形而上学净化。这种自然化的黑格尔式思路，导致这些哲学家重燃对美国的实用主义者——特别是乔治·赫伯特·米德（George Herbert Mead）——的兴趣。他们认为，主体性的对话性模式基于主体间的承认，能够正确认识个体之间、个体与社会之间的密切关系和相互依赖，可是朴素的自我论模式却做不到这一点，因为它主张孤立的思考主体与客观世界之间的严酷对立。不过，避开了黑格尔的形而上学系统，这种思路也避免了强加的形而上学秩序对人类自由的压制。他们期待，没有了黑格尔式结构（外部）或启蒙式结构（内部）的强加来制约可能变化的阈限，我们便能充分理解主体的本质及其在规范性结构中的地位。

　　我们暂时还不需要考虑这种主体性的对话理论的细节。[1] 不过有一点是相关的，当我们拒斥了（实质性）主体的启蒙自我论概念，又避开了对话性的替代方案的黑格尔式形而上学解释，就只剩下了一种自我。这种自我的本质和规范性约束完全依赖于语境。受到后形而上学倾向的不断影响，这种自我所依赖的语境也没有什么必然的规范性结构。所以，不论是主体内部还是主体外部，都不存在超越（局部的）主体间构造的规范性结构。规范性的界限只能被偶然的社会历史过程所设定。尤其是，没有什么理性主体能够超出维持规范的各种局部实践，并对那些实践做出中立的评价。设想有这样的主体，其实就是要将规范性准则强加给所有的局部性，假装合理性准则比局部合法性更具普遍性。正是基于这种观点，启蒙运动才以文化帝国主义的形式出现。

　　由于在主体问题上秉持自然化的主体间模式，所以多元论会将**所有**的规范性结构和局部语境相勾连。我们可以通过谈论严格的规范性结构来把握这种多元论。根据自我的（启蒙性）自我论概念，合理性的规范性结构是严格的，即在所有可能的局部语境中都保持不变。而根据前述的替代方案，规范性结构会失去这种严格性。规范性结构会变得脆弱、蜗居于某一局部语境，无法在各种局部语境中来去自如。最终留下的，只有规范性结构的主体间性和偶然性。

　　不少赞同主体的（自然化的）主体间模式的学者，都倾向于接纳这

---

1　需要注意的是，一个突出的问题——也叫自展（boot-strapping）问题——仍然存在。这个问题是说：主体间的承认如何能够为主体的同一性和自我意识提供基础。毕竟，要拥有主体间的承认，就必须已经存在一个主动主体。这个主体可以最低限度地觉察到自身，从而正确地理解世界当中与其极为类似的他者（主体间的承认产生于主体之间，而非主体和对象世界之间），可是，这似乎意味着我们要将相应过程的结果作为前提。（关于这一讨论的介绍性观点，见 Dews 1995。）这里无须涉及相关讨论，不过应该指出的是，我们可以通过坚持一种区分来避免这个问题。这个区分便是初级主体和实质主体之间的区分。前者仅有主体间构建之前的生物性反应能力，后者只能从前者发展而来。

种适宜的、不保守的后果。毕竟，无论在主体的内部还是外部，都不再有什么难以（适时适地）推翻的规范性秩序强加于个体了。不过，我们有理由认为，这种自由的乐观主义有些不合时宜。后面我们再回来接着讨论。这里的故事先暂且放一放。

## 分析传统中自我论概念的衰落

之所以从刚才的故事中抽身，只是为了说明一点——分析传统当中其实也出现了一些进展。这些进展与前述语境中的进展有所不同。分析传统中的进展足以向公认的自我论模式施压，得出和上述同样的结果。不过，重要之处在于以下两点：（a）分析传统并没有清楚地意识到，这些压力指向了依然为主流默认的自我论模式；（b）我们还难以判断，自我论的主体概念衰败之后，分析传统如何才能从相应的后果中完美脱身。

我们来考虑（a）。分析传统之所以没有意识到上述提及的压力，只是由于在一些情形中分析学者们与相关话题保持着安全距离。[1]虽然分析哲学家并不完全承认，但自我论概念所背负的压力当中，有些压力是分析哲学无法坐视不管的。这些压力在分析哲学的进展中产生。这些进展对于分析传统来说意义重大，以至于我们无法从根本上忽略它们。

分析传统中隐含的主体概念所受到的压力，在分析传统历史发展的早期已有端倪。这在维特根斯坦《哲学研究》中关于意义的评论上可见

---

1　相关的一些讨论大约来自罗蒂等哲学家，不过这些哲学家已经不再与分析传统的主流直接相关；其他像社群主义关于自我的讨论等，虽然明显属于主流，却在很大程度上受限于政治哲学的范围。

一斑。[1]柏拉图的理型论果断将个体解放出来，使得个体不再从根本上勾连并植根于某个社会历史语境。个体拥有了语言和思想的独立权限，便能够不受社会语境的束缚。几个世纪之后，针对确立了（封建）社会角色和权利的系统，自然权利以几乎同样的方式做出了结构性反应，并将个体从中解放出来。在上述两个时期之中，人都是有意义的、包含规范性结构的个体，与社会语境基础毫无干系。维特根斯坦拒斥了奥古斯丁的个体论图景，便对个体超越社会的独立性造成了威胁。即便启蒙运动所采用的虚构概念还在，语言使用者也无法再摆脱社会约束。

就自我论的主体概念而言，维特根斯坦的思想对分析传统之外关注这一议题的哲学家产生了影响。[2]分析传统自身对此则认识不足。特别值得注意的是，受克里普克（1982）影响，上述问题既没有被看作维特根斯坦思想内部的问题，也没有被看作只有"维特根斯坦们"才感兴趣的话题。鉴于克里普克对主体间范式的有力推动及其方案所赢得的知名度，主体的自我论概念所承受的压力在分析传统中被轻轻带过，这似乎有点匪夷所思。

这里的部分原因可能在于，自我论主体这一议题在分析传统中确实处于隐性状态，而不是什么显性事务。不过我们可以这么理解，如果对主体间性的诉诸只对语义和语言规则的运行来说才是必要的，那么便意味着仍有潜在的理性个体存在。这种理性个体具备理性思考的能力，这种理性思考能力进一步说明了个体何以能够进行（并优先于）有效的社

---

1    我曾在别处（Sacks 1990）指出，基于各种理由，我们可以认为分析传统就是从早期维特根斯坦走向后期维特根斯坦的过程。然而，分析传统总是羞于承认后期维特根斯坦的影响力。

2    可参考 Wellmer 1991，特别是第 64—71 页，也可参考 McCarthy 1992：252 或 Habermas 1987 vol. 2：16–22。维特根斯坦后期思想确实在很大程度上能够解释为什么他会被分析之外的传统所悦纳，因此，维氏后期思想也构成了不同传统之间的天然桥梁。

会互动和主体间承认。[1]可是，这一想法虽然力图挽救主体论概念，却无法真正对抗克里普克（或维特根斯坦）方案的冲击。如果克里普克是对的，那么所有的规则遵循都要求社会语境的约束，否则就会出现悖论。但显而易见，理性本身就意味着遵守特定的基本规则。所以，我们无法守住赤裸个体的观念，也无法秘而不宣地认为赤裸个体已然是理性思考者。

也许有人会说，独立个体本身就有理性思考的**倾向**，哪怕这种倾向只能基于社会化而实现。这种思路解释了为什么有相同倾向的同物种个体，最终会在社会化之后趋向共同的理性准则。[2]在此意义上，我们可以坚持说，潜在的自我论式的核心仍然存在。但这一理解还是没有看到克里普克和维特根斯坦所指出的那种主体间动量的真正力量。我们可以说，个体自带特定的行为倾向。可是，那种倾向是不是理性倾向或遵循规则的倾向，则完全取决于社会化之后的理性意味着什么，也在某种程度上依赖于他者的行为倾向。经历了社会化之后，我们才能回顾性地判断说，个体在社会化之前就有理性倾向。但如果**没有**经历社会化，个体可能会具备的特定行为倾向就不算什么**理性**倾向，因为在社会化之前，我们还无法明确理性或规范性（规则支配的）结构到底是什么。说赤裸个体已经具备了基本的规范性结构，不过是没有弄清规范性结构和社会性结构之间的关系。在我们充分理解有关规则遵循的洞见之后，也就不会认为社会层面之下还有**任何**规范性结构了。

行为倾向本身不存在理性和非理性之分。合理性规范及理性主体，

---

1　有人会认为，基本偏好、价值及知觉突显的模式仍然是自我论的，只有相应的语言表达才需要依靠主体间的过程。不过，我们可以争辩说，基本偏好、价值等也不能融贯地归于自我论主体。这一思路再往下发展，就会带有更彻底的维特根斯坦风格，相比之下，克里普克的方案在这方面的表现则不明显。就目前来说，我们或许应该暂时搁置这种反对自我论概念的后续思路。

2　John McDowell 1994 似乎坚持类似的想法，我们会在后文中讨论他。

都只能在共同体的习俗和实践层面构建起来，并因此与这些习俗和实践勾连。所以，在不同的社会情境或社会生物学情境中，合理性规范及理性主体一般也会有所差异（当然，这并不意味着在这些情境中，合理性是什么是一个选择问题）。我们眼中的异常个体，在一个处处是同道中人的共同体中，其倾向就是理性的。所有这些，将我们不但从分析传统的中心引向了对主体间性的重视，也引向了核心规范性承诺的根本偶然性，而这一点（如前所述）也正是自然化（或后形而上学）的主体间范式取代自我论主体之后的大致结果。

主体的传统自我论概念所遭受的压力不限于分析哲学的进展。不可忽视的是，语义外在论的争论也为这一概念带来了压力。

我们把目光放在语义外在论争论的两个早期进展上。直至今日，这两个进展在外在论的讨论中都占据当之无愧的核心地位。普特南（1975）首先引入了对外在论情形的探讨。他指出，涉及特定词项——特别是从物词项（de re terms）或包含指示性元素的词项时，个体的心理过程不足以决定语词意义。所以我们无法设想，在独立于外部世界影响的前提下，主体如何能够对其语言和思想拥有自主支配的权力。而且，外在的影响不仅包括客体世界，也包括其他说话者——专家。外行往往会遵从专家对特定词语的使用。这些都会威胁笛卡尔式的沉思主体所具有的孤立性和自足性。但外在论情形也受到一定的限制：它只适于特定思想——包含从物元素的思想。而且，离群索居的主体仍可保有一种明确的心理内容——窄内容（narrow content）（只不过，窄内容不足以决定语词意义）。窄内容是指，两个物理和行为状态等同的个体，有着完全一致且固定不变的内在心理内容。换句话说，仍然有一种（随附于个体生理状态的）窄内容的观念得以保留。尽管窄内容不足以确保语词意义，却足以确保一种个体论的心理内容概念。

可是这一点恰恰难以应对伯奇、麦克道威尔等人所发展的外在论的延伸情形。根据他们的看法，不仅仅是从物态度的结构引发了我们在心理内容上诉诸个体之外的社会物理因素。如果那就是全部，我们便可以依据命题内容的两组分模式来进行思考。这种两组分模式中，一个组成部分是那种个体化的窄信念内容，另一个组成部分是物或对象本身，后者的改变也许会影响相应的前置内容，却不会影响应用于其上的窄内容。可是，根据伯奇的观点，即便是提供了心理状态内容（且是人们所声称的窄内容）的间接语境，本质上也需要诉诸个体之外的因素。这表明外在论始终适用：没有什么**窄**内容（其中主体是其权威）能够保留下来。心理状态和心理内容也并不随附于个体的生理状态。这意味着，独立主体如果不诉诸其所在的社会或物理语境，便无法权威地追踪自己信念内容的变化。因此，严格意义上，我们不能说主体知晓自己的信念。

　　在外在论的讨论文献中，这种后果并非无人发觉。例如，戴维森（1987）就注意到了这种后果。戴维森以一种（他认为）外在论者几乎未曾有的方式（1987：50），尝试解决伯奇等人的外在论和强笛卡尔式直觉（strong Cartesian intuition）之间的表面冲突。这种强笛卡尔式直觉是指，因为主体有第一人称权威性，所以我们能知晓自己的想法。[1] 在随后的一篇文章中，伯奇（1988）部分地回应了戴维森。伯奇表明，关涉思想个体化的外在论，与允许主体有对自身想法的直接知识，这二者之间可以兼容。伯奇指出，在特定的意义上我们可以说，我知道我在相信什么：不论 $p$ 这个一阶信念的内容是什么，一旦它被非个体化地确定，那么就可用于反身性的二阶判断。如果我有一个信念 $p$，我也可以同时说，

---

1　戴维森考察了外在论的问题，并对如何重建第一人称权威给出了建议，但这些工作似乎并不能很好地处理外在论对个体权威性的否认。特别是，戴维森的方案并不必然依赖于思想需要神秘心理对象这一神话（1987：63-4）。戴维森的提议基于一种明显不合理的推论："除非我们假设说话者知道自己在说什么，也就是理解自己所说的话，不然解释者也没什么可解释的。"（1987：64）这种看法回避了外在论和非个体论模式的实质性问题。也许有一种关于解释的规范性结构，但不是个体论意义上的——在解释时，我们只需要说话者表达某种意思就够了，不必要求说话者知道自己在说什么。这样看来，伯奇没有轻易赞成戴维森的提议，也就不是什么稀奇的事情了。

我知道我在相信什么，即 $p$。不过，伯奇并未否认这样一种可能，即我只能很模糊地把握到 $p$ 的内容。我知晓自身的想法，是指我能确定相应的内容，不一定意味着我能理解相应的内容。我可以知晓我的信念，这在严格意义上与我是否理解那个信念无关，也不涉及我是否能够权威地说明我的信念。伯奇爽快地承认：

> 某人的想法是否以某种方式被解释或个体化，对此，他显然不具备第一人称权威。我们也没什么明确的理由假设，一个人通常必须能够准确说明自己的想法，才能进一步知道他自己有这样的想法……我们不该将基本的自我知识意义上的"知道自身的想法"，等同于另一意义上的"知道自身的想法"——个体能够正确解释自身的想法，或者能够描述这些想法和其他想法之间的构成性关系。
>
> （Burge 1988：78）

如此看来，伯奇所谓的外在论与知晓自身信念之间的相容性，只不过是为了强调，与主体的自我论概念相关的那种主体含义早已破败不堪。如果外在论是对的，那么我可能有（且知道我有）一个信念 p，但这既不意味着我能（在理解的基础上）确定或解释我的信念内容，也不意味着我能追踪我的信念内容是否变化以及怎样变化。这又把我们拉回之前对外在论的批评，即在外在论的前提下，我们无法严格地宣称自己知晓自己的信念。看来这个问题仍然存在。由于个体并不知晓自身的想法，所以不论是这些想法发生变化，还是它们变化了以后与（本人或他者的）其他想法之间的关系发生变化，个体显然都无法进行自主的理性思考。

有人会说，无论思想的具体内容是什么（我们权且承认此内容被外在地决定），思想过程的形式结构始终存在，任何个体都会遵守这种形式结构。可如此一来，形式化的处理结构和思想之间的区分便无法保证。

我们有充分的理由认为，思想之间推理模式的个体化是概念应用的问题，思想的个体化也同样如此：二者本质上都是规则的应用。支配着"关节炎"（或"黄金"）等语词用法的概念是被外在地决定的，支配着"肯定前件"等语词用法的概念却并非如此。这有些令人困惑。有特权的形式概念和物质性概念不同，二者之间的差别也容易混淆。可无论如何，这种差别使得形式概念无法被外在论所覆盖，物质性概念则恰好被外在论所解释。如果有人回应说，"思想的形式结构"只不过意味着生物学机制而已，那我们便又被打回这样一个问题：鉴于规则遵循理论的诸多洞见，规范性又怎么能只从生物学机制中产生呢？

虽然人们清醒地意识到内在论处于背水一战的境地，但语义外在论也没有得到普遍认可。[1] 不过，语义外在论和规则遵循理论作为意义重大的理论进展，都向公认的自我论模式及其关联的默认理念提出了严峻挑战。一种观点就此诞生。这种观点认为，一个脱离了社会物理语境的个体主体，既无法明确知晓其自身的信念或欲望，也称不上是关于自身内容或这种内容与其他思想之间关系的权威，这种主体既不知道其自身内容是否变化，也不会使用语言或（更笼统地说）遵循规则。这种个体无法理性思考，也不是真正理性的个体。这种个体绝不是将自身应用于社会网络的独立主体，而是更为宽广的社会物理语境的产物。目前看来，分析哲学在主体的非自我论观点方面有了显著推进，而这种推进与（我们所了解到的）非分析哲学对自我论概念的反应恰好类同。

伯奇自己在早期的主体研究中大致阐明了这种转变（Burge 1982：116-18）。伯奇发现，他的外在论会自然而然地得出，传统心理学错误地将个体主体作为解释单元。伯奇认可这种对传统心理学的判断，并

---

1　福多（Fodor）坚持思想语言是必要的，并宣称只有个体论能解释前置内容的因果效力。即便如此，他也被迫对外在论做出了巨大让步。比如，他指出窄内容虽然存在，但我们无法说明它是什么（Fodor 1987: ch. 2）。后来，Fodor 1995 又做出了更多的让步。

提出了与传统心理学相反的看法。他指出，心理学的解释单元应该是更宽的社会语境，我们也只能通过这种社会语境来间接地触及个体。伯奇（1982）曾明确提到黑格尔。他认为，黑格尔将个体概念与社会相关联，这或许恰好提出了一种正确的非个体论模式。就此而言，这正呼应了与分析哲学并驾齐驱的另一走向——当代非分析的德国哲学中那种自然化的黑格尔派观点。

然而，分析哲学内部的相关讨论尚未发展起来。分析哲学既没有清楚地认识到主体的自我论概念才是关键，也没有将主体的自我论概念所面对的威胁直接作为讨论的核心。[1] 也许是由于分析传统主要关注语言意义而非思维主体，与"笛卡尔式个体论"相牴牾的外在论向来被认作语义理论。而且不知为何，分析哲学把外在论和自我论主体这种默认假设一同收入囊中，仿佛前者并未破坏后者。[2] 在分析传统中，主体的自我论概念受到的压力没有引起足够的重视。而同样没有引起重视的是，这种以非法方式得以保留的（压力之下的）自我论概念，反而成了分析传统自身的一种预设。对此我们还需有更充分的认识。

需要看到，分析传统不认为笛卡尔式个体论的衰落是一种威胁，至少不认为它会威胁到分析传统的核心部分。第一，语义外在论倾向不再关注（个体）内在的重要性，而是在宽泛意义上支持着暗流涌动的行为主义。这种行为主义对于分析传统中的心灵哲学而言，一直存在某种莫名的吸引力。第二，根据语义外在论，笛卡尔式怀疑论只是不融贯而已。如果我们对外在论的理解无误，那么个体脱离了社会物理语境便不成其为自身。因此，这里的问题不涉及（与心理学相对的）哲学上的可能。

---

1  这是戴维森（1987）观点的一种延续。戴维森指出，外在论没有关注到信念的第一人称权威所导致的后果。（比较 1987：50 和 46）。

2  缺少不同传统之间的关联，我们便难以看清不同传统自身进展的意义。如果分析传统中的哲学家了解当代德国哲学，他们就不会对这样一个事实无动于衷，那就是，他们对笛卡尔式个体论的拒斥，实际上承诺了比语义学更多的东西。

这可被看作去先验化（de-transcendentalized）的康德主义。第三，如果外在论是对的，意义和价值便不会局限于个体，个体也无须面对陌生而被动的外部实在。假若意义的外在论可以延伸到价值和理性范畴，那么，个体、社会与外在世界就会构成统一的领域，人们可以在这个统一的领域中获得意义、价值和理性。这样，我们就不必担心我们的价值或理性对外在世界的适用性，因为它们本身就构成了意义领域的内部元素。约翰·麦克道威尔近来便尝试了这样一种思路，算是他对早期意义外在论的自然延续。[1]麦克道威尔为一种他称作"自然化的柏拉图主义"的立场辩护，并明确将这一立场与（自然化的）黑格尔主义相关联。麦克道威尔的探索以诉诸伽达默尔（无论在多么宽松的意义上）而终结。至此，这两条一直处于分离状态的线索，终于在我们的追溯之下得以交汇。

## 去中心化主体的后果

我们已经看到，非分析语境和分析传统在自然化的黑格尔主义上得以交汇。虽然出于不同原因，但二者都展现了对这种重新定位的热情。现在我们可以探讨一下，为什么这种热情在两边似乎都不得其所。进而，我们也可以说明为什么在分析传统中，对自我论主体的重新定位威胁到了分析传统的某种预设。

我们现在考虑的这种走向远离了主体的自我论概念，指向一种自然化的黑格尔主义。这种走向在某些层面带有解放的天性。不论是从外部（普遍理性）还是从内部（启蒙理性自身）来看，个体都不再遭受任何

---

1 参见 McDowell 1994。有学者已经看到麦克道威尔观点的紧张之处，并指出这种紧张一方面来源于其对语义外在论的早期支持，另一方面来源于那种囊括自然世界的理由空间。可参考 Wright 1996。

非经验性（non-empirical）的强加。这种解放脱离了所有权威的强加，也带来了激进的多元论。这就意味着，不再有什么无法驯服的、独一无二的人类本性。我们会轻易认为，这种结果是对自由和自由主义的肯定。可是，考虑到源于社群主义讨论的一些常见理由，刚才的乐观主义便显得有些不合时宜。如果自我（或至少实质性自我）根源上是一种主体间产物，个体就无法超越其社会历史背景。这里不见启蒙自我的踪迹——它能跳出来以批判的眼光对社会进行独立判断，甚至连批判性判断的规范自身都可以置之不顾。只有流传下来的意义视野与其语境相勾连。如果这样的话，那么这一图景非但不自由，反而会极度保守。由于理性自身也是特定传统的产物，所以传统的权威才是根本性的存在。我们反转了启蒙的顺序：不是传统屈从了理性，而是理性屈从了传统。一言以蔽之，真正意义上存在的只有传统社会。脱离虚假的形而上学结构也许是一种解放，但后形而上学的附带结果则不应被标榜为解放。我们最终只剩下无法挑战的传统权威，个体也只能顺从那种（塑造了个体的）偶然秩序。

上述考虑揭示了自然化的主体间范式带来的保守困境，也揭示了一种令人无法接受的僵局。自我论主体的衰落将分析哲学引入了这种僵局。或许，自我论主体虽为分析传统所默认，却并非分析传统之预设。因此，关于分析传统何以应该关注自我论主体概念的衰落，我们也给不出什么直接的理由。但对分析传统来说，至少有一种概念看起来至关重要，那就是包含着有效性的理性和合理性概念。其所包含的有效性不仅植根于历史或文化。这其实是分析传统中反心理主义的延伸。合理性和理性的准则不应是任何传统的产物。这当然不是在否认，合理性和理性或许只能在某一传统中起作用。显然，我们无法跳出任何传统而思考，但这并不意味着，我们的思想结构和内容完全是某个给定传统的产物，且只有在那种传统设定的视野内才有效。分析传统乐于接受前者，但似乎与后者相左。然而，在分析传统中各种外在论的影响下，恰恰是后者在自我论主体衰落之后形成了威胁。

　　个体仅靠自己根本无法遵循规则。本质上，所有的规范性结构也首先产生于主体间层面。在此意义上，合理性和理性准则会再次成为基于社会组织模式的规范性结构。鉴于有关社会组织可能性的自然主义，这似乎暗示着，合理性和理性会将其所依托的社会结构的偶然性保留下来，从而使得不同的社会结构与之相伴随，并将不同的规范性结构强加于个体。而合理性和理性会因此变得脆弱，变得完全内在于某个传统或本土化为某种方式，可这也正好破坏了其所预设的普遍性。分析传统的核心信条指出，我们无法局部地或历史地给出逻辑学等理性思维的准则。分析哲学所默认的主体的自我论概念，则将这一信条贯彻下来。

　　考虑一下麦克道威尔最近的尝试。[1]麦克道威尔承认，人类个体无法凭借一己之力而拥有上述规范性结构。他认为，合理性准则根本上与文化、传统和教育过程相连，构成了那种只要人类身处其中便会获得理由空间和意义的结构。可是问题来了：这种观点如何能够避免那样一种理由空间——个体在其中得以社会化并与这种理由空间相勾连，而伴随着另外的文化适应过程，其替代选项在其他传统中也可供使用？一种答案是：世界存在一种必然的结构或秩序，不同社会只是社会必然发展过程的不同阶段而已。可是，麦克道威尔没有采纳黑格尔的形而上学观点，这一点与分析传统中的其他人并无不同。毋宁说，麦克道威尔的观点是这样的：当合理性和理性与某种文化相勾连，其替代选项便会在其他文化中成为可能。我们之所以要排除这种思路，就是因为规范性的标准并不是与其相勾连的文化所构成的。传统和文化并不构成合理性和理由空间。对人这种动物来说，合理性和理由空间只是发展其第二本性的启动条件。鉴于文化适应会激发人的潜在本性，这种潜在本性又无法仅凭自己而孤立发展，所以，一定存在着所有人类文化共通的潜在结构。

---

1　我们无法就此展开论述，不过这一思路所面临的问题，与哈贝马斯试图在后形而上学背景中保持理性的普遍性有一定关系。

但是，在规范性结构的自我论模式遭到拒斥后，再以这样的方式构建理性与合理性的客观性，会让麦克道威尔进退两难。毕竟，我们又一次将明确的规范性结构赋予了人类个体。这种规范性结构只有在某个具体的文化语境中才显得清晰。这会导致麦克道威尔处于一种自我冲突的境况：一方面坚持理由空间只在主体间结构中才奏效，另一方面又坚持个体在社会化之前已经受到理由空间的约束。而且，除了他思想内部的紧张状态（他似乎既要肯定、又要否定规范性是个体性的[1]），麦克道威尔也再次回到了分析传统所施压的那种立场。

麦克道威尔没有承诺什么很强的观点，例如说前社会的人类动物个体已经是**规范性结构**的承担者。如果这样的话，可能会立刻引出其立场中的紧张之处。麦克道威尔也许只是想说，人的第二本性基于社会化而发展，个体成长过程所在的社会背景和教育实践不论差异多大，人类总会有共同的理性内核。这是针对正常人类而言的生物学事实。所有正常人都有朝向核心理性的潜在冲动，就像所有正常人都有两个肾一样。看来，诉诸假设性的生物结构或许是我们最好的选择了。除非像柏拉图主义或亚里士多德主义那样诉诸基底形式，否则这种生物学事实即便原则上能够保持某些核心理性，也不过是偶然的（并非所有人都有两个肾）。而且，除非涉及某些社会赞同的规范，说生物学事实当中的任何偏差或变化都是对**正确**形式的偏离，也没有什么客观意义。这里存在两个不同性质的问题。涉及后者的观点是让生物学形式来支撑规范性的社会嵌套，而不是反其道而行之。其次，除此之外，任何被这种生物学事实所支撑的核心理性，都只是偶然特征，而不是人的第二本性中严格固有的本质。麦克道威尔似乎将他所持有的自然化的柏拉图主义，与亚里士多德所持有的内在柏拉图主义混淆了。前者是他所能够辩护的全部，后者虽然是

---

1  这里的否定解释了我们何以能够拥有关于世界的知识，这里的肯定则解释了合理性和理由空间并非某个传统的脆弱基础。

他想要的立场，却带来了他无法辩护的个体论的形而上学假设。如果我们限于前者，那么容纳了个体及其世界的理由空间，便无法作为文化适应后人类的应用性空间而被普遍化。[1]

也许，超越了主体间约束的某些生物学根基最后还会像我们所希望的那样，可上述讨论已经清晰地表明，如果缺乏非经验性基础的生物学形式是偶然的，这种生物学根基便显然不具备那种作为（非历史地给定的）规范性结构的合理性概念。

# 结　论

可以发现，当承受压力的自我论模式（以及黑格尔的替代选项，或其他社会或生物领域的形而上学概念）不再，理性和合理性就无法按照分析传统想要的思路运作。目前看来，这说明自我论主体的衰落也许并不只是分析传统故事中的又一畸变，更威胁到了分析传统的预设之一。

不过，比这更重要的应该是那个更具普遍性的问题：在不同的传统之间，如果自我论模式选择了自然化的主体间模式，那么这种自我论模式的解体，便向我们对合理性和理性的启蒙式信任提出了挑战。

参考文献

Burge, T. (1979) "Individualism and the Mental," in P.A.French, T.Vehling, and H.Wettstein (eds) *Midwest Studies in Philosophy, Vol. IV: Studies in*

---

1　它可被普遍化为一种所有文化适应后的人类都适用的理由空间，就好像人类处在某个特定的历史或生物性位置。可是，这恰好将合理性与历史相勾连，且没有再坚持与分析传统密切相关的那种严格的规范性结构。

*Metaphysics*, Minneapolis: University of Minnesota.

— (1982) "Other Bodies," in A.Woodfield (ed.) *Thought and Object*, Oxford: Clarendon Press.

— (1986) "Cartesian Error and Perception," in Pettit and McDowell (1986).

— (1988) "Individualism and Self-Knowledge," *Journal of Philosophy* 85, 11: 649–63.Page references are to the reprint in Cassam (1994).

— (1989) "Individuation and Causation in Psychology," *Pacific Philosophical Quarterly* 70, 4: 303–22.

Cassam, Q. (ed.) (1994) *Self-Knowledge*, Oxford: Oxford University Press.

Davidson, D. (1987) "Knowing One's Own Mind," *The Proceedings and Addresses of the American Philosophical Association*, 60: 441–58. Page references are to the reprint in Cassam (1994).

Dews, P. (1995) "Intersubjectivity and the Status of the Subject: Jürgen Habermas and Dieter Henrich in Debate," in his *The Limits of Disenchantment: Essays on Contemporary European Philosophy*, Cambridge: Polity Press.

Fodor, J. A. (1987) *Psychosemantics*, Cambridge, Mass.: MIT Press.

— (1995) *The Elm and the Expert*, Cambridge, Mass.: MIT Press.

Habermas, J. (1987) *The Theory of Communicative Action*, trans. Thomas McCarthy, Vols 1 and 2, Boston: Beacon Press.

— (1992) *Postmetaphysical Thinking*, Cambridge, UK: Polity Press.

Henrich, D. (1992) "The Origins of the Theory of the Subject," in Honneth *et al.* (1992).

Honneth, A. (1995a) *The Struggle for Recognition—The Moral Grammar of Social Conflicts*, Cambridge, UK: Polity Press.

— (1995b) "Decentered Autonomy: The Subject after the Fall," in his *The Fragmented World of the Social: Essays in Social and Political Philosophy*, Albany: State University of New York Press, pp. 261–71.

Honneth, A., Mc Carthy, T., Offe, C., and Wellmer, A. (eds) (1992) *Philosophical Interventions in the Unfinished Project of Enlightenment*, Cambridge, Mass.: MIT Press.

Kripke, S. (1982) *Wittgenstein on Rules and Private Language*, Oxford: Blackwell.

McCarthy, T. (1992) "Philosophy and Social Practice: Avoiding the Ethnocentric Predicament," in Honneth *et al.* (1992).

McDowell, J. (1986) "Singular Thought and the Extent of Inner Space," in Pettit and McDowell (1986).

— (1994) *Mind and World*, Cambridge, Mass.: Harvard University Press.

Mead, G. H. (1934) *Mind, Self and Society*, ed. with an Introduction by Charles W. Morris, Chicago: University of Chicago Press.

Peacocke, C. (1992) *A Study of Concepts*, Cambridge, Mass.: MIT Press.

Pettit, P. and McDowell, J. (eds) (1986) *Subject, Thought and Context*, Oxford: Clarendon Press.

Quine, W. V. (1969) *Ontological Relativity and Other Essays*, New York: Columbia University Press.

Sacks, M. (1990) "Through a Glass Darkly: Vagueness in the Metaphysics of the Analytic Tradition," in D. Bell and N. Cooper (eds) *The Analytic Tradition*, Oxford: Blackwell.

— (1997) "Transcendental Constraints and Transcendental Features," *International Journal of Philosophical Studies*, 5.

Taylor, C. (1989) *Sources of the Self*, Cambridge: Cambridge University Press.

Tugendhat, E. (1986) *Self-Consciousness and Self-Determination*, trans. Paul Stern, Cambridge, Mass.: MIT Press.

Walzer, M. (1983) *Spheres of Justice: A Defence of Pluralism and Equality*, Oxford: Blackwell.

Wellmer, A. (1991) "The Dialectic of Modernism and Postmodernism: The Critique of Reason since Adorno," in his *The Persistence of Modernity, Essays on Aesthetics, Ethics, and Postmodernism*, trans. D.Midgley, Cambridge, Mass: MIT Press pp. 36–94.

Wittgenstein, L. (1952) *Philosophical Investigations*, Oxford: Blackwell.

Wright, C. (1996) "Human Nature?," *European Journal of Philosophy*, 4: 235–54.

# 6 没有实证主义的经验论

约翰·斯克鲁普斯基（John Skorupski）/ 著

潘磊 / 译

## 康德之后的经验论

自康德逝世至"分析哲学"（理解为一场运动、观念的有机发展）的终结[1]这个时期内，密尔的经验论和逻辑实证主义的经验论是经验论的两个主导范本。它们共享经验论的如下学说，即关于世界的任何有信息的断言都不是先天的。二者一道拒绝康德式的认识论，特别是这种认识论所声称的：若知识是可能的，则存在先天综合命题。但是，双方关于逻辑及数学之地位的看法迥然有别。密尔认为逻辑和数学包含有信息的

---

1　有人可能会说，它是随着维特根斯坦的《哲学研究》问世以及蒯因著作日益增强的影响而终结于 20 世纪五六十年代，前者尽管隶属于"分析哲学"但又指向它以外的领域，后者起到类似的关键作用。我曾论证，分析运动应当被视为现代主义的一个面向（Skorupski 1990-91，1993）。蒯因和维特根斯坦均认可"分析哲学"的一个根本观念——"只存在语言和世界"（参见本书前文关于心理主义的部分），就此而论，二者均隶属于它。相比之下，心灵哲学和认知科学的随后发展则恢复了对概念和判断（理解为心理学的术语）的研究兴趣，而这正是 19 世纪自然主义的典型特征。有关这些进展的批判性讨论，参见 Dummett 1993。

普遍真理，并且否认这些真理是先天的；实证主义者则认为逻辑和数学是先天的，并且否认它们包含有信息的真理。此即双方之间众所周知的差异。不过，逻辑和数学因为是分析的所以是精确的和先天的，该学说并非逻辑实证主义者的专属学说。它是作为一个整体的分析传统在其各个阶段（经验论及其他）的基石，因此，密尔式的学说在该传统鼎盛时期不受待见也就不难理解。

为了公允地评价这两个经验论传统，有必要对密尔支持其学说的论据做一番简短评论。不过，本讨论的最终目标是提出另外一个并非不相关的问题。如果说逻辑和数学的分析性从一开始便是一般而言的分析哲学之基石，那么，语言规约（linguistic stipulation）和事实语句之间的著名二分则尤其是维也纳（学派）分析哲学的基石。它将一种语言的语句划分为两类：其一是表达该语言之**规则**（即与如何运用语词有关的决断）的语句，其二则是在由这些语言规约或规则提供的框架内获得事实内容的语句。与维也纳传统相反，我想要表明，经验论无法融贯地主张这种二分穷尽了所有语句。它必须还能容纳那些表达规范性命题的语句，这些命题尽管不是事实命题却具有可判定的内容。

上述结论在一定程度上更接近康德：它承认认识论需要两个交错区分。如康德所主张的那样，必定存在有信息的先天命题，因此根据这种观点，必定存在有信息的规范命题。但它不是康德式的。它仍然是经验论的，因为它保留了这样一种学说，即任何事实命题均不能被证据证明是无可辩驳的。此外，它将数学和逻辑本身纳入事实领域，就此而论，它也可以是密尔式的——该问题有待进一步研究。有人可能会将由此而得来的经验论称为新密尔式的以及准康德式的。既然它肯定要拒绝最深层的实证主义学说，即所有认知内容都是事实性的，那么也可以将其称为没有实证主义的经验论。

# 密尔关于逻辑的经验论

接下来，我们首先对密尔的激进经验论做些评论。在《逻辑系统》中，他区分了"名义"命题（verbal proposition）和"实在"命题，以及"单纯直显"推理和"实在"推理。断言一个单纯的名义命题，不传递关于世界的任何信息；同样，一个单纯的"直显推理"不会产生新的断言——其结论已经在其前提中得到切实断定。名义断言或者单纯的直显推理如何得到辩护，关于这一点，不可能有任何哲学上的困惑，因为根本不存在需要辩护的东西。然而，所有实在的断言和推理最终都必须奠基在数据和归纳方法之上。

若我们认为名义推理观念具有基础性，则名义命题将是名义推理的对应的条件句。一个推理是名义上的，当且仅当：构成结论的命题集是构成前提的命题集的一个子集。此番做法符合密尔关于逻辑连接词的理解。他认为，断言一个合取（命题）（A 和 B）就是断言 A 并且断言 B。他将 A 或 B 定义为：若非 A 则 B，并且，若非 B 则 A；在他看来，若 A 则 B 意味着：命题 B 是基于命题 A 的合法推论。依他之见，有效的命题逻辑就是否定和可推导性的逻辑。

密尔并未十分清楚地论及全称性。但它与其处理全称命题时的大多数论述相吻合，密尔将"所有父亲都是男性家长"这样的全称命题视为推导许可，也就是说，"型如'x 是一个家长'的任何命题均可以合法地从对应的型如'x 是一位父亲'的命题中推导出来"。例如，"命题'汤姆是一位家长'可以合法地从命题'汤姆是一位父亲'中推导出来"就是上述图式的替换实例，并且我们可以规定一个全称命题是名义上的，当且仅当：所有其替换实例均是名义上的。[1]

考虑到密尔关于连接词的定义，一些演绎推理（例如，从一个合取命题推导出其合取支的推理）就会是名义上的。但密尔却坚称，矛盾律和排中律是实在的——因此是后天命题。他认为，**非 A** 在意义上等价于 **A 为假**；若我们进一步假定 **A** 和 **A 为真**在意义上等价，矛盾原则将变成排中原则——如其所言："同一个命题不可能同时为假和为真。"他如是说："我不可能将此视为一个单纯的名义命题。我认为它是……我们从经验那里获得的一个首要且最熟知的普遍概括。"（《逻辑系统》，CW VII：277）

他对排中律作了类似的评论，根据上述定义，排中律可转换为二值原则，即"要么 P 为真，要么 P 为假"。因此，根据他的观点，二值原则和排中原则均是实在的——"扩充知识的"——命题。

针对上述语义分析，密尔增设了一种认识论论证。如果逻辑不包含实在推论，那么所有演绎推理均是乞题式的循环论证——它不会产生新知识。如果有效的演绎均是名义上的，那么，任何一个有效演绎的结论均在前提中得到断定。知道前提为真，就是知道每一个在前提中被断言的命题为真。因此，既然结论是其中的一个命题，那么，知道每一个在前提中被断言的命题为真，就是知道结论为真。然而，演绎明显产生新知识。所以逻辑必定包含实在推论：

> 长期以来，逻辑学家一直执意将三段论刻画为一个推论或证明过程；虽然他们都未曾解决此断言和如下原则之间的不一致而引发的困难，即如果结论中存在一些尚未包含在前

---

1　密尔式的经验论者在逻辑上面临着如何说明普遍例示和肯定前件的致命问题。这些问题——它们与密尔式的主题"所有推论均是从特别到个别"相关——促使人们将条件命题和普遍命题视为规范命题，这与第117—120页（指原书页码。编注）所考察的区分规范和事实的原因迥然有别。在本次讨论中，我将不考虑这些问题。

提中的东西，则该论证是坏的。

（《逻辑系统》，CW VII：185）

密尔的长处之一便是认识到上述困难的分量且不会置之不理。他的下述说法完全正确：

> 不可能为这种单纯的遁词附加任何严肃的科学价值，恰如不可能为基于蕴含关系而包含于前提之中与在前提之中直接被断言之间的区分附加任何科学的价值一样。

（CW VII：185）

<h1 align="center">先　天</h1>

密尔的证明（即逻辑包含实在命题及推论）并未遵循 20 世纪的维也纳经验论——但直觉主义者或康德主义者无须对此大惊小怪。即便一个康德主义者承认密尔的证明，也不过是直面那个支撑康德狭义分析性概念的观念的全部后果而已，根据该观念，分析性是指谓词概念包含在主词概念之中。诚然，承认密尔的证明是这一观念的全部后果，他不得不修正自己关于逻辑是一门纯形式学科的看法，一如康德所预期的那样。也就是说，他不得不承认逻辑本身是先天综合的；细言之，二值和排中并非单纯的形式原则，而是依赖某种直观形式。在康德式的框架内，这相应地会促发如下结论，即逻辑真理与其他的先天综合真理一样局限于现象领域；但这对批判哲学本身来说几乎算不上一场灾难。[1]

---

1　当然，它的确质疑了弗雷格式的逻辑主义的哲学基础。但是，弗雷格的哲学冲力（以及相关的分析性概念）并不比经验论者更具批判性。

　　带有直觉主义和康德主义印记的思想家是密尔不得不面对的对手。他认为这些思想家用以支持这一学说——存在实在命题，其真理是"先天感知到的"——的论证"可简化为两类"（《逻辑系统》，CW VII：231，233）。

　　第一类论证只是指出如下事实：我们认为自己有理由不是基于经验归纳而是诉诸"直观"，来接受某些数学和逻辑命题；也就是说，诉诸我们的经验想象力——作为可经验到的我们能够想象的东西。既然我们乐意只是以此为基础而接受这些命题，那么情况似乎就是这样的：它们必然依赖于纯粹想象力的先天属性，而非依赖于根据现实经验所发现的事实。密尔对此如是回应，尽管我们确实总是有理由将（例如）几何学主张建基在直观之上，但是，它**是**一种可辩护的几何学的推理模式，这一事实本身却是后天的。经验想象力作为实在命题的指引是否具有可靠性，本身就是一个经验问题。

　　密尔所考察的第二类论证转向这样一种康德式的观点，即"经验的确告诉我们是什么，但并未告诉我们它必然如此而非其他"。因为我们的确能洞察到某些命题必然为真，这种洞察力不可能基于经验并且必然是先天的。但是，密尔拒不承认必然真理和偶然真理之间的形而上学区分；与蒯因一样，他认为最高等级的必然性就是自然必然性。除此之外，他乐于承认的唯一"必然真理"即"其否定不仅为假而且是不可设想的命题"。

　　　　因此，我们主张如下原则：有些命题——其否定是不可设想的，换言之，我们无法自认为它们为假——必然建基在比经验所能提供的更高、更切实的描述的证据之上。

　　　　　　　　　　　　（《逻辑系统》，CW VII：237-38）

　　作为回应，密尔详细阐述了关于不可设想性的联想主义解释。不过是在别的地方，他才阐明了支撑其回应的认识论根基：

> 即便我们假定不可设想性不只是有限经验的结果，但某些设想的无能（incapacity）仍是心灵所固有的，且与其须臾不可分；我们无权据此推断，我们不能设想的东西因此也就不可能存在。只有我们能够先天地知道我们自受造以来必然能够设想一切能存在的东西时，这种推论才是合理的，而凡是能存在的东西即是思想和实在之域，微观世界和宏观世界（如其曾经被如此称谓的）必定以彼此完全对应的方式而成型……事实上，这一点在一些哲学体系中得到了明确阐述，也暗含在更多的哲学体系之中，并且（首先）是谢林和黑格尔体系的基础：但只是一个缺乏更多证据支持的假定……
>
> （《威廉·汉密尔顿爵士哲学研究》，CW IX：68）

我们"不能够设想的东西不可能存在"，这一点有待证明。而且，它必须被证明是先天为真的。简言之，密尔论证的要点在于：我们不可能提供任何一种关于世界的先天知识的模型，该模型与**关于世界**的知识相一致：关于世界是指与认知本身（knowing itself）不同，而且认知必须与之相吻合，如果它的确是知识。但是，拒绝这种本体论意义上关于世界的知识观念，即拒绝承认知识必须在所有情况下均符合其对象，正是康德的"哥白尼式的革命"。康德坚称我们的知识中存在一些框架性特征，每一个对象必须符合这些特征；他关于这些特征的先验唯心论的解释与自然主义的观点并不一致，根据后者，我们知道的主题直接就是我们所知道的世界的一部分。相反，自然主义是密尔最根本的承诺。至少就如下这一点而论，即自然主义与关于世界的先天知识的可能性不兼容，密尔和康德式的唯心论者意见一致。当然，双方的分歧在于：在缺少先天综合知识的情况下，知识是否可能。

19 世纪的密尔的批评者极力主张这是不可能的，而这正是我想要最终触及的对密尔式的或者任何其他种类的严格被贯彻的经验论的根本批评。不过，通过考察如下主张——密尔对逻辑的处理是"心理主义的"——来触及这一批评，从多个方面看均是有益的。

## 心理主义

我理解的"心理主义"包含以下两种观点之一或全部：

1. 逻辑规律只是关涉我们心智过程的心理学规律；

2. "意义"是心理实体，并且"判断"是对这些实体之间关系的断言。

密尔明确拒绝以上两个观点。他坚持认为，逻辑是最普遍的经验科学，"普遍适用于所有现象"（《威廉·汉密尔顿爵士哲学研究》，CW IX：380-1）。既然逻辑的规律是"关于所有现象的规律"并且现象是我们所知之全部，那么"我们可以非常放心地将它们视为存在的规律"（CW IX：382）。逻辑规律是我们思考时不得不依据的原则，在这种意义上，密尔承认它们也是思维的规律。更确切地说，我们在思考时频繁违反它们，但我们绝不会有意为之，因为"有意违反它们是不可能的"（CW IX：373）。然而，如我们先前所见，密尔不认为它们作为存在规律的地位可由它们编纂思维规律这一事实中推演出来。证明"矛盾是不可思考的"不是要证明它"事实上是不可能的"（CW IX：382）。后者而非前者才有必要为"思维进程"正名。"当我们的思想被造就为符合现象时，它们就为真"（CW IX：384）——设若

> 存在某种规律，必然促使我们思考现象间的关系，而现象间事实上并不存在这种关系，那么思维进程无疑被证明是无效的，因为我们肯定是受其迫使，认为某种事实上为假

的东西是真的。

（CW IX：383）

再来看（2），即前述这样一种观点：意义是心理实体并且"判断"断言这些实体之间的关系。我们发现，对这一点的严厉批评正是《逻辑系统》的核心特征。密尔称之为"概念论"。他认为它（概念论）

是逻辑哲学过往所引入的最致命的错误之一，而这是科学理论在过去两个世纪里取得微不足道的进步的首要原因。

（《逻辑系统》，CW VII：89）

概念论者混淆了判断和判断之内容，也就是说，混淆了判断和命题。

由于他们不加区分地使用命题和判断这两个词语，所以他们认为一个命题或者一个判断就在于肯定或者否定关于另外一种观念的一个观念……整个的命题学说，连同推理理论……被表述为：观念、概念或者作者所青睐的用以表达一般而言的心理表征的名称，似乎从根本上构成了这些操作的主题和实质。

（CW VII：87）

与概念论针锋相对，密尔坚持：

一个学说或意见与掂量该意见之间的区分；坚持赞同与所赞同的东西之间的区分……

根据此处所构造的关于逻辑的观念，逻辑不关心判断或相信行为的本性；作为一种心灵现象，关于这种行为的考虑隶属另外一门科学。

（CW VII：87）

　　命题（除非有时候处理心灵自身）不是关于我们的事物之观念的断言，而是关于事物本身的断言。

（CW VII：88）

　　如此看来，密尔将逻辑视为真理集合的观点，与他关于数学的观点一样，均是共相论的和经验论的。几何学制定物理空间的规律，算术制定合计（aggregation）规律——而逻辑则制定真自身的规律。事实上，如果一个人采纳共相论的逻辑观并且将之与对康德的哥白尼式革命的拒斥结合起来，那么他似乎会不可避免地接受密尔式的经验论。"当我们的思想与现象相符合之时，它们就为真。"（CW IX：384）——那么，除了根据表明它们符合现象的归纳证据之外，我们何以**能够**知道它们为真呢？而且这也包括我们的逻辑思想，因为它们也是符合现象时才为真。

　　正是从这种共相论和经验论的立场出发并且为这种立场之故，密尔批评了他眼中维护逻辑先天性的三种主要尝试。[1]"概念论"（我们已经

---

1　密尔的观点是心理主义的，这种误解似乎可追溯至胡塞尔（1970：90）在《考究》（*Examination*）中所引的一段文字："逻辑不是思想作为思想的理论，而是有效思想的理论；不是思考的理论，而是正确思考的理论。**它既不是一门与心理学不同的科学，也不是与心理学相协调的科学。就它完全是一门科学而言，它是心理学的一部分或者分支；逻辑区别于心理学，一方面犹如部分有别于整体，另一方面亦如艺术有别于科学。它的理论根基完全借自心理学，并且囊括了辩护艺术规则所必需的那种科学的大部分。**"（《威廉·汉密尔顿爵士哲学研究》，CW IX：359。着重部分为胡塞尔所加）但是，密尔在此并不是在重申他的观点，即逻辑依赖于完全普遍的经验真理。毋宁说，他认为逻辑学家关心的不是发现这些真理（因为它们如此明显）的科学任务，而是在这些真理的基础上通过制定最有助益的推理规则——借鉴思维心理学来这样做——以提升思考技艺的任务。逻辑学家的技艺借鉴心理学家的科学，因为促进清晰的思考是一个心理学的问题。更充分的讨论，参见 Skorupski 1989：ch. 5，Appendix。

考察过）是其中的一种。他似乎认为康德式的观点是某种形式的概念论。他将另外两种观点称为"唯名论"和"实在论"。

唯名论者——密尔援引的例证是霍布斯——主张，逻辑和数学完全是名义上的。比起概念论，密尔更为慎重地对待这一立场。事实上，他详尽地驳斥了唯名论。他论证说，唯名论者只能维持他们的观点，因为他们未能区分语词的指称和内涵，"只在语词所指称的东西中寻求它们的意义"（《逻辑系统》，CW VII：91）。相反，密尔在实在命题和名义命题之间所做的区分，以及作为该区分之结果的对逻辑和数学包含实在命题的证明，均植根于他关于指谓与内涵的学说之中。[1]

唯名论者和概念论者均认为，逻辑和数学能够被非经验性地获知，与此同时却又保留了如下观点：关于独立于心灵的世界的实在命题不可能被非经验性地获知——但是二者均被混淆了。若一个人放弃关于独立于心灵的世界的命题不可能被先天地获知这一论题，情况又会如何呢？实在论者似乎是这样做的——他们主张，逻辑和数学知识是关于共相的知识，这些共相存在于一个独立于心灵的抽象领域；构成句子的语词是代表这些共相的符号。密尔不那么严肃地考察了这种观点。但是，它的各种新版本却是分析哲学第一阶段——弗雷格和摩尔/罗素时期的分析哲学——的要义，关于逻辑的语义分析是它们的主要来源。

毫无疑问，追问密尔本人可能会对这些新型的实在论作何反应是不合时宜的。尽管如此，我们还是能够区分语义驱动的实在论和认识论驱动的实在论。语义驱动的版本主张，我们有理由承认抽象实体（殊相或共相）的存在，只要关于那些我们视其为真的命题的最佳语义说明，推定这些实体的存在。认识论驱动的观点则是解释某些命题先天性的一种尝试。它主张，这些命题是真的，因为它们符合与独立于语言的抽象实

---

1　他说，唯名论者将算术等式视为专名等同。他同意**专名**等同在特定意义上是名义上的，但却坚称等式中出现在等同符号两侧的名称在内涵上迥然有别。

体相关的事实。我们凭借某种非经验性直观的官能而拥有关于这些事实的知识，而这正是这种知识是先天知识的原因所在。第一种观点的拥趸（例如蒯因）可以在不诉诸第二种观点所倡导的认识论的情况下，甚至在根本不承认先天知识的可能性的情况下捍卫它。

在当代的意义上，密尔是一位唯名论者——他拒不承认抽象实体。考虑到他对这种观点面临的困难知之甚少，我们很难说他到底陷得有多深。有一点很清楚，他主要还是倾心于拒绝作为一种对先天知识之可能性说明的实在论。**正是**对这种可能性的拒斥构成其哲学的核心。

## 认知规范

分析哲学家之间流传的一个为我所用的历史故事认为，前维也纳时期的经验论兜售了一种混乱的关于逻辑先天性的"心理主义"说明。这显然不适用于康德之后、维也纳之前这个时期的主流经验论者。与胡塞尔不同，弗雷格对此了如指掌。密尔所拒绝的东西是这样一个信条，即逻辑本身是先天的。

但问题尚在，真像密尔本人所认为的那样，认识论能够彻底摒弃先天性吗？在这一点上，密尔的《逻辑系统》在一种更宽泛的意义上是心理主义的，这一看法得以复归。在此宽泛的意义上，心理主义不关乎演绎逻辑而关乎根本的推理规范，无论这些规范是什么。密尔能够对这些规范提供的认识论说明是什么呢？在**这一点**上，他何以能够回应康德式的主张，即知识的可能性恰恰要求我们的知识中存在先天元素？即使我们接受密尔关于逻辑和数学的归纳说明，难道我们必然不承认归纳原则（无论它们是什么）本身是先天的吗？

密尔坚称，唯一的根本上可靠的推理方法是枚举归纳，即来自经验的普遍概括。其他的方法必须在一定程度上以枚举归纳为基础。这种归纳主义为他关于逻辑和数学的经验主义的认识论施加了巨大压力——例如，它促使密尔认为排中原则是"我们从经验那里获得的一个首要且最熟知的普遍概括"。有人可能会争辩说，如果它是合理的，那么经验主义就需要一个更宽敞的认知武器库，容许我们的知识中存在蒯因曾一直强调的保守—整体主义的、假设性的元素。

但这不是利害攸关的核心问题。考虑关于归纳逻辑的最优说明，或许有别于密尔的说明。那么问题是：出现在这种说明中的准则是先天的吗？如若不是，它们又是如何确立起来的？我们可以把密尔本人关于名义命题和实在命题的区分应用于它们。它们必然作为实在命题而出现。难道他因此而不必成为一个关于它们的共相论者吗？也就是说，难道他不必将它们视为建基在最为普遍的关于世界的真理之上吗？而且，若将它们视作先天的，这难道不是对此提供了一种反证吗？然而，除此之外，我们又何以能够知道它们——并因而知道任何事情呢？这是对经验论的康德式批判的要义之一。

密尔不关心归纳怀疑论。他说，我们习得"我们理性官能的法则，就像我们通过观看一个机制的运转而学习所有其他自然机制的法则一样"。通过对我们实践的批判反思，我们逐渐自我意识到最基本的推理倾向。探究这些倾向之后，我们最终在接受某些倾向和拒绝其他一些倾向之间达到一种反思平衡。我们认同它们作为可靠的推理规范。但密尔式的经验论能够为这些认知规范提供何种认识论呢？

密尔所青睐的归纳逻辑准则，即枚举归纳，亦有助于凸显这一问题。我们可以区分作为一个规范命题的准则本身与一个事实性主张。这个规范命题就是

    i　枚举归纳——基于恰当的前提——可以为关于世界的普遍命题的信念提供可废止的根据（defeasible warrant）。

该命题具有主题中立性，适用于所有的探究领域。这个事实命题是

ii　枚举归纳——在某个特定探究领域或者所有探究领域——经常会产生一些未遭受反例反驳的普遍命题（或者随着时间推移而产生越来越多的普遍命题，等等）。

（ii）本身就是关于世界的一个普遍命题或者一个普遍命题集合。在某个特定领域，我们对之拥有足够多的证实性个例，那么，在承认（i）的前提下，我们因此也就可以根据一个二阶枚举归纳获得相信（ii）的正当理由。同样，既然归纳是可废止的，同样在承认（i）的前提下，那么下述这一点就是可能的：二阶归纳使得我们在某些或所有领域有理由**不相信**（ii）。在第一种情况下，归纳在该领域具有内在的自证力。在第二种情况下，它则具有内在的自毁力。根据归纳，我们最终意识到归纳不值得依赖。规范命题（i）依然是正确的，但归纳的担保效力已被挫败。

　　密尔意识到了上述这几点并且相当正确地关注到如下事实，即"归纳进程"已经被证明在很大程度上是自证的。他同时还强调，枚举归纳在不同领域具有不同的可靠性。不过他并没有错误地认为归纳本身可以产生关于（i）的仅有的辩护。这的确会使其易遭受康德式的批判。他承认，关于归纳的认识论必须认可（i）具有原初的规范性且不能指望它派生自（ii）。换言之，他关于演绎逻辑的共相论，并未平行地延展至关于归纳逻辑的共相论。但是，他并未声称（i）是分析的，或者用他的术语来说，是名义上的。[1] 他拒绝将（i）视为先天的，认为我们有权接受它只是因为它是我们的探究实践原初的且稳定的特征。

　　但是，这种为（i）奠基的方式涉及从一个心理学主张到一个规范性主张的过渡。密尔的逻辑系统是"心理主义的"，这一指控符合真相吗？

---

1　在这方面，他不同于斯特劳森（1952：261）。

我们何以能够从密尔本人对先天学派的批判中捍卫这种过渡，而又不必屈服于康德式的抑或先验唯心主义的路径？

## 经验论和规范性

答案在于：我们要非常慎重地看待枚举归纳（或者我们一致认定的具有原初性的任何归纳原则）作为一种**根本规范的地位**，并且要发展出一种与经验论一致的关于这些规范的认识论。我们必须敏锐且清晰地区分关于根本规范的认识论与关于事实命题的认识论。前者具有论辩性：它是反思和讨论的认识论。为根本的规范断言提供的担保可被进一步的讨论和反思挫败，而不能被经验证据挫败。事实性断言则总是易于遭到经验证据的反驳，只是因为它们描绘事态。而且，就事实命题而言，无论探究多么漫长和昂贵，依然完全有可能不存在足够的关于这些命题的判决性证据。此要点恰恰肇因自关于我们坐落其中的那个世界（即密尔所说的"宏观世界"）的观念。我们在其中与其他对象发生认知互动，但我们可能的认知互动却又存在不可避免的局限。上述这些要点不适用于规范命题的情形。规范领域的形而上学没有为根本的规范命题观念提供任何基础，我们绝不可能有理由将这些命题视作真的。我断言一个规范命题的根据首先关涉我在做出断言的同时倾向于思考、做或感受什么。我可以被进一步的反思和讨论所纠正，并且这会造就如下区分，即"在我看来为真"与"的确为真"之间的区分：它支撑着规范主张作为真实判断的地位。就事实命题而言，可纠正性同样会造就相同的区分；但是，我是否有理由断言一个事实命题，取决于我与所断言的实际情况是否有恰当的关联。认为我缺乏这种关联的根据，也就是认为我没有理由断言该命题的根据。这样一种证据连接崩塌的观念完全不适用于根本的规范命题的情形。

这是一种关于规范主张的观点，我们可以将其刻画为认知主义的但又是非实在论的。它并不主张存在某种东西**使得**规范命题为真或为假、正确或不正确——在实在论的**符合意义**上而言。特别是，一个规范命题并非由某个事实**使其为真**，即关于它的终极裁决在理想情况下将趋于一致。这不是它的真值条件：它没有任何非琐屑的真值条件。人们可以合法地寻求一种将规范语句囊括其中的全面的真值条件语义学，但应当在极简主义的意义上理解它。它利用极简主义的或者唯名论的真理、指称及谓述观念，即使较为坚实的观念可适用于它所处理的某些语词和语句。

如果这一观点可得到捍卫，我们可以把密尔的经验论概况为：任何**事实命题**均可遭到证据的反驳。密尔需要两个区分而不只是一个，它们分别是规范与事实的区分以及名义和实在的区分。他必须承认，根本性的规范命题是实在命题，但他可以辩称这些命题不是事实命题，这样的话，为它们提供归纳支持的问题也就不复存在。

这种方式的论证远远超出了密尔所说的范围。它引起各种进一步的问题。例如：如果经验论按这种方式发展起来，那么还有什么论证能支持密尔关于根本认知规范的极端简约观呢？难道我们不能够将前一节提及的（i）和（ii）之间的区分应用于逻辑——抑或算术和几何吗？从科学的角度考虑，它们均是关于世界的严格的普遍命题体系。但是，我们是否还应该主张存在一些根本的逻辑或数学规范，它们之于这些严格普遍命题恰恰犹如（i）之于（ii）那样？密尔的经验论主张，任何原初的逻辑或数学规范就像（i）那样均是可废止的，这样的话，其主旨尚能继续存在。（因此它们位于逻辑"背后"，因为逻辑本身和任何一门科学一样都是用普遍词项加以表述的。逻辑规范和逻辑的真理之间的关系是这种研究进路必须详细阐明的东西。）经验论变成了这样一个论题，即所有的根本认知规范均按此方式在经验上是可废止的。探究无法表明这些规范是不正确的；但它可以表明，与这些规范（逻辑的、算术的或几何的）相符合的那些普遍的事实命题为假，并据此挫败这些规范的担保效力。探究本身受这些完全一样的默认规范的指引，而它最终却可能挫败这些规范。

如果密尔不得不接受上述两个区分，即实在与名义间的区分以及规范与事实间的区分，那么我们是否将其推进了康德式的阵营？承认存在实在的规范命题与承认存在先天综合命题之间的差异是什么？差异就在于：说一个根本的规范命题是"先天的"，不会给这一说法——它是规范的和根本的——增加任何东西。传统上，先天和后天之间的区分是一个事实**范围之内**的区分。它促使康德转向关于求知主体的先验唯心主义的建构论及其限制性学说，即不能断言适用于"物自体"的综合命题。（因此，尽管在一种意义上所有综合命题，包括先天命题在内，均是事实性的，但在另一意义上它们**都不是**"真正"事实性的——没有一个世界绝对符合。）相比之下，规范与事实之间的区分根本不要求这种建构论或限制学说，也不要求本体和现象之间有科学之外的区分。在此意义上，它仍然与这仅有的一种自然主义是相容的，伦理学和认识论中的密尔主义者有必要捍卫这种自然主义。

但是，如果这种类型经验论不是先验唯心主义的一种形式，那么它毫无疑问也与维也纳的经验论有巨大区别。维也纳学派的经验论在下述意义上具有彻底的实证性。它承认只有（i）关于世界（作为科学之对象的那个唯一的世界）的陈述和（ii）**非断言性的**（non-assertoric）规约、决断、命令及态度表达，才具有实践重要性。"只有语言和世界"——而语言只是一套规则，即决断或规约之内容，所以"只有事实和决断"。

这种观点的动因是如下学说，即所有认知的或可判定的内容——所有命题——均是事实性的。这正是形而上学实在论的纯然精髓。实证主义是将其与经验论结合起来的产物。正如前文讨论的密尔对支持先天性论证的回应所显示的那样，形而上学实在论中已经隐含了趋向这种结合的强大动力。但这种结合其实并不融贯。支持该结论的论证渠道名目繁多。

19 世纪通行的是新康德主义或者更强的唯心主义的论证渠道，尽管该世纪末叶，还出现了一股反对实证主义和唯心主义的柏拉图式的反革命。反过来说，逻辑实证主义又是对抗这股反革命的一场革命。因此，它与新康德主义联姻也就顺理成章。[1]这些均值得细究，而我本人并不认为一种真正共通的哲学精神是由它们揭示出来的。只存在事实和决断，这一信条对逻辑实证主义而言具有根本性，对康德来说却是十足的异类。

作为最后的评论，我要说的是：这一信条的不融贯性在我看来恰恰是维特根斯坦的遵守规则考量的主要教益。当然，我不是断定他执意要以上述方式在一定程度上得出这一教益。诚然，他一门心思地专注于遵守规则所固有的规范性问题，但他很可能并未得出关于它的一种清晰观点，或者说，即便他做到了，也不大可能确定它到底是什么。无论如何，要点就是这样。当我把一个谓词 $F$ 应用于一个给定的情形时，我便作出一个判断，它可能是正确的也可能是不正确的。给定主导 $F$ 使用的约定规则，这个判断就是：称之为 $F$ 是正确的。情况可能是这样的：维特根斯特的确将其视为一个真正的判断而不是一个决断；但同样有可能的是：它无法被表征为描述了任何事态。它既不表达一个决断也不是事实性的：它具有不可还原的规范性，因此它与"只存在事实和决断"[2]的格言背道而驰。遵守规则预设了断定事实和承认规范的固有的双重认知官能。只要规则存在，事实和决断的二分便不能囊括一切。

如果上述想法是对的，那么，将所有命题内容均具有事实性这一观点，与所有事实命题必须以经验为基础这一观点结合起来的实证主义，就是不融贯的。但这并不表明经验论就是不融贯的，即便是像密尔那样的自然主义的经验论亦如此。它只是表明实证主义是不融贯的。

---

1　迈克·福里德曼（1991）和阿尔贝托·卡法（1991）一直也强调这些，尽管后者的说明同样强调博尔扎诺和弗雷格所代表的 19 世纪关于逻辑的思考中的实在论态势。
2　我在斯克鲁普斯基（1996）的文章中进一步阐明了这一点。在斯克鲁普斯基（1995）的文章中，我还阐发了密尔式的经验论与维也纳经验论之间其他一些方面的对比。

## 参考文献

密尔著作的页码参考 *The Collected Works of John Stuart Mill* (33 volumes), John M. Robson, General Editor, Toronto: University of Toronto Press, 1963–1991。如下所示：*CW* I:15, for Collected Works, Volume I, page 15.

Coffa, A. (1991) *The Semantic Tradition from Kant to Carnap: To the Vienna Station*, Cambridge: Cambridge University Press.

Dummett, M. (1993) *Origins of Analytical Philosophy*, London: Duckworth.

Friedman, M. (1991) "The Re-evaluation of Logical Positivism," *Journal of Philosophy* 10.

Husserl, E. (1970) *Logical Investigations*, trans. J. N. Findlay, London: Routledge and Kegan Paul.

Skorupski, J. (1989) *John Stuart Mill*, London: Routledge.

— (1990–91) "The Legacy of Modernism," *Proceedings of the Aristotelian Society* 91: 1–19.

— (1993) *English-Language Philosophy 1750–1945*, Oxford: Oxford University Press.

— (1995) "Empiricism: British and Viennese," in J. Hintikka and K. Puhl (eds) *The British Tradition in 20th Century Philosophy, Proceedings of the 17th International Wittgenstein Symposium*, Vienna: Hölder-Pichler-Tempsky.

— (1996) "Why did Language Matter to Analytical Philosophy?," *Ratio* Special Issue "The Rise of Analytic Philosophy," 9: 269–83.

Strawson, P. F. (1952) *Introduction to Logical Theory*, London: Methuen.

# 7　心理主义与意义

耶米玛·本-梅纳姆

（Yemima Ben-Menahem）／著

李主斌／译

　　语词表达意义和信息。语词也以各种方式影响我们：它们安慰或冒犯我们，使我们脸红，笑和哭，使我们快乐或悲伤。这些效应与语词的意义有何关系？在某些情况下，一个简单的答案会自我显现。例如，人们可能认为，"我爱你"这句话向听者传达了他或她是被爱的。由于被爱是人的基本需求，这种需求的满足通常会带来幸福，因此，它们会使被爱的人感到幸福。这一简单回答的优点是，它使语词（爱的表达式）的意义与这些语词可能拥有的因果效应（使被爱者幸福）保持了安全距离。在这一方面，这个答案似乎与一个长期的传统相一致，后者把因果联系与语言中的联系截然区分开来，并努力清除意义理论中的任何心理主义痕迹。然而，简单的答案并不总是完全令人满意，因为有时我们可能需要参考所说的话的效应来阐明其意义；我们可能需要找出特定语词对我们的作用来决定它们的涵义。因此，在听别人说话时，我可以把握奉承或冒犯的隐含义，并利用这一线索来诠释所听到的话，否则的话我的诠释会不同。在这种情况下，很难说冒犯或奉承（在此具体语境中）

是所说的话的意义的一部分，还是仅仅是其因果效应的一部分。但是，当如此模糊了言语的意义或内容与言语之区别，至少从表面上看，我们似乎是在向意义的心理主义概念让步。本章要讨论的问题是，情况是否确实如此，即这种以效应为导向的对意义的考察是否事实上犯了心理主义的毛病。不过，相比于直接讨论这个问题，我将采取考察詹姆斯和维特根斯坦的意义概念的方式来处理这个问题。作为开始，我首先追溯从弗雷格到维特根斯坦的心理主义概念的发展。

从一开始，分析传统就将心理主义视为一种需要克服的诱惑，或者更糟糕，将其视为一个敌人，由于其躲避检测的倾向而更加危险。在弗雷格和维特根斯坦的思想中，对心理主义的激烈斗争是一个反复出现的焦点。

弗雷格是第一个主张在意义理论中清除心理主义的人。在为《算术基础》所做的导言中，弗雷格提出了三条基本原则，即 Grundsätze：

es ist das Psychologische von dem Logischen，das Subjective von dem Objectiven scharff zu trennen; nach der Bedeutung der Wörter muß im Satzzusammenhange，nicht in ihrer Vereinzelung gefragt werden; der Unterschied zwischen Begriff und Gegenstand ist im Auge zu behalten.

（Frege 1884：x）

也就是说，第一，"始终明确区分心理的与逻辑的，主观的与客观的"；第二，"绝不孤立地，而仅在命题的语境中询问语词的意义"；第三，"始终牢记概念与对象的区分"。

虽然从第一条原则的结构和语境来看，心理和逻辑的区分，主观和客观的区分，这两个区分对弗雷格来说密切相关，甚至被他认为是等同的，但这一点绝不是自明的。为什么心理的应该等同于主观的？弗雷格对第一条和第二条原则之间联系的澄清也阐明了"心理"一词在他那里的意义：

> 为了遵守第一条原则，我总是在心理的意义上使用"观
> 念"一词，并将观念与概念和对象区分开来。如果不遵守第
> 二条原则，人们几乎被迫把个体心灵的心理图像或行为作为
> 词语的意义，因此也就违反了第一条原则。
>
> （Frege 1884：x）

　　因此对弗雷格来说，这两个区分之间的联系是，心理的从属于个体心灵的心理图像或其他事件，一定是无法交流的，因此是主观的。我们可以借用普特南的名言来转述弗雷格："意义并不在头脑里。"（Putnam 1975：227）具有讽刺意味的是，普特南用这句话来反对心理主义的意义理论（他将之归于弗雷格）。因此，相比于把哲学与心理联系起来，心理主义是一个更具体的错误：它代表一种基于私人观念的意义理论。弗雷格拒斥这种理论，因为它威胁到语言的客观性，并且由于语言是我们处理思想的工具，因此它也威胁到思想的客观性。对弗雷格来说，反对主观主义是首要的，而心理主义仅在它试图把意义理论建基于非可交流的实体上时才被拒绝。必须强调的是，在否认观念的客观性时，弗雷格并没有否认它们的存在。[1]恰恰相反，我们有观念，它们就其本质而言是主观的，因此与意义——思想的可交流的、客观的内容——不同。他拒斥的不是观念或心理图像的存在，而是它们与意义理论的潜在相关性。

　　就对心理主义的拒斥而言，维特根斯坦一生都是弗雷格的忠实弟子。他也在心理主义中看到了意义理论可能会遭受的最严重的混淆之一。实际上，维特根斯坦在这方面比弗雷格走得更远，他认为弗雷格的意义理论本身就受到了心理主义的浸染。尽管在早期著作和后期著作中所使用

---

1　关于这一点以及上述对弗雷格的评论，参见 Bar-Elli 1996：ch. 3 和 Dummett 1973。

的策略不尽相同，但他在把意义理论从他所认为的心理主义中解放出来的努力上超过了弗雷格。在其早期，他反对弗雷格的涵义（sense）概念，后者有一个认识论的方面——指称如何被把握（grasped）或给予我们。对维特根斯坦来说，清除心理主义也要求取消认识论的方面。因此，维特根斯坦尽管在《逻辑哲学论》中使用了涵义（Sinn）和指称（Bedeutung），但他大大偏离了弗雷格对这些术语的使用：众所周知，对他来说，名字没有涵义，命题则没有指称。正如达米特所说的，弗雷格的意义理论是强实在论的（strongly realistic），但是鉴于它的认识论方面，它不是纯实在论的。相比之下，维特根斯坦在《逻辑哲学论》中的理论既是纯实在论的又是强实在论的。（Dummett 1973：589）因此，提供一个比弗雷格所做的更一致的对心理主义的拒斥，这是《逻辑哲学论》中所倡导的意义理论的主要动机之一。该理论的一些显著特征，如重言式是无意义的，就是对这一挑战的直接回应。

对心理主义的反对在维特根斯坦的后期著作中同样强烈。虽然弗雷格的第二个区分——区分客观的和主观的，不能以弗雷格的方式做出（原因稍后会变得明显），但第一个区分——区分逻辑的和心理的，它有时用这些术语来表述，但也转化为语法和心理的区分，渗透在维特根斯坦的著作中。一次又一次，他坚持认为这种或那种说法是语法的或逻辑的，而不是心理的。确实，在后期著作中，维特根斯坦放弃了构建意义**理论**的方案，而选择了对（语言的）使用给出非系统但细致的描述，但是下述基本信念在维特根斯坦后期的意义概念中和在《逻辑哲学论》中一样明显：只要心理学试图洞悉心灵，它就不会对这种详细的描述做出积极贡献，或者更糟糕的是，它是可能的混乱的来源。

然而，在一个方面，维特根斯坦的后期思想对心理主义的批判比《逻辑哲学论》中的批判更彻底。我们看到，在其意义理论中，《逻辑哲学论》没有利用认识论方面的考虑。然而，如下似乎是可想象的：人们可以坚持《逻辑哲学论》的意义理论，同时如弗雷格那样接受"观念"的存在，即承认它们存在，但拒绝它们在意义理论中起作用。然而，在其后期著作中，维特根斯坦对彻底的主观性的可能性发起了直接攻击。尽管私人语言论证的精确含义是什么，这在文献中仍有争论，但人们普遍同意，对维特根斯坦来说，私人观念的困难不仅仅是像对弗雷格来说那样，被囚禁在个人的头脑中而不能被交流，而是彻底的主观的观念或印象其存在本身似乎是值得怀疑的。因此，弗雷格用主观的与意义理论无关来拒斥心理主义的表述不再让维特根斯坦满足。如果对弗雷格来说，对心理主义的拒斥是对一种特定的意义理论的拒斥，那么对维特根斯坦来说，它是对心灵哲学中的一种基础混乱的进一步拒斥。

现在，让我们来看看威廉·詹姆斯。他通常不被认为是一个分析哲学家，尽管他在分析传统中有相当大的影响力，并且他似乎犯了心理主义的错误，却没有受到任何良心上的谴责。当詹姆斯想要反驳一个他认为没有吸引力的哲学信条时，他首先会问自己，这个观点对其信徒意味着什么。因此，当反驳他所谓的绝对主义时（如果詹姆斯是对的，那么用传统术语对它的精确刻画是有问题的，但它通常被理解为是关于世界的本质主义的、目的论的观点），他断言道：

> 相信"绝对"的人是什么意思？……他们的意思是，由于在绝对中，有限的恶已被"否决"（overruled），因此，只要我们愿意，我们就可以把暂时的东西看成是潜在的永恒的东西，确信我们可以相信它的结果，并且没有罪过地消除我们的恐惧，减少我们的有限责任带来的烦恼。简言之，他们的意思是，我们有权利随时放个道德假，让世界以它自己的方式摇摆，我们会感到世界的问题有比我们更高明的能手去处理，与我们不相干。
>
> 宇宙是一个系统，其中的个体成员可以偶尔摆脱他们的烦恼。在这个系统中，人们有权采取不在乎的态度，而且

道德上的休假也是正常的。这……至少是我们"所知道的"
绝对的一部分,这就是绝对的真理方面在我们的具体经验中
给我们造成的巨大差异,用实用主义的方式来诠释,这就是
它的兑现价值。[1]

(James 1955: 58)

正如最后一句话所表明的,詹姆斯认为自己已经对所论信念的意义
进行了阐明,从而说明了他的实用主义方法,即用信念对我们的生活所
造成的差异来分析信念的意义。这种策略似乎是个好策略,因为它力争
给予詹姆斯所反对的观点最大的正义,但与此同时,这种对意义的澄清
看起来明显是心理主义的。它不仅直接提到了恐惧、烦恼和责任等感觉
和经验,而且总的来说,它用后者来解释前者,这似乎混淆了信念的意
义和它的心理学效应。问题在于,在把这解释为心理主义的时候,我们
对这一术语的使用是否与分析传统中对这一术语的使用相同。弗雷格和
维特根斯坦会以詹姆斯的意义概念是心理主义的为由反对它吗?

鉴于上面讨论过的弗雷格对心理主义的刻画,弗雷格不能在这一点
上指责詹姆斯。弗雷格必须承认,詹姆斯并没有试图描述绝对在其支持
者头脑中的心理表征,而是描述它在他们的生活中造成的明显差异。根
据弗雷格,詹姆斯的意义概念缺乏意义理论应该拥有的系统结构,但是
主观的心理表征在其中没有扮演任何角色。因此,在他的意义上,它不
能被认为是心理主义的。对维特根斯坦来说,情况似乎也是如此。詹姆
斯不仅用我们生活中的明显差异而非心理图像来刻画意义,而且他似乎
也没有承诺心理图像存在这样的观点。由于既不是主观的也不是精神的,

---

1  事实上,詹姆斯说:"绝对的信徒说他们的信念给他们带来安慰是什么意思?"但
从前面的段落和本引文的结尾可以清楚地看到,詹姆斯阐述的是绝对中的信念的意义,
而不仅仅是绝对中的信念会带来安慰这个二阶信念的意义。

他的概念不应该被维特根斯坦看作是心理主义的。

然而，我们把自己过分地限制在了一种意义上的心理主义概念上，而没有注意到另一种意义的心理主义概念。詹姆斯在这一词项的主观主义的意义上确实是清白的，但他还是提出了一个心理主义的意义概念，这种印象基于的是这样一个事实，即他是根据所论信念对其信徒生活的影响来理解该信念的。维特根斯坦对心理主义的批判也直接针对这后一种意义的心理主义吗？

维特根斯坦在很多地方批判性地影射了詹姆斯，然而，他似乎相当认同詹姆斯的一些想法。具体来说，詹姆斯将意义视为造成差异（making-a-difference）的进路——前面对绝对主义的描述是其例证，与维特根斯坦的进路有相似之处：

> 实际上，我想说……你说出的**语词**或你说出这些语词时的想法并不重要，重要的是它们在你生命中的不同时刻所带来的差异……**实践**赋予这些语词以意义。
>
> （Wittgenstein 1980a：85）

这句话出现在讨论宗教信仰的语境中，绝非巧合。无论是詹姆斯还是后期维特根斯坦，都没有用系统的语义学理论（无论是真理条件语义学、可断定性条件，还是其他什么）来构思意义。他们都允许对意义的描述因话语和语境的不同而不同。他们会同意，"上帝倾听我们的祈祷"不应该参照"苏珊倾听罗伯特"来解释，尽管两个句子在结构上很相似。只有在分析非常重要的信条、神话和哲学立场的意义时，詹姆斯才会求诸它们在人们生活中造成的差异。他明确否认这种诠释方法在较简单的情况下是必要的或恰当的。因此，情况肯定不是这样的：意义和真理的更传统的标准，如可证实性，甚至与事实相符，在詹姆斯的实用主义中没有位置。[1] 他的观点是，在某些情况下，传统标准是不充分的或不适用的，因此必须通过对有关信念在我们生活中的总体影响进行更一般的探究来加以补充。人们普遍认为，詹姆斯只是试图用一种语义理论取代另一种语义理论，把先前赋予术语"符合"的作用赋予以结果为导向的术语"满足"，这种做法是有严重缺陷的。像维特根斯坦一样，詹姆斯对传统语义学进行了更激进的批判，通过各种例子说明了语言实践的复杂性和语境依赖性。评估他所说的"世界公式"的价值或真理，这是一个既无对应性也无可验证性的语境，这个语境恰是"造成差异"成为相关参数的地方。

> 任何一处的差异都不可能不**造成**另一处的差异——就是说任何抽象真理的差异都不可能不表现为具体事实上的差异，以及由于这种事实而导致的某人在某时、某地、以某种方式表现的行动上的差异。如果这个世界公式或那个世界公式是真的，那么它会对你对我在我们生活的特定时刻造成什么样的确定的差异，找出这一点应当就是哲学的全部功用。
>
> （James 1955：45）

与意义的可证实性原则表面上的相似性，误导了许多人。詹姆斯自己也有这种混淆，他把实用主义说成是某种经验主义。事实上，这两个原则在什么算作"造成差异"上有很大的不同。逻辑实证主义者要求的是经验的重要性，而詹姆斯所想的是对人类生活造成的任何差异。形而上学的、道德的或审美的信念不能被证实，因此根据逻辑实证主义，它们没有认知意义，但是它们在詹姆斯的概念中可能是很重要的。实证主义的梦想是消除形而上学而支持科学；詹姆斯则希望，"科学和形而上

---

1    参见 James 1955：132，在其中詹姆斯赞同真理的"复制"概念。

学会更加接近，事实上，会携手合作"（James 1955：46）。对逻辑实证主义者来说，形而上学信念只有情感上的意义，对詹姆斯来说，情感和认知的二分法，就像事实与价值的二分一样，已经过时了。

　　类似的态度也可以在维特根斯坦身上找到。他偶尔也被解读为一个证实主义者（verificationist），这种解读大概被他对传统形而上学以及其他各种"漫无目地转动的轮子"的不耐烦所支持。但对维特根斯坦来说，就像对詹姆斯来说一样，漫无目的的轮子不是传统经验主义的诅咒——不可观察的，与我们的生活失去联系的语词才是。他敦促人们尊重那些保持这种联系的语词。

　　　　诚然，我们可以比较深深扎根于我们的图像与迷信，但是我们同样总是最终达到某种牢固的基础、图像或者别的东西，因此作为我们所有思考的基础的图像要被尊重，而不是被当作迷信。

　　　　　　　　　　　　　　　　　　　（Wittgenstein 1980a：83）

　　此外，根据维特根斯坦，当我们遇到似乎无法理解的东西时，我们不应该像逻辑实证主义者乐意做的那样，将其作为无意义的而不予理会，而要做出真诚的努力去理解：

　　　　我对自己说："这是什么？这句话说了什么？它到底表达了什么？"——我觉得一定有一个比我所拥有的更清楚的对它的理解。理解可以通过大量谈论表达式的周边来获得。就像人们试图理解一个仪式中的表达性姿势一样，为了解释它，我需要分析这个仪式，例如改变它并说明这对该姿势的作用会产生什么影响。

　　　　　　　　　　　　　　　　　　　（Wittgenstein 1980b：34）

> 问题其实是：这些注释（notes）难道不是对这里所表达的内容**最好**的表达吗？大概如此，但这并不意味着不能通过探究其周边来解释它们。
>
> （Wittgenstein 1980b：36）

表达式的周边这一隐喻，理解一个表达式和理解它在特定语境中的作用这两者的联系，注意这个表达式所造成的差异这一点的重要性，这些都是詹姆斯以不亚于维特根斯坦的迫切态度，希望引起我们注意的理解意义的诸方面。[1]

但是詹姆斯和维特根斯坦之间的相似性更深。他们不仅同意周边的重要性，以及对人们生活产生影响的差异，他们还都寻求一种尊重语言**实践自主性**（autonomy）的语言观。诚然，当提到那些承认语言实践和非语言实践有关系、可类比的哲学家的观点时，"自主性"可能是误导性的。下面这段话可能会澄清我想说的。在讨论必然真理本质问题时，维特根斯坦将其与自由意志问题进行了比较。

> 这类似于关于自由意志的伦理学讨论。我们有一个关于强迫的概念。如果一个警察抓住我，把我推到门外，我们说我是被强迫的。如果我在这里上下走动，我们说我是自由行动。但是有人反对说"如果你知道所有的自然律，并能观察到所有的粒子等等，你就不会再说你是自由移动的；你会看到，一个人就是不能做任何其他事情"。但是首先，这不是我们使用表达式"他不能做任何其他事情"的方式。

---

1    也参见 Wittgenstein 1972 I：§250。"为什么狗不能模拟疼痛？……这种行为作为真实模拟所必需的周边（surrounding）是缺失的。"

> 尽管可以**想象**，如果我们有一个机制可以显示这一切，我们
> 将改变我们的术语——说："与有一个警察推他一样，他同
> 样是被强迫的。"那么我们将放弃这一区分，在这种情况下，
> 我会非常遗憾。
>
> （Wittgenstein 1976：242）

　　虽然这个附带的评论远没有达到詹姆斯对非决定主义（indeterminism）的慷慨激昂——有人会说是奢侈——的请求（James 1956），但它还是以一种惊人类似的方式表现为非传统的。传统上，导致我们行动的决定性因果链的存在，被认为与自由和必然性之间的习惯性区分能否被维持有直接关联。温和的决定论者以及自由主义者和强健的决定论者都对这样的因果链感兴趣，前者强调它们包括行动者的愿望和理由。另一方面，维特根斯坦和詹姆斯认为，自由意志问题与自由概念在我们生活中的作用有关，而与它的本体论无关。维特根斯坦承认，普通的语言实践可以对科学变化敏感，但他不认为这种敏感是必要的，或者是可取的。在这一点上，他与詹姆斯的观点一致。

　　语言**相对于**物理学的相对自主性，虽然在自由意志问题的语境中可能显得很有革命性，但对维特根斯坦来说是如此自然，以至于他几乎没有费心去论证它。这就解释了，对维特根斯坦而言，为什么自由意志问题可以作为必然真理问题的一个有用的类比，而他觉得后者更难。但是，正是语言**相对于**心理学的自主性才是他的主要关注点。在此语境下，我们应该看看他对心理主义的批评会带来什么启迪。有时，他明确地将物理学和心理学联系起来：

> 　　如果我们能在自然界的事实（心理的和物理的）中为概
> 念结构找到基础，那么对我们的概念结构的描述不就是伪装
> 的自然科学，在这种情况下，我们难道不应该不关心语法，

而应关心语法在自然界中的基础吗？的确，我们的语法和自然界的一般（很少提及）事实之间的符合关系令我们关心，但我们的兴趣并不后退到这些**可能**的原因上。我们不是在追求一门自然科学；我们的目的不是要预测什么。我们的兴趣也不是自然史，因为我们会为自己的目的编造自然史的事实。

（Wittgenstein 1980b：46）[1]

但他也将心理学的情况与物理学的情况截然区分开来，在这一点上明显与詹姆斯不同：

心理学的混乱和贫瘠不能通过说它是"年轻的科学"来给予解释；举例来说，在其起步阶段，其状态不能与物理学的状态相提并论。因为在心理学中存在实验方法和**概念混乱**。

（Wittgenstein 1972 II：232）

这些概念混乱是什么，它们与维特根斯坦所关心的问题有什么关系？他发现的一个既有趣又令人困惑的现象是，使意义、意图、经验、感觉等精神实体具体化的倾向被图像误导了。例如，在讨论"看作"（seeing as）时，他表明，我们被误导从而认为诸方面的看（seeing of aspects）是我们"拥有的"一种"内在经验"，一种"在头脑中"发生的事件，尽管我们有能力用语言来描述它：

是否可以想象，一个了解兔子但不了解鸭子的人说：我可以把这幅画看成兔子，也可以看成其他东西，尽管对第二

---

1    还可以参见 Wittgenstein 1972 II：230。

方面我无话可说？后来他知道了鸭子，就说："那时候我就是把这幅画看成了鸭子！"为什么这不可能呢？

（Wittgenstein 1980b：70）

对于意图、期待、记忆和其他"心理学"词项，类似的问题困扰着维特根斯坦。这里，语法和心理的区分至关重要。

当我们说，"我无法想象这个的反面"，这意味着什么？……当然，这里的"我无法想象反面"并不意味着：我的想象力无法胜任这项工作。这些语词是对某些其形式使它看起来像是经验命题，但实际上是语法命题的抵御。

（Wittgenstein 1972 I：§251）

我们必须记住，这种抵御并不是针对某种说话方式，而是针对这样的倾向，即将这种说话方式具体化，或将其作为哲学理论的基础："在这种情况下，我们'想说的'当然不是哲学，但它是它的原材料。"（Wittgenstein 1972 I：§254）还有一个领域，类似的诱惑进一步提供了这种类型的原材料。维特根斯坦认为，心理主义的具体化，在数学语境中和在心理学语境中一样常见，一样具有误导性。正如日常对话不能用心理表征或内在经验来理解一样，数学对话也不能用关于数学对象的柏拉图式的或心理主义的具体化来理解。因此，"与数学有关的研究是可能的，这完全类似于我们对心理学的研究"（Wittgenstein 1972 II：232）。

另一个维特根斯坦深为关注的与心理学有关的问题是如下倾向：混淆表达式的意义与使用它的原因。因果联系和语言中的联系之间的区分与一个更一般的、在其后期著作中是基础性的区分（解释和描述之间的区分）有关。典型情况下，解释是从"外部"角度给出的，而描述则是从共同的实践或生活形式的"内部"产生的。解释是假说，通常是因果假说，因此引入了新的理论元素，它们不是被解释现象的一部分，蕴含投射（projection）、归纳、不确定性等。另一方面，描述"只是正确地拼凑出一个人**所知道的**"（Wittgenstein 1993：121），并且通常关注内在的而不是外在的关系。

维特根斯坦警告说，不要对这种区分有任何模糊或不敏感。"当我写道'证明必须是显著的'时，我是指因果性在证明中没有起任何作用。"（Wittgenstein 1993：133）他经常提醒我们，他对语言现象的原因不感兴趣——"它们可能是来自我童年的联想，但这是一种假设"（Wittgenstein 1972 II：216）——而且即使是在因果解释存在的地方，它也没有说明手头的问题："这一段的目的……是为了让我们看到，当心理解释被提供时，会发生什么。心理概念不在这种解释中。"（Wittgenstein 1972 II：212）或者，"实验方法的存在使我们认为我们有办法解决困扰我们的问题，尽管问题和方法彼此擦肩而过"（Wittgenstein 1972 II：232）。

维特根斯坦特别批评了弗洛伊德和他的追随者，他认为他们在这方面导致了"令人憎恶的混乱"（Moore 1993：117），弗洛伊德不应该以物理学作为心理学的模型：

> 弗洛伊德受到 19 世纪动力学思想的影响——这种思想影响了整个心理学。他想找到某种能够说明梦是什么的解释。
>
> （Wittgenstein 1978：48）

弗洛伊德在得出结论时应该更加谨慎：

> 事实上，每当你专注于某事……它是你生活中的一件大事——比如说性——那么无论你从什么地方开始，这种关联

最终并且不可避免地会引导你回到同一主题。弗洛伊德说，在对它进行分析之后，这个梦看起来非常合乎逻辑。它当然是如此。

　　你可以从这张桌子上的任何一个物体开始——它们当然不是通过你做梦的活动放在那里的——你可以发现它们都可以以这样的模式连接起来，而且这个模式也会以同样的方式合乎逻辑。通过这种自由的联想，人们可能会发现关于自己的某些事情，但这并不能解释为什么会出现这个梦。

（Wittgenstein 1978：51）

　　最重要的是，弗洛伊德不应该把诠释（interpretation）和科学解释（scientific explanation）混为一谈。维特根斯坦指责弗洛伊德把他自己的假说性解释作为对被分析者所说或所梦的阐释，也指责他犯了相反的错误，将对意义的澄清描绘成科学假说。[1] 因此，心理学的危险并没有被它倾向于具体化和神话化所穷尽，而是扩大到了严重的范畴错误。在这种情况下，维特根斯坦对心理主义的警告不是针对关于意义的心理主义理论，也不是针对彻底的主观性，而是针对内在的 / 外在的混淆。在这一点上，维特根斯坦与詹姆斯是冲突的。

　　描述和因果解释之间的区分激发了维特根斯坦的核心事业——为语言提供"清晰的描述"。这种描述的目的是揭示各种表达式之间语法联系的网格，这些联系在语言的合格使用中显现出来，但在哲学中却往往被我们忽视或误解。维特根斯坦的"语言批判"[2] 针对的就是这种误解，

---

1　维特根斯坦还认为弗洛伊德创造了一些神话，如无意识的神话，以及源于幼年时期的模式重复的神话，这些神话让我们非常着迷，但正是因此，很容易被误认为不是科学的解释。

2　维特根斯坦在《逻辑哲学论》（1922：4.0031）中说："所有的哲学都是语言批判。"我认为这种定性同样适用于他的后期作品。

而且和其他形式的批判一样，旨在产生一种解放的效应。一旦我们觉察到大量语法的或内在的关系，传统哲学中最顽固的问题，如必然真理的本质、意向性和怀疑性悖论（sceptical paradoxes），就会失去其力量。因此，对内在关系网格的披露就不仅仅是允许一个恰当的语言概念，而且还构成了解放（emancipation）的有力手段。

在维特根斯坦的著作中，内在关系概念虽然与传统的分析性有关，但其范围要广得多。因此，一个人将看到约翰这一期望是通过且仅通过看到约翰来满足的，这通常不被认为是分析性的。但是，通过强调意向和意向物之间耐人寻味的匹配的语言学特征，维特根斯坦想要解决关于意向性的古老困惑："正是在语言中，期望与它的满足取得了联系。"（Wittgenstein 1972 I：§445）正是因为维特根斯坦在对传统立场的批判中如此广泛地使用了内在的或语法的关系这一概念，他才如此热心地保护内在的和外在的之间的区分。模糊这种区分会破坏他视其为自己最大成就的东西。

所有这些都与詹姆斯的哲学气质相去甚远。不是说他对其哲学的解放力量无动于衷：詹姆斯的实用主义对传统哲学的批判不亚于维特根斯坦的批判。[1]但是维特根斯坦坚守的哲学二分法，事实与价值、内在的与外在的、原因与理由，正是詹姆斯所试图弥合的。因此，对维特根斯坦来说，语言的描述是对其语法的内在关系的描述，而对詹姆斯来说，内在的和外在的，原因的和语言的，最终是不可分的。

根据维特根斯坦，原因不应该与意义的澄清、诠释等混为一谈。但效应呢？如果像维特根斯坦所坚持的那样，因果关系是外在关系，而意义则是典型的内在的东西，那么把表达式的意义与它的效应混为一谈，就像把它与它的原因混为一谈一样，是误入歧途的。回想一下，正是在这方面，詹姆斯对绝对中的信念其意义的解读似乎是心理主义的。看来，

---

1　参见《实用主义》（James 1955：44）。

即使詹姆斯没有主观地解释意义，即使他的意义概念没有具体化精神实体（尽管他的心理学可能如此），他对解释—描述之区分的故意粗心也会产生与维特根斯坦的冲突。

但这是一种过分的简化。显然，维特根斯坦并不想说，对意义的澄清总是可以还原为对内在关系的揭示。前面引述的他关于理解一个话语的言论（即通过话语对我们生活造成的差异）与这样一个狭隘的概念是不相容的。我们在一开始就提出的问题——以效应为导向的对意义的考察是心理主义的吗？——也许应该被分解成若干问题。詹姆斯和维特根斯坦是否以完全相同的方式使用了对人的生活造成差异这个标准？如果是，我们需要确定这个标准的使用是否可以不牵扯维特根斯坦所痛恨的概念混乱。然而，如果他们对"造成差异"这一标准赋予了不同的意义，那么就需要进一步确定他们之间的不同。由于我无法在文献中找到这些问题的决定性答案，所以我只能提供一些暂时的答案。

一种选择是，通过质疑詹姆斯的诠释方法确实是效应导向的这一假设，使詹姆斯靠近维特根斯坦。毕竟，我们可以认为，用道德休假的能力来分析绝对，并不比他说出感谢的话、他脸上的微笑、他送给她的礼物等来理解"他对她充满感激"这个句子更是效应导向的。后一种理解可能会受到维特根斯坦的认可。维特根斯坦很可能会提醒我们（詹姆斯也会欢迎这种提醒），从一个信念使其信徒产生的感觉来理解该信念，对于从内在经验（而且肯定并不总是相同类型的内在经验）来理解它而言不是必要的。通过要求我们比较"感觉到责任"与"感觉他的胳膊搂着我的肩膀"或"感觉头晕"，他可能会继续提醒我们，仿佛我们正在休道德假这一感觉在某些方面不同于普通的感觉。例如，我们可以这样说吗——"五分钟前我不再感觉到责任，现在我又感觉到了"？这种诠释也许会使詹姆斯的分析更多是"语法的"而更少是心理主义的。

然而，用熟悉的感恩行为模式来理解"感恩"与詹姆斯对绝对的意义分析之间的显著区别是，前者相比于后者具有相对的规范性。一个典型的社会成员会把前者的行为看作对感激的表达，但会发现将绝对主义者的行为诠释为其信条的表达要难得多。因此，对于绝对中的信念和某类行为之间的可能联系，维特根斯坦很可能将詹姆斯理解为提供了一个有趣的心理主义假设，而维特根斯坦本人则强调了语言表达和它们的实践表现之间普通的，以及更重要的、规范的联系。这种差异很可能是至关重要的，因为正如我们所看到的，维特根斯坦的目的是指出一些我们已经知道的东西，而不是提出大胆的新假说。语言的规范性是维特根斯坦关注的核心，正是这种规范性使他能够不去考虑诸如规则遵循悖论之类的怀疑性难题，并将必然真理建基在语言而非实在上。如果是这样的话，那么詹姆斯对绝对中的信念的慷慨诠释就不一定会被维特根斯坦认为是心理主义的，但仍然会被认为对于理解语言这个事业来说是次要的。

另一种可能性是更加重视维特根斯坦著作中那些使他更靠近詹姆斯的暗流。《对弗雷泽〈金枝〉的评论》是相关材料的一个丰富源泉。首先，这些评论很清楚地表明，对维特根斯坦来说，就像对詹姆斯来说一样，理解他人既包含道德方面，也包含认知方面。因此，他批评弗雷泽对自己所研究的文化中的人缺乏尊重和同情。第二，当努力跨越文化鸿沟去理解他人时，理解的主要工具是**类比**。就其本质而言，这种类比诠释超越了规范性，因此不同于说同一种语言的说话者可以利用的更标准的方法。[1] 弗雷泽的家长作风被拒绝，不仅是因为它使他人看起来不如西方人有天赋，还因为它使弗雷泽看不到他所描述的文化与他自己的文化之间的相似性。因此，根据维特根斯坦，弗雷泽忽略了一个简单的事实，即引起外国文化的成员恐惧的东西也引起我们恐惧，以及如下事实：当他把外国的信念翻译成英语时，他的语言中已经有"幽灵"和"灵

---

1    回想一下，那个诠释不同于标准的语言学理解："存在一种把握规则的方式，它不是一个诠释。"（《哲学研究》［1972 I：§ 201］）

魂”的现成词语。“与此（在我们的语言中存在这样的词语）相比，我们不相信我们的灵魂会吃会喝这一事实是微不足道的。”（Wittgenstein 1993：133）如果我们错过了这样的类比，如果我们不能构建一座从陌生到熟悉的桥梁，我们可能就不得不完全放弃理解了。但是，由于在进行这种类比时，我们不能后退到语言的纯粹规范性方面，所以我们必须使用我们的创造性想象力。因此，当我们试图理解截然不同的东西时，在日常语言的使用中处于边缘的东西就变得至关重要了。

此外，尽管对弗雷泽的评论重申了我们已经注意到的区分，即解释与描述、因果假说与内在关系，但它们也使我们认识到这些区分的问题所在。例如，维特根斯坦问自己，险恶（sinister）是贝尔塔尼火节（Beltane Fire Festival）的有关仪式的组成部分，还是仅仅通过历史假说与之相关，该假说将这些仪式的起源追溯到人类的献祭？他的回答是：“不，深奥和险恶并没有仅仅因我们开始了解外在行动的历史而变得明显，相反，是**我们**从内在经验中赋予它们。”（Wittgenstein 1993：147）看来，维特根斯坦无法放弃他的区分，但不正是在这种情况下，我们无法将我们赋予仪式的意义与它对我们的恐惧影响区分开来吗？难道维特根斯坦本人不可能在这一点上有些矛盾心态吗？

对詹姆斯和维特根斯坦的立场的这一考察，似乎指向了一个结论，它超越了历史诠释的问题，并对语言哲学的主要论题有直接影响。我们可以决定与维特根斯坦分道扬镳，并得出结论说，既然几乎不可能把意义和效应分开，那么对意义进行一些以效应为导向的澄清是完全可以做到的。我自己倾向于后一种做法，尽管这些问题很复杂，值得进一步思考。

总结：心理主义，在意义的主观主义理论层面上，或者在具体化日常语言的心理词项的倾向上，似乎被弗雷格和维特根斯坦以及蒯因、普特南、戴维森和达米特等当代思想家令人信服地否定了。它对我们的思想不再有弗雷格警告它时的那种控制力。心理主义，在另一种意义上，即在某些情况下把意义和效应解释为不可分割的，仍然具有吸引力。意义理论的前景现在是比较友好的，因为一个障碍已经被排除了，另一个障碍则可能被证明是无害的（这是合理的希望）。[1]

## 参考文献

Bar-Elli, G. (1996) *The Sense of Reference*, Berlin: W. de Gruyter.

Dummett, M. (1973) *Frege: Philosophy of Language*, London: Duckworth.

Frege, G. (1884, 1953) *Die Grundlagen der Arithmetik, The Foundations of Arithmetic*, bilingual ed. trans. J. L. Austin, Oxford: Blackwell.

James, W. (1955) *Pragmatism*, Meridian, Cleveland and New York: Meridian.

— (1956) "The Dilemma of Determinism," in *The Will to Believe*, New York: Dover.

Moore, G. E. (1993) "Wittgenstein's Lectures in 1930–33," in J. C. Klagge and A. Nordmann (eds), *Philosophical Occasions*, Indianapolis and Cambridge: Hackett.

Putnam, H. (1975) "The Meaning of Meaning," in *Philosophical Papers II*, Cambridge: Cambridge University Press.

Wittgenstein, L. (1922) *Tractatus Logico-Philosophicus*, trans. C. K. Ogden, London: Routledge and Kegan Paul.

— (1972) *Philosophical Investigations*, trans. G. E. M. Anscombe, Oxford: Blackwell.

— (1976) *Lectures on the Foundations of Mathematics*, C. Diamond (ed.), Ithaca: Cornell University Press.

— (1978) "Conversations on Freud," in C. Barrett (ed.) *Lectures and Conversations*, Oxford: Blackwell.

— (1980a) *Culture and Value*, G. H. von Wright and H. Nyman (eds), trans. P. Winch, Chicago: The University of Chicago Press.

— (1980b) *Remarks on the Philosophy of Psychology* I, G. E. M. Anscombe and G.

---

1　鸣谢：感谢哈尼娜·本-梅纳姆（Hanina Ben-Menahem），吉利德·巴-埃利以及梅尔·布扎格罗（Meir Buzaglo）给出的许多有益建议。

H. von Wright (eds), trans. G. E. M. Anscombe, Oxford: Blackwell.

— (1993) "Remarks on Frazer's Golden Bough," in J. C. Klagge and A. Nordmann (eds), *Philosophical Occasions*, Indianapolis and Cambridge: Hacket.

第三部分　主角

# 8

## 弗雷格、语义和定义的双竖划记号[1]

朱丽叶·弗洛伊德（Juliet Floyd）／著

谭力扬／译

一

1964 年，蒙哥马利·弗思（Montgomery Furth）在他为弗雷格《算术的基本规律》[2]所作的部分翻译的导言中写道：

有一个……今天之所以高度重视弗雷格（对他的"初始断言"和"有效推理规则"）的处理方式的理由：那就是，弗雷格对他的逻辑体系的初始基础，特别是初始符号的解

---

1　这一章预计将在马修·马里昂（Mathieu Marion）和阿兰·沃扎德（Alain Voizard）编撰的《弗雷格、逻辑数学和哲学》（*Frege, logique Mathématque et Philosphie*, Paris: l'Harmattan）中以法语出版。我许可在那里出版本文，并将权利转让给劳特里奇出版社以用于出版当前这本书。

　　我对我在文中引用过的对弗雷格的英文翻译表示感谢，尽管当我觉得有必要时偶尔会对它们进行修改。除非另有说明，否则页码都是指弗雷格作品的原版页码或章节号。

2　该书全称为 "Grundgesetze der Arithmetik"，本文作者均简称其为 "Grundgesetze"。译者注。

释，**是通过深思熟虑的语义诠释（interpretation）来进行的**，这就相应地**引入了整个语言哲学**。在所有讨论中，由于语言哲学对相应发展出来的语言的**语义结构**甚至句法的影响，它自身的地位也变得越发稳固。这种**语言哲学**具有深远的意义，并且具有完全独立于它的起源——作为"逻辑主义"的"仆从"——的重大学术趣味。**即使在今天，它同样尚未能得到普遍良好的理解**。

（Frege 1893：vi–vii，着重部分为本文作者所加）

与此截然不同的是，吉恩·范·海耶诺特（Jean van Heijenoort）在他 1967 年的论文《作为演算的逻辑和作为语言的逻辑》（Logic as Calculus and Logic as Language）中写道：

弗雷格的著作中突显了一幅**逻辑的特定图景**，一种可能**没有被明确讨论**，但仍然不断地引导着弗雷格的观念。我将在提到这一观念时谈到逻辑的普遍性。

……逻辑的普遍性体现在弗雷格体系的一个重要特征上。在该系统中，约束单个变量的量词会覆盖所有对象……**弗雷格的宇宙是由存在且固定的一切所组成的**。

……逻辑普遍性的另一个重要后果是，**在系统之外我们不能也不必讨论任何东西**。事实上，**弗雷格从未提出过任何元系统的问题**（一致性、公理独立性、完备性）。弗雷格确实充分意识到，任何形式系统都需要并未在系统中表达的规则；但任何直观上的逻辑都不会给出这样的规则；它们是"对我们的符号如何使用的规则"［注：《概念文字》[1] §13］。

---

1  即"Begriffsschrift"，本文作者在这里简写为"Beg"。译者注。

在这种对符号的操纵中（**从中排斥了所有有争议的逻辑**），弗雷格准确地看到了形式系统的优势。

由于逻辑是一种语言，这种语言又必定是习得的。就像许多情况下的许多语言一样，语言必须通过各种提示和线索来习得。**弗雷格在介绍他的系统时反复表示他是在向读者提供"暗示"，于是读者必须与他心意相投，并且应该不吝于将相关的"善意"与他分享**。问题就是如何让读者"领会"；他就必须进入该语言。［注：在这里，**弗雷格对维特根斯坦的影响显而易见**。此外，**弗雷格拒绝考虑元系统的问题**，这或许解释了为什么他并不太为"马这个概念不是一个概念"这句话所困扰。由于概念是函项而不是对象，我们不能命名它们，因此我们不能谈论它们，这就使那句话成了一个悖论。一些（看起来）关于概念的陈述在弗雷格的系统中很容易就可以得到翻译；于是，"概念 f（x）被实现了"就变成了"（Ex）f（x）"。**经检查，能够抗拒这种翻译的陈述都是元系统的**；例如，"存在着函项"在系统中就不能被翻译，不过一旦我们"领会"了，那就会在系统的符号中**看到**其中确有函项的符号，因此也就存在着函项了。］

（Van Heijenoort 1985：12-13，着重部分为本文作者所加）

范·海耶诺特坚持认为，对弗雷格来说，逻辑具有普遍性，它不能选择不同的话语宇宙，而且作为这种逻辑之形式的形式语言（概念文字）也不会受到不同的诠释。[1]更进一步的是，对这种公式语言的正确构造将

---

1　范·海耶诺特《作为演算的逻辑和作为语言的逻辑》（1985：12-13）："布尔有他的宇宙类，德·摩根也有用 '1' 表示的话语宇宙。但这些几乎没有任何本体论意义。它们都可以任意改变。话语的宇宙只包含着那些我们在特定时间、特定情景下同意去考虑的东西。但对弗雷格来说，这不是改变宇宙的问题。我们甚至不能说他把自己限制在**某一个**宇宙之中。他的宇宙就是 '那个涵盖一切' 的宇宙。"

显现某种令**所有**思想都必须在其中发生的框架，以及理性言语的、还有涵义（sense）的**限度**。在提到克里悖论（Kerry paradox）时，范·海耶诺特将由"马这个概念"的难题引出的讨论视为弗雷格对大多数——如果不是全部——"元系统"问题持有何种态度的典范。因此，他认为，在其对形式语言的（德语）表述中，弗雷格将自己置于完全或很大程度上依赖于"提示""线索"和"暗示"的境地之中，以帮助读者**看到**或"领会"那些"从中排斥了所有有争议的逻辑的……规则"。通过这种方式，范·海耶诺特论证道，对于弗雷格来说，他的形式系统和形式语言**不会**出现任何"元系统问题（一致性、公理独立性、完备性）"。

　　这种解读尖锐地质疑了弗思的那个论断，即在弗雷格身上，我们发现了一种"经过深思熟虑的语义诠释"或"语义结构"，并引入了"整个语言哲学"。这是因为，尽管范·海耶诺特在随后的一篇论文中写道，对弗雷格来说，形式语言**引出了通常所说的语言所拥有的那些潜在和确定的内容**[1]——这种图景会被许多人称为"语义"[2]；然而，范·海耶诺特坚称，弗雷格的构想是自己要从那一种、也是唯一的一种普遍语言（即逻辑本身）**内部**来揭示语言的这一潜在结构。因此，与弗思不同的是，范·海耶诺特并不认为弗雷格在这一过程中会采取任何形式的"元理论"或模型论的立场（对于范·海耶诺特来说，"语义学"总是指模型论或集合论语义学）。范·海耶诺特声称，弗雷格想用形式语言完全**取代**而不是简单地反映自然语言或为其提供辅助。这一论断明确地出现在《作

---

1　范·海耶诺特：《弗雷格与模糊性》（1985：95）。范·海耶诺特引用了蒯因的《事项的事实》（1977）一文，并与蒯因同样认为这些词准确地描述了弗雷格对自己的哲学事业持有何种观念。当然，蒯因关于翻译不确定性的思想实验的要点完全就是要削弱这样一种观点，即"从日常语言中可以得出一种'潜在和确定的内容'"。可参照伯顿·德雷本的《普特南、蒯因和事实》（*Putnam，Quine and the Facts*）和希拉里·普特南在希尔（Hill）于1992年（编撰）的书中的回应。

2　可参照迈克尔·达米特的《对弗雷格哲学的诠释》（1981：13，17–19）。

为演算的逻辑和作为语言的逻辑》的后面部分。在这部分中，范·海耶诺特宣称他的论断也得到了罗素思想的印证，进而以此来支持他对弗雷格的解读：

> 与弗雷格的著作一样，《数学原理》中也没有考虑关于系统的问题。**语义概念是未知的**。记号"⊢"[1]会被解读为"……是真的"，而且罗素也几乎不可能在"可证明性"的概念中添加一个基于朴素集合论的……有效性概念。如果说量化理论的语义完备性问题不会"立刻"出现，那是因为——我试图为其解释——弗雷格和罗素逻辑的普遍性。**普遍的形式语言取代了自然语言；还有，在系统之外保留基于直觉性集合论的有效性概念，这似乎不适于对语言进行科学的重建。**借用赫布兰德（Herbrand）的话来说，唯一可能出现的完备性问题是一个实际的问题。从该系统中会导出尽可能多的定理。那么，我们能由此穷尽科学中实际使用的直觉性的推理模式吗？回答这个问题就是弗雷格与罗素的事业的目的。
>
> （Van Heijenoort 1985：14，着重部分为本文作者所加）

在 1973 年出版的《弗雷格：语言哲学》（*Frege: Philosophy of Language*）一书中，迈克尔·达米特大量引述了弗思对弗雷格的解读。因此，尽管没有明确提到范·海耶诺特，达米特与海耶诺特那种否认弗雷格有可能考虑元系统问题的观点产生了很大的分歧：

> 虽然弗雷格没有明确地定义针对逻辑成果的两个概念——语义和句法，但**它们在他的研究工作中都是现成的**。这

---

1　本书原文在这里未能将该符号正确印刷出来。译者注。

一方面是因为**形式系统**的存在，其中还包含着精确给定的构造规则、公理和推理规则；另一方面则同样也有**对形式语言句子的语义解释**，后者在伴随的文本……中是用德语阐述的，并明确地与那些形式化方面的进展区分开。弗雷格的逻辑形式中那些句子片段都是完备的，同理，一阶的句子片段也与同一性一起构成了对一阶谓词逻辑的第一个完备的形式化。对这种完备性的证明是留给弗雷格的继承者的任务，正如要证明他（或其他任何有效的）高阶逻辑形式化具有不完备性那样。**对弗雷格来说，这些问题可以说是已经到了他的嘴边随时都可能被提出来了**：但他没有这样做……

（Dummett 1973，1981：82，着重部分为本文作者所加）

达米特的解读确保了弗雷格与当代语言哲学和意义理论的关联，极大地助长了人们对弗雷格日渐增加的兴趣。它已经成为占据主导地位的解读方式。

然而，达米特的解读也不是没有受到挑战。在 1979 年的《20 世纪20 年代的逻辑：量词的本性》（*Logic in the Twenties：The Nature of the Quantifier*）一文中，沃伦·戈德法布（Warren Goldfarb）明确批评了达米特[1]，并同意范·海耶诺特的弗雷格并不考虑"元系统"的观点。戈德

---

1　戈德法布写道："弗雷格经常被解读为：他提供了所有构成当今我们对量化之理解方式的核心概念。例如，迈克尔·达米特在他最近出版的关于弗雷格的书（《弗雷格：语言哲学》，第一版）中提到，'（弗雷格）为谓词逻辑的语言形式引入了语义学'。也就是说，'对这样一个形式……的诠释是由以下方式获得的：将适切的那类实体指派给……在形式中出现的初始的非逻辑常元。这个操作程序与谓词逻辑在现代的语义处理方式完全相同'（pp. 89-90）。的确，'在他掌握这些概念的过程中，弗雷格会因此而不得不形成逻辑形式化的完备性以及有效性的概念……但他没有这样做'（p. 82）。我认为，这种对弗雷格研究工作的通行评价相当容易带来误导。"（Goldfarb 1979：351）。

法布将他的论点建立在对量化理论发展的详细的历史考察之上，并得出了以下结论：

> （逻辑中的独立性问题）不能在理智上得到考察的这种观念可能内在于逻辑主义计划之中。如果系统构成了普遍的逻辑语言，那么就不可能有用于看待和讨论系统的外部立场。**元系统的考虑不仅仅不受欢迎，而且并不合理**。这就是哈里·谢弗（Harry Sheffer）所说的"理性中心主义的困境"（谢弗，《对怀特海和罗素〈数学原理〉的评论》，Isis，8：226-231），我认为这还构成了维特根斯坦写作《逻辑哲学论》的很大一部分动机。（一种类似的"理性中心主义"可能构成了弗雷格以下奇异主张的基础："只有真的思想才能成为推理的前提。"［Frege 1971：425］。）
>
> （Goldfarb 1979：353，着重部分为本文作者所加）

戈德法布（1979：353）还讨论了弗雷格和罗素之间的共性，以此来支持他关于弗雷格"理性中心主义"的主张，指出罗素在《数学原理》（1903）§17中写道：

> 世上必定存在着一些不可阐明的东西，而且某些如三段论这样的命题必定是其中的一部分，因为没有它们就不可能阐明任何东西。但对于其他人来说，他们可能会怀疑那些东西是否确实无法阐明，还是说仅仅是尚未阐明；而且我们也应该看到，**假定公理为假后演绎出它的后承，这种方法虽然在类似于平行公理的情况中卓有成效，但在这里却并不普遍适用**。这是因为我们所有的公理都是演绎的原理。如果它们是真的，那么引入相反的原理后，看上去会由此得出的后承就并不是

真正的后承。因此假定公理可能出错的论证在这里会导向一种特殊的谬误。

（Russell 1938：15，着重部分为本文作者所加）

因此，尽管罗素在**某种**意义上确实提出了一个关于独立性的问题，但正如戈德法布所说，他似乎"甚至不明白跳出系统并在元系统论证中使用直觉性的逻辑这件事可以在理智上得到考察"（1979：353）。

自20世纪70年代以来，其他几位对早期分析哲学感兴趣的哲学家也明确地表明他们对达米特的弗雷格语义解读持不同意见，并提供了自己的反语义解读。[1]戈登·贝克（Gordon Baker）和彼得·哈克（1984）、科拉·戴蒙德（Cora Diamond）（1991a，1991b）、伯顿·德雷本（Burton Dreben）（1962-6）、雅克（Jaakko）和梅里尔·亨迪卡（Merrill Hintikka）（1979，1986）、托马斯·里基茨（1985，1986a，1986b，1996a，1996b，1997）、汉斯·斯卢加（Hans Sluga）（1980，1987），以及琼·韦纳（Joan Weiner）（1982，1984，1990，即将出版），尽管他们之间各有分歧，但这些著述都属于该反语义派传统。[2]就像范·海耶诺特一样，他们认为弗雷格根本没有倡导意义理论或语义学理论，而是把任何试图系统解释逻辑、意义或语言之本性的

---

1    我用"反语义"一词作为"反对意义理论"或"反对语义理论"的简称。读者从已经引用的内容中应该能清楚地看到，若是对其用语作松散或直观的理解，弗雷格还是要运用语义的。我对这一"反语义"传统的概述其实高度概略，显然不能完全公正地展现其中每个主张者对弗雷格的具体看法。

2    其他讨论和刻画这一传统及其与达米特关系的人，包括理查德·赫克（Richard Heck）、杰森·斯坦利（Jason Stanley）和桑福德·谢（Sanford Shieh）（三人相关著作即将出版）。詹姆斯·柯南特（James Conant）的文章《搜寻逻辑上的异源思想：笛卡尔、康德、弗雷格和〈逻辑哲学论〉》（The Search for Logically Alien Thought：Descartes，Kant，Frege and the *Tractatus*），他们得到了希拉里·普特南（1992）的回应。另外可参见 Kemp 1995 的著述。

尝试都视为无稽之谈。当然，也没有人否认说弗雷格使用了"判断的内容"这一概念，后来又使用了"涵义"（德语：Sinn）和"指称"（德语：Bedeutung）的概念。他们质疑的要点是，弗雷格是否在使用这些概念来对语言或意义进行具有一般性的理论化。为了质疑这一观点，这些哲学家强调说弗雷格的所谓"阐明"（elucidation，德语为Erläuterungen）的说法是至关重要的（Sluga 1980：180-2；Weiner 1990：第6章；Weiner［即将出版］）。弗雷格告诉我们，"阐明"有助于使我们确切地理解他的某些不可定义的东西，即逻辑上初始的概念（［1984］：300，302；［1979］：207，214，235）[1]。某种程度上说，弗雷格的反语义派解读者似乎都同意范·海耶诺特所关注到的一点，即弗雷格在给出他的形式语言时会明确使用以下的说法：阐明、暗示、线索和隐喻。[2]事实上，韦纳甚至坚持认为，弗雷格必须否认说在我们的日常算术中的数字是有指称的，还必须否认我们的那些日常的、在被分析之前即被接受下来的算术命题具有确定的真值（Weiner 1984：78）。虽然不是所有的反语义派解读者都走到了这一步，但所有人都强调说弗雷格在相当程度上都在表明他有时会不得不依赖于暗示、隐喻和间接的提示，并依靠读者的协作、善意理解和猜测。[3]他们认为，这些修辞性的、丰富多彩的语言表明，弗雷格并未对语义这一概念提出先在或独立的理论阐释。因此，"阐明"必定与"判断"、"理论"都截然不同；它们没有、也不会在演绎论证中扮演任何类似于理论前

---

1　请注意，学术界对"Erläuterung"一词没有系统性的翻译（参见1969：224，232，254）。

2　弗雷格对其系统引入时所面临的各种悖论有一个特别微妙的解决方案，德·鲁伊罕（de Rouilhan，1988）介绍过这个方案。

3　《论涵义和指称》（1980 a：61；1984：161；1967：145）中就有弗雷格呼吁要关注这类观念的段落；还可以参见《概念和对象》（1980 a：54；1984：193；1967：177；1980 b：37；1976：63；1893，1903：附录2，n1；1969：288ff）。

提的角色。更进一步的是，在反语义派的解读中，弗雷格的所有判断即他所有真正的理论主张，都可以用形式语言来表达；而在这里，其中的证明是通过断言来表达的，断言则是用判断竖划记号（judgement stroke）给标记出来的。正如范·海耶诺特坚持的那样，弗雷格既没有、也不能以上述方式叙述那些关于他基本哲学概念（如**函项**、**概念**、**对象**）的显然至关重要的主张。这些哲学家论证说，正是弗雷格的逻辑观导致他将这类明显的元系统和语义学谈论视为纯粹的教导性、修辞学式的谈论。因此，所有这样的谈论都必须与涵义理论、意义理论，甚至是与关于句子的真值是如何由其成分的语义特征确定的理论进行区分。[1]

例如，在 1983 年的《一个概念脚本能做什么？》（*What Does a Concept-Script Do?*）一文中，科拉·戴蒙德和范·海耶诺特一样强调了弗雷格对"马这个概念"的处理方式：

> 弗雷格认为，由于日常语言有所不足，尽管我们可以在其中构造根据其规则可以接受的句子，这些句子却并不能表达任何思想。如果我们能够看到，思想在一种按照逻辑的标准来说更恰当的语言中是如何表达的，那么我们就有可能弄清楚其中到底发生了什么。在把握那种语言所内蕴的上述区

---

1    例如，在《无意义是什么》（*What Nonsense Might Be*，1991 a：97）一文中，科拉·戴蒙德明确批评了达米特对弗雷格的解读，并强调说："根据弗雷格和维特根斯坦的观点，如果一句话没有意义，其中的任一部分都不能被认为具有该部分在其他确实有意义的句子中所具有的那种意义——我们最多只能认为一个词具有孤立的意义。如果'恺撒是一个质数'毫无意义，那么'恺撒'的意义就和它在被用作专名时的那个意义不同，而且后面的'是一个质数'这几个词，其意义也跟它们在有意义的句子中所具有的有所不同。"（Diamond 1991a：100）"我一直想要提出……（弗雷格和维特根斯坦之间）有共性。我也……想指出……弗雷格的观点和那种似可称为塔斯基式的观点之间有距离。"（1991a：112）

分的价值时，我们并没有领会到任何不可言喻的真理。真理
是关涉某些事项的真理；为真的思想（也恰恰是）关涉逻辑
会将该思想解释为关涉什么的那些东西。但内蕴于概念脚本
中的区分则不是任何思想所能涉及的了。

（Diamond 1991 a：140-1）

里基茨将他对弗雷格进行反语义式解读的依据建立在他所认定的弗
雷格关于判断和推理的潜在观念之上。[1] 他认为，这一观念深藏在弗雷格
介绍形式语言的方式之后，并与弗雷格关于真理是不可定义的论点密切
相关。[2] 里基茨认为，在这里，即使是做最好的解读，弗雷格在 1890 年
后关于涵义和指称的谈论与他关于逻辑普遍性的潜在观念之间也有"深
度紧张"的关系（Ricketts 1985：3；1986 a：172；1986 b：66-7）。

这样的解读几乎总是可以诉诸弗雷格对维特根斯坦的影响来获得支
持。在《逻辑哲学论》4.112 中，维特根斯坦写道：

　　哲学的目的是对思想进行逻辑澄清。哲学不是一种理论，
而是一种活动。一部哲学著作基本上是由各种阐明所构成
的。哲学的结果不是提出一些"哲学命题"，而是使命题清晰。

（Wittgenstein 1922：4.112，参见 6.54）

弗雷格影响力的系谱似乎很明确。反语义派传统将维特根斯坦视为
弗雷格的接班人，而《逻辑哲学论》对显示和言说的区分则据说直接来

---

1　里基茨的所有工作都跟这个问题相关，尤其可以参见 1985 和 1986b 这两篇著述。
2　里基茨在《客观性与客体性》（*Objectivity and Objecthood*，1986b）以及《弗雷格
的逻辑与真》（*Logic and Truth in Frege*，1996a）中详细讨论了弗雷格关于真不可定义
的论证。

自弗雷格"逻辑是普遍的"这一观念。[1]

达米特对这样的说法仍然无动于衷。事实上，在他1981年《对弗雷格哲学的诠释》（*The Interpretation of Frege's Philosophy*）一书中，他明确地将他对弗雷格的语义解读建立在他坚持的弗雷格的"普遍逻辑"上：

> 当然，弗雷格确实没有尝试通过给出将他的形式语言翻译为自然语言句子的翻译规则，以此来解释他的逻辑记号。更准确的说法是，当你把握了初始符号的涵义时，你当然就把握了由这些形式语言所表达的思想，而且这些思想也能用你所知道的任何有表达其能力的语言来表达。但很明显的是，他并不认为他将《算术的基本规律》给出的那些逻辑记号设计为一种表达思想——而且该思想还无法以任何其他方式表达——的语言；《算术的基本规律》提出的逻辑被视为一种普遍的逻辑，而不是一种与我们在日常生活中相互交流的那些思想无关的特殊语言所特有的逻辑。因此，**在《算术的基本规律》的第一部分中使用的"意义—理论"概念就不应被视为仅适用于弗雷格的形式系统**。它们被认为既适用于这种语言，也适用于自然语言，也许甚至适用于任何可理解的语言；因此，**在这些语言中都内蕴的那个意义理论就既是自然语言的涵义理论，同时也是形式逻辑……的基础**。

> 如果这些结论是正确的，那么在弗雷格的理论中的很大一部分——**确切地说，就是构成他的语言哲学的那一部分**——并没有获得可与《算术的基本规律》相提并论的，甚至是能与

---

1　参见 Diamond 1991a：第4章、Sluga 1980：182、Ricketts 1985 和 Weiner（即将出版）的著述。

《算术基础》[1]具有同等权威性的确切论述……我们最多只能猜测为什么他从来没有对他自己的那个**具有一般性的哲学逻辑理论**给出形式刻画。

（Dummett 1981：18-19，着重部分为本文作者所加）

达米特承认说《算术的基本规律》的第一部分（弗雷格在这里向读者解释了应如何使用他的系统）并没有提出对语义理论的"确切论述"。然而，达米特论证说，由于弗雷格的哲学概念体系——如**函项、对象、涵义和指称**等——都试图既适用于自然语言，也适用于塑造为形式语言的那些语言，因此弗雷格的著述中就存在着一种远远超出了"暗示"和"线索"的范围并得以帮助读者"领会"形式语言的语义理论。达米特利用弗雷格的逻辑普遍性概念来承诺说弗雷格给出了一种适用于他的形式语言的意义理论，且该理论同时适用于理解自然语言的句子。于是我们就看到，达米特在含蓄地挑战反语义解读派的传统：对于那些强行**阻止弗**雷格采用任何当代元系统的视角来看待他的形式语言的解读来说，该类解读能有什么意思？换句话说，我们可以想象一下，假如弗雷格比他实际上要活得更长一点并了解过模型论的一些结论，那基于什么理由和出于什么目的，我们可以认为，一旦弗雷格认为那些结论对逻辑具有启发性，他就将不得不改变自己的逻辑观念？

达米特在 1984 年对贝克和哈克（Baker and Hacker）《逻辑的发掘》（*Logical Excavations*）一书的评论中重申了这一挑战。贝克和哈克也声称：

　　《概念文字》包含了第一个完全公理化的命题演算。当

---

1　该书全称为 "Die Grundlagen der Arithmetik"，本文作者均简称其为 "Grundlagen"。译者注。

然，弗雷格并没有证明它的完备性或一致性。事实上，他蔑视希尔伯特关于几何公理化的元逻辑研究，这种蔑视也同样使他会回过头来反对关于他自己的逻辑系统的元逻辑证明。对一组公理之一致性的唯一证明就是展示出它们共同为真，而对它们的独立性的唯一证明则是：就算否定其中一个公理，也依然可以毫无抵触地承认其他公理仍然共同为真（《关于几何和算术形式理论的基础》（15F., 104）。由于在他的公理系统中无法精确地划分逻辑规律和由前者出发推导得到的定理（参见《算术的基本规律》，p. xvii），他甚至不能确切地提出一个针对他的公理系统的完备性问题。

（Baker and Hacker 1984：114）

因此，贝克和哈克得出结论说"没有理由断言（弗雷格）将……推进任何指出逻辑学家的真正任务是一门语言（语义学）科学的观念，而（弗雷格）意图奠定逻辑语义学基础的假设是不可信的"（1984：248-49）。[1] 达米特则回应道：

"语义"这个词有几种不同的用法，但参照着逻辑和逻辑学家的说法来看，（贝克和哈克的）脑袋里所想到的是当代模型论所构造的针对着形式语言的语义理论。如果是这样的话，（以上引述的）他们的断言会令人非常讶异，因为《算

---

1    就像德雷本、戈德法布和范·海耶诺特一样，贝克和哈克讨论了弗雷格和罗素之间的共性："有效性这一语义观念是直到相当现代的时候才提出的……记住这一点对我们而言很有价值。尽管罗素承认他'在逻辑分析的所有问题'上都深受弗雷格的影响，但《数学原理》并没有明确地区分逻辑真理和该真理在其公理系统内的可证明性，因此《数学原理》也没有去展望有给出一致性、独立性和完备性之证明的可能性。"（1984：373）

术的基本规律》的第一部分看起来就包含了一种针对形式语言的语义理论，且该理论显然与对该语言的构成规则、公理和推理规则的阐述有所区分：该理论就是通过规定初始符号将有什么指称，并说明复合表达的指称应如何根据其组成部分的指称得以确定来阐明的。此外，弗雷格给出了这样一种理论的一般框架，即去阐释表达的各种可能的逻辑类型，以及它们的本性和它们是如何构成的，还有就是到底是什么来对任何该类型的表达指派指称；这个讨论也明显地与统摄系统之初始符号的那些具体规定有所区分。

贝克和哈克没有从以上角度来看待问题的一个原因是，他们把语义理论与对逻辑成果的"语义定义"混为一谈。他们说弗雷格没有提出后一种概念，这是非常正确的。之所以如此是因为他并没有形成"形式语言有一系列可能的诠释"的观念……**然而，就算他形成了这个观念，他也不需要多完成什么工作就能得出有效的语义概念：因为《算术的基本规律》第一部分所述的背景理论立即就会得出"一般情况下任何一种如此这般的诠释应存在于哪里"的表述。正是由于这一背景理论的存在，以及它与现代逻辑学家使用的以经典二值语义学来诠释形式语言的概念非常（尽管并不完全）相似，弗雷格的工作才能与后来的逻辑学家的工作进行卓有成效的对照。**

（Dummett 1984：201，着重部分为本文作者所加）

因此，达米特强调弗雷格的工作可以很容易地获得当代模型论的引证。而且他依旧对这一观点深感不满，即弗雷格成熟的逻辑哲学与针对逻辑概念的模型论阐释之间存在紧张关系。

达米特在评论德雷本和范·海耶诺特1987年的一篇短文时再次表达了这种不满（Dummett 1987）。在这篇短文中，德雷本和范·海耶诺特评论了哥德尔关于一阶逻辑在模型论（语义）上的完备性的讲演以及紧随其后发表的论文，并提出了这样一个问题：从弗雷格的概念文字（1879）到哥德尔的完备性定理的证明（1929），为什么这个过程要耗费 50 年的时间？[1]他们的答案是，为了融贯地构建完备性问题，代数式的逻辑传统——该传统否认逻辑的普遍性并强调"可构成不同的话语宇宙"的概念——需要与截然不同的、源自弗雷格和罗素的逻辑主义传统相结合：

> 对于弗雷格以及此后的罗素和怀特海来说，逻辑是普遍的：在任何一种清晰的逻辑表述中，所有的演绎推理（包括所有的经典数学分析和大部分的康托集合论）都要得到形式化。因此，不只是单纯的量化理论从来不能成为他们关注的中心问题，如此这般的元系统问题（例如完备性问题）也不能以有意义的方式提出来。我们可以给出关于逻辑的不同表述，而且它们在"哪些逻辑常量应被视为初始的，或哪些表述应被视为形式公理"的方面存在差异，但并没有一种"超越视角"能让我们得以从整体的角度来考察一个给定的逻辑形式，更不用说是要以逻辑上的整体角度来做这种考察了。
>
> （Dreben and van Heijenoort 1986：44）

这种对弗雷格的解读再一次引述了罗素的话来作为支持：

> 用怀特海和罗素 1910 年（第 95 页，或 1925，第 91 页）的话来说，"在某种程度上，在数学……中被我们认为是

---

1　可参照范·海耶诺特的《作为演算的逻辑和作为语言的逻辑》（1985：14）以及戈德法布（1979）的著述。

未定义的东西其实都是可选换的。我们并不知道如何证明，对于如此这般的一个由未定义事物组成的系统来说，它内含的这类事物就恰恰能够产生如此这般的结果。因此，我们只能说如此这般的事物在如此这般的系统中是未定义的，而不能说它们是不可定义的"。

我们是在逻辑的内部，因而不能从外部来看待它。我们受制于谢弗所说的"理性中心主义困境"。……探讨形式系统能做什么这一问题的唯一方法就是推导定理。**再次引用罗素和怀特海的话说，"任何关于数学原理的理论获得支持的主要原因必定总是归纳式的，也就是说它必须依赖于以下事实：我们考察的那种理论能够使我们演绎出那些寻常的数学结果"**（1910，第 v 页，或 1925，第 v 页）。（关于这一点，可参见范·海耶诺特的《作为演算的逻辑和作为语言的逻辑》以及戈德法布的《20 世纪 20 年代的逻辑：量词的本性》。）

……要提出语义完备性的问题，就必须摒弃弗雷格-罗素-怀特海的"逻辑包罗万象"的观点，弗雷格关于形式系统的概念自身也必须成为数学探究的对象，并遵从来自关于逻辑的代数学家们的模型论分析。

（Dreben and van Heijenoort 1986：44，

着重部分为本文作者所加）[1]

---

1　可参照范·海耶诺特的《作为演算的逻辑和作为语言的逻辑》（1985：14）。请注意，在《数学原理》第 95 页的脚注中（1910 年版；1925 年版为第 91 页），罗素和怀特海明确参考了罗素于 1903 年的著述（即《数学原则》。译者注）中所写——且戈德法布引用过（见本文之前的引述）——的段落。可以补充说明一点，那就是就算是直到罗素写作《数学哲学导论》（1919）的时候，我们也发现他还是坚持认为"关于演绎的理论……以及关于那些涉及'所有'和'有些'之命题的规律，就是数学（转下页）

德雷本和范·海耶诺特利用逻辑学史来发展对弗雷格的反语义解读，但这并没有说服达米特：

> 德雷本和范·海耶诺特……讨论了一个问题，这可是观念史上最有趣的问题之一，即为什么我们花了这么长时间才形成完备性的概念……德雷本和范·海耶诺特给出的解释是，从布尔（Boole）沿袭到皮尔士和施罗德（Schröder）的传统中都缺乏形式系统的概念：例如，在洛文海姆（Löwenheim）1915 年的论文中，他只研究了语义概念。而另一方面，弗雷格则在源于他的传统中传袭下了形式系统的概念；但是，根据该传统，逻辑是包罗万象的：因为只有唯一的一个逻辑，且所有推理都必须遵照它来进行，所以为了构建关于逻辑的定理，我们不能站在逻辑**之外**，而是只能在逻辑**内部**来做这种事情。
>
> 然而无论他们对罗素和怀特海观点的叙述如何准确，在我看来，将其用于讨论弗雷格的说法都嫌过分简单化了。诚然，弗雷格从来没有认为，在他的逻辑中，句子和一阶逻辑的那些部分可以显著地与整个系统分离；他也否定了"有不同的话语宇宙"的传统观念。但是，在他的《算术的基本规律》一书中，他确实试图对他的形式系统的语义进行精确的、明显区别于他对公理和推理规则进行的细致刻画的表述。

---

（接上页）推理的'纹理'：如果没有它们或者类似的事物，我们就不仅不能获得与数学相同的结果，而且我们根本不可能获得任何结果。我们不能把它们当作假设来演绎假设的结果，因为它们就是关于演绎的、同时也是关于前提的法则。它们必须绝对为真，否则我们从中演绎出来的东西甚至都不能称之为前提的后承了"（Russell 1919，1920：191）。

事实上他试图证明形式系统的每个术语都有唯一的所指（且每个句子都有唯一的真值），而这如果是正确的话，就将构成一种一致性证明。此外他也并不满足于只对初始符号作出特定的诠释，而是一般性地规定了到底是什么东西在塑造对每种逻辑类型的表达式进行的诠释。**因此，对于有效性和可满足性概念的表述而言，他所缺少的就只是"诠释也许可变"的观念而已**（具有讽刺意味的是，在希尔伯特的《几何基础》中，这种观念触手可及）。因此，"从数理逻辑的发明到其基本问题的提出，这耗费了半个世纪"的谜团并没有完全消除。

（Dummett 1987：573-4，着重部分为本文作者所加）

在一次内容未公开发表的讲座中，德雷本指出弗雷格至少在两个地方**提出了**完备性（Vollständigkeit）的问题。在《概念文字》中，弗雷格写道：

> 鉴于有无穷多的可阐明的规律，且我们也不能将它们全部罗列出来，于是除非搜索到那些**有能力**涵盖所有上述规律的规律，我们就不可能证得完备性。现在我们必须承认的是，在这里进行上述还原的方案当然也并不只有一种。这就是为什么说，目前的呈现方式并没有清楚地阐明所有关于思想的规律之间的关系。也许还存在着另一个判断的集合，当我们往其中添加作为推理规则的判断时，从该集合出发同样可以推导出所有的关于思想的规律。不过我们仍然可以说，根据此处提出的还原方法就可以给出如此众多的关系，并由此可以便利地获得其他进一步的结果。

（Frege 1879：§13）

还有，在《关于皮亚诺先生与我自己的概念标记》（*On Mr. Peano's Conceptual Notation and My Own*，1897）一文中：

> 为了检验一个公理的系列是否完备，我们就必须试着从中推导出关于它们所涉及之学识的所有证明。当我们在这么做的时候就必须只根据纯粹的逻辑规律来得出结论，否则就可能会不知不觉地放进一些原本也应该作为公理的东西。
>
> （Frege 1984：235；1967：221）

然而，德雷本认为，这些段落确证了他和范·海耶诺特对弗雷格的解读。因为在这两篇文章中弗雷格都避免了任何跳到元层次来处理问题的做法；他的操作方法正是罗素所说的"归纳"推理，以及范·海耶诺特追随赫布兰德所说的"实验"进路：在系统内推导出尽可能多的定理，以回答系统是否完备的问题。

因此，达米特认为弗雷格只不过是没有提出这些问题而已，而这些问题"已经到了他的嘴边"了，其他人则说弗雷格之所以没有提出这些问题就是因为他不能提出来，"不能"指的是在他的逻辑概念中没有空间来提出这些元数学意义上的问题。

在对德雷本 1992 年的一次讲座提出回应时，蒯因对反语义的解读表示怀疑。[1] 蒯因问道，德雷本的意思是就算弗雷格能看到哥德尔对完备性定理的证明，他也不能理解这个证明吗？德雷本回答说：《算术的基本规律》中的弗雷格会将其理解为数学的一个部分，该部分是在表明某个集合论上可定义的类是递归可数的；但弗雷格还会质疑这个集合

---

1　出自德雷本 1992 年 4 月 6 日在波士顿大学科学哲学专题讨论会上的报告。蒯因作为听众的一员给出了回应。

是否为对他的逻辑真理和逻辑有效性概念的恰当刻画。[1]尽管蒯因钟情于塔斯基的理论，他对这个回答当然并不满意。德雷本对蒯因的回答也是对赫克（Richard Heck）、斯坦利（Jason Stanley）和塔彭登（Jamie Tappenden）等人的建议的回答，这些建议说的是由于逻辑是普遍的，许多元系统问题（特别是完备性定理）都可以通过哥德尔和塔斯基的技术来在系统内获得解决。[2]想必赫克、斯坦利和塔彭登都会和蒯因一样不满意这个回答，达米特当然也会如此。

二

　　我以下的论述只有一个保守的目的：我想略微改变一下关于弗雷格和语义学之诠释的论辩视野。我不想直接讨论弗雷格的观念之中那些在最近的文献中已经获得详细讨论的要素，而是集中在弗雷格的形式步骤中一个特别令人费解的特征，即他使用双竖划记号（"⊫"[3]）来作为显定义的符号。在我看来，弗雷格对这一符号的使用以及他对这种使用方式的态度，似乎以一种特别明显的方式，例证了弗雷格的著述确会如此轻易地将他自己的立场置于能以天差地远的方式来解读和引证的境地之中。这是因为，我认为定义的双竖划记号向我们表明了以下事实的重要性，即至少在 1903 年之前，弗雷格从未清楚地阐述过"元语言"和"对

---

1　例如可参见里基茨的著述（1996a）。里基茨认为，对弗雷格来说，"真"既不是真正的性质，也不是真正的概念。因此，如果不对他的立场作重大修改，弗雷格就不可能接受任何以塔斯基的标准来看是"足够实质"的真定义。从弗雷格的观点来看，在概念文字中形式化的哥德尔完备性定理不能解释或阐释"逻辑真"的概念。可以参照里基茨的《客观性和客体性》（1986b：76，特别是其脚注 18）。

2　关于类似反应——维特根斯坦对哥德尔第一不完备性定理的反应——的考察，可参见我的《说出你真正要说的话：维特根斯坦、哥德尔和三等分角》（Floyd 1995）。

3　本书原文在这里未能将该符号正确印刷出来。译者注。

象语言"之间，或"元系统的层级"和"对象层级"之间的区分。[1] 这还使我们看到，即使我们可以通过元层级和对象层级的区分来非常自然地梳理弗雷格的工作，而且看起来也没有超出他的逻辑体系所给出的范围，关于弗雷格立场的更深层次的哲学问题仍然存在。我的讨论并不是要断定或穷尽地描绘我所详述的关于弗雷格和语义学的诠释问题。相反，我想强调的是，如果仅停留在弗雷格系统的纯粹形式或数学特征上作为例证，这些问题是无法解决的。如果我的这一看法是正确的，即无法对弗雷格如何使用双竖划记号给出唯一的解读方案，那么甚至在弗雷格系统的最基本层面上就会触及诠释的问题，而有人也许会认为在弗雷格的这部分工作（即他的形式系统）中，并不能进行哲学诠释。这就确证了，关于"哪种对弗雷格的解读才是最好的"，这一争论从根本上说是一场哲学争论，因此不能通过我们在弗雷格那里找到的任何特定的形式或数学特质来解决。

在当代逻辑和逻辑哲学中，我们可以区分出三个不同的关于同一性陈述和定义的论题。第一个是我们可能会以在元语言（无论是元句法还是元语义）中进行谈论的方式，来给出针对特定形式语言中同一性陈述和定义的句法规范。第二个是我们可能会讨论定义的本性或目的，以及关于同一性关系之同一性陈述的本性或目的。第三个则是我们可能会解释同一性关系本身的本性，以及为真的同一性陈述所断言之真理的本性。[2]

惊人的是，在弗雷格 1894 年对胡塞尔《算术哲学》的评论中，他

---

1    在他年迈时写的《逻辑概论》（*Logical Generality*，1923 年或更晚）中，弗雷格开始刻画他所说的辅助语言（Hilfssprache）和介绍语言（Darlegungssprache）之间的区别，这可以被认为是相当于塔斯基后来对元语言和对象语言的区分。参见 Frege 1979，260ff.；1969：287ff.。

2    我们还可以在集合论中讨论形式理论定义（即包含）一类公式——在特定关系和集合中，这类公式在模型论的意义上得到满足——的能力。我认为这样的讨论对弗雷格来说会非常陌生，但我在这里不会论述这一点。

似乎将这些论题混为一谈。这种明显的混淆似乎表明弗雷格并不总是清楚地区分陈述和陈述所关涉的东西。因为在这篇评论中，弗雷格提出了以下论点，旨在表明同一性是不可定义的："由于任何定义都是一种同一性（Gleichung），同一性自身（Gleichheit Selbst）就是无法定义的。"（Frege 1984：200；1967：184；1980 a：80）[1]

该论证似乎是这样的：为了提出一个定义，我们必须使用等同符号，因此无法对等同符号自身提出一个完全明晰的即能消除该符号的定义。[2]因此，弗雷格推论说同一性必须被视为一个逻辑上初始的、没有定义——因为不可定义，所以也是逻辑上简单——的概念。[3]

1894 年的这一关于同一性不可定义的论证同时也是**可定义性**以及**定义的概念**不能被定义的论证。[4]在《概念文字》和《算术的基本规律》

---

1　我非常感谢 J. 韦纳在她的《弗雷格和分析哲学的起源》（*Frege and the Origins of Analytic Philosophy*）演讲中为我指出了这一段话。

2　参见弗雷格对胡塞尔的评论（1980 a：80；1967：184）。达米特认为，弗雷格在对胡塞尔作出评论时提出的"同一性是一个逻辑上的初始概念"的论点"不太令人信服"，因为"弗雷格之所以有可能提出这种说法，唯一的缘由是他认为双条件句也同样源于同一性符号的作用，而这之所以是可能的，又是因为他将句子同样也视为一种名称（该名称是真值的名称）；在任何情况下，将定义视为对'两个表达能够相互替换'这一事项的规定，都要更加自然，而不是说两个（连接着这些表达的）句子的真值之间可以替换。在弗雷格的哲学中，同一性不可定义的论题似乎并没有起到任何重要的作用"（Dummett 1981：543）。弗雷格在某种意义上支持，而在另一种意义上又并不支持在以下两者之间进行严格的区分：是规定（语言）表达之间有可替换性，还是说通过真正的定义来捕捉、分析、证明和断言其有可替换性。可参照贝纳赛拉夫（Benacerraf）的《弗雷格：最后的逻辑学家》（*Frege：the Last Logicist*，1995）。

3　根据弗雷格的说法，什么是"逻辑上简单的"东西，这是不能定义的（参见1903：§146，n.1；1980 a：42）。

4　罗莎琳德·凯里（Rosalind Carey）向我指出，在《符号逻辑的未解之谜与解决方案》（*Insolubilia and Solution by Symbolic Logic*）一文中，罗素写道："说来也怪，定义……的概念不可定义，而且实际上根本就不是一个确定的概念"（这是 1906 年的短文，重印于 Russell 1973：209）。罗素是在处理理查德悖论和恶性循环原则的背景下提出这个评述的。

中，为了提出一个定义，弗雷格必须始终既使用等同符号，同时还必须使用他针对定义的特殊符号：双竖划记号（"⊫"）。于是，按照弗雷格 1894 年推演的道路往前走就会得出，因为构建定义时我们总是必须**使用**双竖划记号，所以我们不可能通过定义本身来消除用于定义的符号。因此，这一推演和与其平行的、关于同一性的论证之所以似是而非，似乎有一部分原因是弗雷格没有截然地区分对象层级和元层级，同时也有一部分原因来自他是在他的逻辑系统内部形式化地处理定义的方式。

然而，在 14 年前，弗雷格曾声称他能够定义同一性，也就是说这会表明该概念不是一个逻辑上简单的概念。据推测，他的想法是运用"不可区分即同一"的莱布尼茨律；根据该定律，如果 A 和 B 共享其所有性质，则 A 等同于 B。弗雷格在《布尔的逻辑演算与概念文字》（1880-81）中认为，他自己的形式语言之所以要优于布尔的一部分原因是布尔使用的符号数量更多。

> 我确实也会使用等同符号，但我只会将它用于各种可能的判断内容之间，这几乎完全是为了给新名称的涵义给出规定。此外，我现在不再把它视为一个初始的符号，而是用其他的方式来定义（erklären）它。在这种情况下，布尔用三个符号起的作用也许在我这里用一个符号就行了。
>
> （Frege 1979：35-6；1969：40）

这似乎既表明弗雷格在这之前会认为同一性是一个初始概念，又表明他至少在一段时间内改变了自己的这个想法。[1] 这可能与他对自己在

---

1　塔彭登讨论了弗雷格关于布尔逻辑演算的论文，并提出弗雷格至少在 1880 年至 1884 年之间对定义和概念的丰富性提出了一种有趣而新颖的阐释——尽管该阐释与后来的涵义/指称的区分产生了冲突。塔彭登认为，在弗雷格思想发展的这个阶段，在定义项中实行量化的复杂程度即对应于定义的丰富程度。这可能与弗雷格声（转下页）

《概念文字》（1879）中提出的处理同一性的方式有所怀疑有关。在那里，弗雷格认为同一性是名称之间而不是对象之间的关系，他写道：

> 　　内容的同一性不同于条件性和否定性，因为它只适用于名称而不适用于内容。而在其他语境中，符号只是其内容的代表，因此它们所进入的每一个组合都表达了它们各自内容之间的关系，然后当这些符号通过表达内容之同一性的符号组合起来时，它们就会突然将其自身呈现出来，这是因为它表达的是"两个名字具有相同内容"的情况。因此，若是引入内容同一性的符号，这必然会导致所有符号的意义（指称）上出现分歧：它们有时指向其内容，有时则指向它们自己。
>
> （Frege 1879：§8）

当然，弗雷格意识到了他的读者们会觉得以下说法就是奇谈怪论，即当名称之间置入同一性符号时，这些名称的指称就会在这种语境中发生改变。他甚至提出了类似于后来的维特根斯坦在《逻辑哲学论》中关注到的那种"对同一性持有幽灵般的态度"：

> 　　起初，我们的印象是我们只是在处理**表达而不是思想**，于是我们根本不需要运用不同的符号来针对相同的内容，因此我们也根本不需要运用任何符号来针对内容的同一性。
>
> （Frege 1879：§8）

但弗雷格立即将这种看法称为"一种空洞的幻觉"，并论证说每当我们

---

（接上页）称能够定义同一性有关，尽管我在这里不能继续探讨这个猜测。参见塔彭登于 1995 年的著述。可参照皮卡迪（Picardi）于 1988 年的著述。

会有两种不同的方法来"确定"概念的内容时，就需要表示内容同一性的符号，这是因为"在特定情况下，**两种确定（内容）的方法**确实会导致**相同的结果，这就是判断的内容**"（1879：§8）。他还指出，"引入内容同一性符号的一个更外在的理由"是我们需要定义，这就是"有时为冗长的表达引入一个缩写是有利的"（1879：§8）。但看起来弗雷格并没有在明确区分元层次和对象层次的前提下来考虑定义或发生在同一性语境中的名称意义转变问题。相反，他就是在相同的语言层次下来将同一性语境处理为某些名称的指称转变。

弗雷格然后就提出了他关于同一性的概念文字理论。[1] 到了 1890 年 1 月，他提出"涵义"和"指称"的概念，并以这两个概念来将他原来提出的"概念内容"的说法划分为两个部分，而且他使用这些概念来解释（无论是提供有价值信息还是没提供信息的同一性真理中的）名称和对象之间的关系。无论这是否与他"同一性是一个逻辑上初始的（无法定义的）概念"的论点有关，1884 年以后他就再也没有声称同一性是可以定义的。在《算术的基本规律》中同一性就被认为是一种逻辑初始概念。[2]

尽管弗雷格对同一性关系以及我们关于这种关系之陈述的本性进行论述时游移不定，但在如何形式化地处理定义的问题上，他似乎从未动摇过。然而，我们将看到，正如对弗雷格关于真理、意义和涵义的讨论有互相竞争的解读方式一样，针对他为定义而使用双竖划记号的做法也

---

1    参见门德尔松（Mendelsohn）1982 年的论述，这是对弗雷格早期观点所面临的困难提出的一个很有价值的阐释。

2    《算术的基本规律》中的"基本规律 III"是对莱布尼茨律的形式化，但它并没有以任何方式声称自身是在对同一性进行定义。《算术基础》第 65 段则可以被解读为明确赞同将莱布尼茨律作为同一性的定义，尽管就算在对胡塞尔的评论中，弗雷格还在说莱布尼茨律就是关于同一性之某些重要事项的表达（参见 Frege 1984：20）。简·哈拉尔德·阿尔尼斯（Jan Harald Alnes）说服了我，使我认为，在《算术基础》中弗雷格是否确实认为同一性可被定义，这一点很值得怀疑。

有互相竞争的不同解读方式。我将最为关注《算术的基本规律》中对双竖划记号的使用方案，我认为它应该成为针对任何对弗雷格成果之诠释的基本检测指标。

要是严格地从弗雷格《算术的基本规律》第一卷中的文本出发来进行划分的话，我们可能也应该（至少在表面上）区分出弗雷格有几种不同的讨论和使用他的形式语言的方式。第一，在他的导言中，他完全用德语提出了一系列关于逻辑本性和论域的、被他称为"哲学论证"的说法。第二，在第一部分第一章中，他介绍了他的基本逻辑概念（如**函项**、**概念**、**对象**、**值域和概括性**），然后给出了形式语言的初始符号、基本规律和形式推理规则。第三，在第二章中，弗雷格讨论了定义的本性，介绍了双竖划记号，并用后者来构建他所说的"**特殊**"定义。这些定义将通过替换，应用在后来的证明之中。弗雷格还列具了基本规律和基本规则，并"附加上了几个需要补充的要点"（1893：§§47-8）。

第一卷的第二部分（即弗雷格给出其证明的地方）由两类段落构成（参见1893：§53）。第一类是"分析"（Zerlegungen），在这里弗雷格混用着德语、形式语言的符号、判断的**名称**——被括在引号之内的判断（的表述）——来勾勒出他的证明中的基本要素。[1]每一个如此这般的"分析"都被设置为一个独立编号的段落，并且紧密地接续着另一类用以给出精确"构造"（Aufbau）的段落。一个"构造"是用来构成证明的。它里面含有形式语言的初始符号、帮助我们解读"构造"的索引和标记，以及通过预先定义所明确引入的符号。它不包含德语或任何其他自然语言的词语。"构造"总是由一系列带有注释的判断组成，每个判断都以判断竖划记号为开端来导入，而且它们要么是（i）以大写希腊字母为索引的同一性，而且它们都指向在此之前的"分析"中给出过的

---

1  更准确地说，"分析"中包含着相应"构造"中将给出的那些判断的名称，而且其中一些判断将既含有得到了定义的词项，也含有形式语言的初始词项。

那些显定义；要么是（ii）由弗雷格从"基本规律"中提出的那些明确的推理规则，或由先前的"构造"所断言的真理所推得的东西。相比之下，"分析"则并不包含形式证明。事实上，"分析"并不包含弗雷格那种特殊意义上的判断，也没有使用判断竖划记号来将判断记录下来。**"分析"只包括德语的词汇、判断的名称以及未用引号括起来的、由双竖划记号引出的同一性事项**。弗雷格写道：

> 跟后面的证明相关的是，我要强调，我在"分析"这个标题下所一直谈论的一些做法只有方便读者的作用；就算我们没有以任何方式来削弱证明的力量，那些做法也依旧有可能不生效，这是因为该力量只在"构造"这个标题下才会出现。
>
> （Frege 1893：§53）

那么**现在**来看，弗雷格对他使用双竖划记号来进行定义这件事到底有什么看法？我们感兴趣的点在于这个问题**的蕴意**，即我们能否恰当地认为，弗雷格确实对他在形式语言上的使用和提及之间做出严格的区分，以及他是否确实在处理那些（似乎可以理所应当地被视为他的）对象层级时的程序和处理那些（似乎可以理所应当地被视为他的）元层级的程序之间做出严格的区分。令人惊讶的是，弗雷格相当严格地区分了形式证明的语境，即"构造"的语境，与他在其中给出定义和对形式语言展开讨论的语境，即"分析"的语境。反语义的传统大概会否认"分析"能成为任何一种实质性的、关于形式语言的元理论中的一部分。[1]因此，我将进一步提出以下诠释性问题：

1. 弗雷格的双竖划记号是他的形式语言中的（初始）符号吗？

---

1　韦纳 1990 年著述的第六章相当明确地表明了这种否定性的观点。

2. 如果它不是在弗雷格的形式语言**内**使用的符号，而是关于形式语言的符号，那么弗雷格在他的定义中使用双竖划记号，这是对他的形式语言进行的**阐明**，还是说就是关于他那形式语言的**元理论**中的一部分？

3. 如果双竖划记号是元理论的一部分，这是一个真正的语义理论还是仅仅是一个元句法理论？

正如我现在试图解释的那样，要回答这些问题并不像人们想象的那样容易。

在《概念文字》和《算术的基本规律》中，双竖划记号都标示着用一些符号来定义另外一个符号的操作，而这种操作总是具有双重作用。弗雷格的双竖划记号反映了他所说的那种"形式化的两面性"（Doppelseitigkeit der Formel）特征（参见 1879：§24）。从 1879 年起，每当弗雷格使用双竖划记号来给定一个定义时，他认为自己提出的只是一种**规定**，而根本不是一个判断（1879：§24）。然而，他又坚持认为任何这样的规定都可以"迅即转变"为对同一性的判断，并可在逻辑结构，即他的系统内的证明之中使用。（在 1879 年的《概念文字》中，弗雷格称这些判断为"分析的"——参见 1879：§24）[1]弗雷格实际上就是这样操作的。他用双竖划记号给定一个显定义，然后抹掉该记号中两笔竖直笔画中的前一个，以便在"构造"语境中形成相应的同一性判断。

---

[1] "分析"一词并没有在《算术的基本规律》中出现。然而，在 1914 年时，弗雷格说表达了同一性判断（该判断对应于某个定义）的句子是"重言式"（《数学中的逻辑》["Logic in Mathematics", 1979：208]）。（据推测，他是在与年轻的维特根斯坦交谈后写下这篇文章的。）简·哈拉尔德·阿尔尼斯在与我交谈时提出，只有当同一性源于显定义或者就某个基本定律的示例时，为真的同一性陈述两侧的涵义才会相同。这就解释了为什么即使在引入涵义／指称的区分之后，弗雷格在《函项和概念》中仍然认为，基本规律 V 的两边"表达了相同的涵义，只不过是表达方式不同而已"，同时又认为推演出来的真理（如"2+2=4"）会涉及同一性符号两侧的表达有不同的涵义（Frege 1984：143；1967：130）。

因此，在该操作的第一重作用中，一个定义**规定了**定义项和被定义项应共享相同的内容（根据弗雷格于 1879 年提出的观点），以及应具有相同的涵义和指称（根据弗雷格在 1890 年之后的看法）。考虑弗雷格早期对同一性的论述：

> ［作为一个定义的］命题不同于迄今为止考察过的其他判断，因为它包含着以前从未定义过的符号；而它本身就是在给出定义。它不是说"等式的右边和左边有相同的内容"，而是"它要使两边有相同的内容"。因此，以康德的说法来讲，这个命题就**不是一个判断**，因此也不是一个综合判断。
>
> （Frege 1879：§24）

然后再考虑弗雷格较晚期时对同一性的另一个论述：

> ［定义的双竖划记号］是用来在以下情况中取代判断竖划记号的：它要做的不是对某件事项给出判断，而是以定义来对这些事项提供简写。我们以**定义**的方式引入一个新名称，并规定它与其他一些由熟悉的符号构成的名称具有相同的涵义和指称。
>
> （Frege 1893：§27）

在它的第二重作用中，定义会迅即"转化"为"构造"中的**判断**。这一判断说的是这两个符号**确实**有相同的内容——或者说以弗雷格 1890 年之后的说法就是具有相同的涵义和指称。弗雷格的构想就是，双竖划记号就直接在书写法上表现出了定义的以下两个方面：它的第一个竖线标示着规定；第二个竖线则看起来像是判断竖划记号，这就标示着一种从规定到针对同一性之判断的转变。判断（即断言）只在"构造"，即以判断竖划记号为开端的证明之中，得以给出。但从规定到判断的转化是"即时"的，而且也并未得到解释。[1]

我们该如何诠释弗雷格对双竖划记号的运用？有一种建议是在刻画弗雷格的程序时应从我们当代对元语言和对象语言之间的区分出发。然后，我们可能会认为双竖划记号不是弗雷格形式语言的初始符号。毕竟，它只会在"分析"[2]中、而不会在"构造"中出现。我们可以说，它的作用都在形式语言本身所起作用的范围"之外"。此外，由于"构造"中包含被定义的词项，且后者都**不是**形式语言的初始符号，我们就或许还得认为**"构造"本身还是要**遵循"纯粹的"形式语言，即那种在其中使用形式语言的初始符号来撰写形式推导的语言。我把这叫作对双竖划记号的**元句法**解读。[3]

在这一解读中，弗雷格看起来是将定义的双竖划记号视为一种元句法手段：这并不是他形式系统中的一部分。在"分析"中，弗雷格每次对双竖划记号的使用都得通过其索引（大写的希腊字母）编码到对应的那个"构造"当中。这个字母必须写在"构造"中出现了对应之同一性判断的那一行字的边缘空白处。因此，在元句法解读中，双竖划记号就是一种在算法中明确给定的符号，该算法将《算术的基本规律》中的每个"构造"解码为仅以形式语言的初始符号撰写成的证明。（这种观点下的"构造"就像是一个可以由"汇编级语言"算法化地实现的"程序"。）在初始的形式语言中，所有关于同一性的"定义"判断都消失了。这也

---

1　这一形式性的观点指出，在"将算术'还原'为逻辑"的背景下，弗雷格对定义的态度中有几个不明确的地方。特别是可参见贝纳塞拉夫发表于 1995 年的著述，以及韦纳 1984 年对贝纳塞拉夫的回应。另外可参见 Picardi 1988，Dummett 1991b 第 2 章，和 Tappenden 1995。

2　当然还有《算术的基本规律》第 1 章中关于"特殊定义"的段落和其附录中关于定义的附表。

3　我是知道确实存在着一种既定已久的说法，即元语言被称为对象语言的"句法语言"。在这个意义上，我所说的"元句法"会被称为"句法"。

许可以用来解释：为什么弗雷格反复指出，从形式语言的角度来看，定义就是"纯粹的缩写"，是一种简略便利地使逻辑结构（即"构造"）更显明易懂的手段。换句话说，弗雷格的"分析"中之所以要进行定义，就是为了以一种我们可以接受的方式来呈现他的逻辑结构：

> 在任何这类……尝试中，对定义的需求从未停止。这些定义并没有真正——在我看来可能也不会——创造任何东西；它们只是引入了缩写符号（名称），这些符号都可以省略，而之所以不这么做是因为冗长会造成无法克服的**外部**困难。
>
> （1893：前言第 vi 页。着重部分为本文作者所加）

在《概念文字》中看起来弗雷格也有两次提到了同样的观点：

> 引入内容同一性符号的一个更**外在**的原因是，有时引入对冗长表达的缩写会更**有利**。
>
> （Frege 1879：§8。着重部分为本文作者所加）

> 用康德的表述……来说，（定义）不是判断，因此也**不是综合判断**。如果（它）是综合判断，那么就会由它推导出一系列命题。但是我们可以不需要这个命题所引入的符号，从而也不需要那些对它给出了定义的命题本身来做推导；既然没有什么"会成为该命题的推导结论"的东西，那同样也就不存在着"没有这个命题就推不出来"的东西。我们引入这些定义的唯一目的是通过规定缩写来实现**外在**的简化。在这之外，它们的作用就是在众多可能的符号中突出一种特定的组合，以便使我们的表征能力能够更牢固地把握那种组合。
>
> （Frege 1879：§24，着重部分为本文作者所加）

根据元句法解读，《算术的基本规律》中的"构造"——这不仅仅是用初始的形式语言写下来的——**表征**了一个真正的证明；也就是说，它呈现了一套精确的规则，这些规则就告诉我们该如何用形式语言的初始符号来写下特定的证明。我们可以认为它是一种表征，这是因为它使用了缩写。但之所以我们能认为它成功地表述出一个真正的证明，那只不过是因为其中出现的每一个关于同一性的定义判断都可以以一种机制性的方式消除，且在其中不需要任何阐明、暗示或猜测来起作用。

当然，这种对双竖划记号的"元句法"解读不能完全将它引出的那些符号与后者的涵义与指称脱钩。当弗雷格把定义说成是一种"规定"时，他并不是说定义告诉我们要用一个未获诠释的符号来代替另一系列未获诠释的符号。相反，这一规定要求定义项的内容要有涵义和指称。正如他在《函项和概念》一文中所写的那样，"在定义中，它总是将涵义与指称和符号联系在一起。如果没有涵义和指称，我们既不能恰当地谈论符号，也不能恰当地谈论定义"。

因此，**元句法**的解读不可避免地会牵扯到某种元语义的解读。双竖划记号可以说是一种典范的语义符号，因为它告知读者要如何将涵义和指称指配给符号。然而，尽管对新引入的符号指配涵义和指称这件事可能是在某种元语言中发生的，但至少到目前为止，这种语言的词项并没有获得多于、少于或异于从对象语言中（直接和立即）获得的语义内容。因此，这种元语言是否只不过是提供了一种纯粹的阐明，而不是给出一种明确的语义或哲学理论，这个问题仍然没有（甚至可能也无法）通过这种解读方式来解决。

更进一步的是，里基茨在一份未发表的手稿中进一步发展了他对弗雷格的反语义阅读，他明确地否认弗雷格对定义所使用的双竖划记号有可能成为一种元句法手段。[1] 根据里基茨的观点，正如判断竖划记号在使用形式语言来进行判断（这就是我们在语言中常常做的事情）一样，双竖划记号也在使用形式语言来用一些符号定义另一个符号（这也是我们在语言中常常做的事情）。在他看来，双竖划记号是弗雷格形式语言的一部分，而定义就发生在普遍的形式语言中。于是，里基茨也就此给出了他对弗雷格"从规定到同一性判断的直接转变"这种说法的诠释。

如果里基茨是正确的，那么弗雷格的系统中就不存在精确和封闭的词项，而且弗雷格也没有一劳永逸地给出一套性质良好的形式系统。相反，通过使用双竖划记号，形式语言就会一步一步地得到系统性的扩充。这种扩充就能帮助我们更容易地处理形式语言，这就是弗雷格看待定义的要点。在这种解读中，我们绝对不能将"构造"视为对初始形式语言的元句法表征，因为这里并不存在具有固定词项的形式语言。弗雷格**根本**没有给出过封闭的形式系统！取而代之的是，"构造"是通过下述的形式语言起作用的：该形式语言应处在"其中词项得到了仔细规约，且数量不断增长"的环境之中。在定义中增加新词项，这所起的作用就像是一种特殊的同一性公理，它总是在对弗雷格原来那个初始系统进行保守扩张——尽管正如里基茨强调的那样，弗雷格从未试图证明过这样的元理论陈述。在里基茨的解读中，双竖划记号的使用虽然不是弗雷格逻辑结构的一部分，但是在"构造"中，该使用通过由"分析"中给出之显定义来索引到的同一性判断而得以形式化。"构造"引发了定义，这是因为后者不是判断而是规定。但从它们依旧被普遍形式语言所框定的意义上讲，定义仍然是"系统的一部分"，同时它们也不是从外在于系统或语言立足点出发来作出的规定或缩写。因此，里基茨认为弗雷格的思

---

1　见里基茨未发表手稿中有关弗雷格的"对谈"、"信函"以及第 1 章第 3 节。

想中没有元句法理论，而只有如何用他的形式语言来写下证明的规则。[1]

这表明，对弗雷格的语义解读和反语义解读之间的争论可以说是多么深刻地渗透到我们对弗雷格的哲学和逻辑的理解中。我们已经熟知——甚至还被范·海耶诺特本人告知过——弗雷格是第一个精确地构造"形式系统"这一概念的人（1985：12）。但如果里基茨是正确的，那么就算是这种对弗雷格的理解也可能不得不受到——即使只是轻微的——修正。我的观点就是要强调，当我们试图获取关于弗雷格的总体事业，乃至关于他形式语言的结构方面的确定答案时，我们会面临什么困难。为了解读弗雷格，我们总是会不由自主地回到我们自己的哲学偏好上，即使在弗雷格的处理程序中看起来是最清晰的地方也是如此。[2]

---

1 正如里基茨本人所指出的那样，他的观点有一个进一步的证据，那就是《算术的基本规律》中的§48 #12，其标题为"对定义的引用"。根据里基茨的说法，弗雷格将使用双竖划记号视为形式语言的推理规则。里基茨观点的批评者或许不得不声称，这一节与其说是提出了一条推理规则，不如说是给出了弗雷格在§47中所说的一个"补充观点"。然而，请注意，在《算术的基本规律》§53中，弗雷格确实谈到了"我在'分析'中所要引入的规则"，并让读者返回去参考§48。

2 我之所以会开始思考弗雷格对定义的处理，是因为我要回应汉斯·斯卢加和琼·韦纳的论文《弗雷格和分析哲学的起源》——该论文发布于1995年12月美国哲学协会举办的一次研讨会。斯卢加和韦纳的论证都是要反对"弗雷格区分涵义和指称"一事的几种得到公认的诠释，他们的论证让我比之前要更加仔细地思考弗雷格在同一性和定义上的思想。我要感谢他们在研讨会上和其他已出版的作品中对我提供的启发。我还要感谢阿纳特·比莱茨基和阿纳特·马塔尔在1996年1月组织特拉维夫研讨会时的热情和慷慨，在那次会议上我宣读了本论文的早期版本。特拉维夫研讨会上的以及1996年6月在奥斯陆大学的听众都提出了有益的建议，我对此表示感谢。

我对弗雷格和关于如何解读他的相关争议的理解都要归功于伯顿·德雷本，我感谢他自1983年以来与我一起花了很多时间讨论弗雷格，感谢他在本文写作的每个阶段都提供了睿智的撰写和哲学方面建议。简·哈拉尔德·阿尔尼斯、罗希特·帕里克（Rohit Parikh）和桑福德·谢也对我的论文草稿提出过有益的评论；托马斯·里基茨也是如此，他的关于弗雷格哲学的手稿，特别是其中关于弗雷格论定义的第一章§3特别有启发性。

参考文献：

Baker, G.P. and Hacker, P. M. S. (1984) *Logical Excavations*, Oxford: Oxford University Press.

Benacerraf, P. (1995) "Frege: The Last Logicist," in W. Demopoulos (ed.) *Frege's Philosophy of Mathematics*, Cambridge, Mass. : Harvard University Press.

Conant J. (1992) "The Search for Logically Alien Thought: Descartes, Kant, Frege and the *Tractatus*" in Hill, C. (ed.) *Philosophical Topics* 20/1.

de Rouilhan, P. (1988) *Frege: Les Paradoxes de la Représentation*, Paris: Les Editions de Minuit.

Demopoulos, W. (ed.) (1995) *Frege's Philosophy of Mathematics*, Cambridge, Mass.: Harvard University Press.

Diamond, Cora (1991a) *The Realistic Spirit*, Cambridge, Mass.: MIT Press.

— (1991b) "Ethics, Imagination and the Method of Wittgenstein's *Tractatus*," R. Heinrich and H. Vetter (eds) *Bilder der Philosophie*, Wiener Reihe 5, 55–90.

Dreben, B. (1962–96) Unpublished lecture transcriptions.

— "Frege on Foundations," 4/6/92 lecture to the Boston University Colloquium for the Philosophy of Science, unpublished transcription.

— (1992) "Putnam, Quine and the Facts," in Hill, C. (ed.) *Philosophical Topics* 20/1.

Dreben, B. and van Heijenoort, J. (1986) "Introductory note to 1929, 1930 and 1930a," in S.Feferman, J. W. Dawson, Jr, S. C. Kleene, G. H. Moore, R. M. Solovay, J. van Heijenoort (eds) *Kurt Gödel, Collected Papers*, I. New York, Oxford: Clarendon Press.

Dummett, M. (1973, 1981) *Frege: Philosophy of Language*, Cambridge, Mass.: Harvard University Press.

— (1978) *Truth and Other Enigmas*, Cambridge, Mass.: Harvard University Press.

— (1981) *The Interpretation of Frege's Philosophy*, Cambridge, Mass.: Harvard University Press.

— (1984) "An Unsuccessful Dig: Critical Notice of G. Baker and P. Hacker, *Logical Excavations*" in C. Wright (ed.) *Frege: Tradition and Influence*, Oxford: Blackwells.

— (1987) *"Review of Kurt Gödel Collected Works,"* Mind 96: 570–5.

— (1991a) *The Logical Basis of Metaphysics,* Cambridge, Mass.: Harvard University Press.

— (1991b) *Frege and Other Philosophers*, Oxford: Clarendon Press.

— (1993a) *The Seas of Language*, Oxford: Oxford University Press.

— (1993b) *Origins of Analytic Philosophy*, Cambridge, Mass.: Harvard University Press.

— (1994) *Frege: Philosophy of Mathematics*, Cambridge, Mass.: Harvard University Press.

Floyd, J. (1995) "On Saying What You Really Want to Say," in J. Hintikka (ed.) *From Dedekind to Gödel*, Dordrecht: Kluwer.

Floyd, J. and Shieh, S. (eds) (forthcoming) *Future Pasts*, Cambridge, Mass.: Harvard University Press.

Frege, G. (1879) *Begriffsschrift*, Halle, Verlag von Louis Nebert, second edition, Ignacio Angelelli (ed.) Hildesheim: Georg Olms (1964); trans. J. van Heijenoort (ed.) *From Frege to Gödel: A Sourcebook in Mathematical Logic 1879–1931*.

— (1884) *Die Grundlagen der Arithmetik*, Breslau; trans. J. L. Austin as The Foundations of Arithmetic (2nd edition, Oxford, 1953; reprinted by Northwestern University Press, 1980).

— (1893, 1903) *Grundgesetze der Arithmetik*, Vol. I, Vol. II; reprinted by Hildesheim: Georg Olms Verlagsbuchhandlung (1966); partially translated into English (through s.52) as The Basic Laws of Arithmetic by M. Furth, Berkeley: University of California Press (1964).

— (1967) *Kleine Schriften*, I. Angelelli (ed.) Hildesheim: Georg Olms Verlagsbuchhandlung.

— (1969) *Nachgelassene Schriften*, H. Hermes, et al. (eds) Hamburg: Felix Meiner.

— (1971) *On the Foundations of Geometry and Formal Theories of Arithmetic*, trans. E. Kluge, New Haven: Yale University Press.

— (1976) *Wissenschaftlicher Briefwechsel*, G. Gabriel et al. (eds), Hamburg: Felix Meiner.

— (1979) *Posthumous Writings, Hans Hermes*, Friedrich Kambartel, Friedrich Kaulbach (eds), trans. P. Long and R. White, Chicago: University of Chicago Press.

— (1980a) *Translations from the Philosophical Writings of Gottlob Frege*, trans. M. Black and P. Geach (eds), third edition, Totowa, NJ: Rowman and Littlefield.

— (1980b) *Philosophical and Mathematical Correspondence*, G. Gabriel et al. (eds), abridged by B. McGuinness, trans. H. Kaal, Chicago: University of Chicago Press.

— (1984) *Collected Papers on Mathematics, Logic and Philosophy*, B.

McGuinness (ed.), trans. M. Black et al., Oxford: Blackwell.

Gödel, K. (1986) *Kurt Gödel, Collected Papers*, I., S. Feferman, J. W. Dawson, Jr., S. C. Kleene, G. H. Moore, R. M. Solovay, J.van Heijenoort (eds) New York: Oxford, Clarendon Press.

Goldfarb, W. (1979) "Logic in the Twenties: the Nature of the Quantifier," *Journal of Symbolic Logic* 44, 3: 351–68.

Heck, R. (forthcoming) "Frege and Semantics," in Ricketts (ed.) *The Cambridge Companion to Frege*, Cambridge: Cambridge University Press.

Hill, C. (ed.) (1992) *Philosophical Topics* 20, 1: 114–80.

Hintikka, J. (1979) "Frege's Hidden Semantics," *Revue Internationale de Philosophie* 33: 716–22.

— and Hintikka, M. (1986) *Investigating Wittgenstein*, Oxford: Blackwell.

Kemp, G. (1995) "Truth in Frege's 'Law of Truth'," *Synthese* 105: 31–51.

Marion, M. and Voizard, A. (eds) (forthcoming) *Frege, Logique Mathématique et Philosophie*, Paris: l'Harmattan.

Mendelsohn, R. (1982) "Frege's *Begriffsschrift* Theory of Identity," *Journal of the History of Philosophy* XX, 3: 279–99.

Picardi, E. (1988) "Frege on Definition and Logical Proof," in *Atti del Congresso Temi e prospettive della logica e della filosofia della scienza contemporanee*, Cesena 7–10 gennaio 1987, Vol. I CLUEB, Bologna Italy: 227–30.

Putnam, Hilary (1992) "Reply to Conant," "Reply to Drehen," in *Philosophical Topics* 20, 1.

Quine, W. V. O. (1977) "Facts of the Matter," in R. W. Shahan and K. R. Merrill (eds) *American Philosophy from Edwards to Quine*, Norman, Ok.: University of Oklahoma Press.

Ricketts, T. (1985) "Frege the Tractatus, and the Logocentric Predicament," *Noûs* 9, 1: 3–15.

— (1986a) "Generality, Meaning and Sense in Frege," *Pacific Philosophical Quarterly* 67, 3: 172–95.

— (1986b) "Objectivity and Objecthood: Frege's Metaphysics of Judgment," in L. Haaparanta and J. Hintikka (eds) *Frege Synthesized*, Dordrecht: D. Reidel: 65–95.

— (1996a) "Logic and Truth in Frege," *Proceedings of the Aristotelian Society.*

— (1997) "Truth-Values and Courses-of-Value in Frege's *Grundgesetze*," in W. W. Tait (ed.) *Early Analytic Philosophy: Essays in honor of Leonard Linsky*,

Chicago: Open Court Press.

— (forthcoming) unpublished manuscript on Frege's philosophy.

Ricketts, T. (ed.) (forthcoming) *The Cambridge Companion to Frege*, Cambridge: Cambridge University Press.

Russell, Bertrand (1903) *The Principles of Mathematics*, Cambridge: Cambridge University Press; second edition (with a new Introduction), New York: W. W. Norton & Company, 1938.

— and Whitehead, Alfred North (1910, 1912) *Principia Mathematica* (2 vols.), Cambridge: Cambridge University Press; second edition, 1925.

— (1919) *Introduction to Mathematical Philosophy*, London: George Allen & Unwin, Ltd; (second edition 1920).

— (1973) *Essays in Analysis*, D. Lackey (ed.) New York: George Braziller.

Shieh, S. (forthcoming) "On Frege's Logic and Semantics," in M. Marion and A. Voizard. (eds.) *Frege, Logique Mathématique et Philosophie*, Paris: l'Harmattan.

Sluga, H. (1980) Gottlob Frege, London: Routledge and Kegan Paul.

— (1987) "Frege Against the Booleans," *Notre Dame Journal of Formal Logic* 28 1: 80–98.

Stanley, J. (forthcoming) "Truth and Metatheory in Frege," *Pacific Philosophical Quarterly*.

Tappenden, J. (1995) "Extending Knowledge and 'Fruitful Concepts': Fregean Themes in the Foundations of Mathematics," *Noûs*: 427–67.

van Heijenoort, J. (1985) *Selected Essays*, Naples: Bibliopolis.

van Heijenoort, J. (ed.) (1967) *From Frege to Gödel: A Sourcebook in Mathematical Logic 1879–1931*, Cambridge, Mass.: Harvard University Press.

Weiner, J. (1982) "Putting Frege in Perspective," Ph.D. thesis, Harvard University.

— (1984) "The Philosopher Behind the Last Logicist," in C. Wright (ed.) *Frege Tradition and Influence*, Oxford: Blackwell.

— (1990) *Frege in Perspective*, Ithaca: Cornell University Press.

— (forthcoming) "Theory and Elucidation," in J. Floyd and S. Shieh (eds) *Future Pasts*, Cambridge, Mass.: Harvard University Press.

Wittgenstein, Ludwig (1922) *Tractatus Logico Philosophicus*, with an introduction by Bertrand Russell, trans. C. K. Ogden, London: Routledge and Kegan Paul (corrected edition 1933).

Wright, C. (ed.)(1984) *Frege: Tradition and Influence*, Oxford: Blackwell.

# 9

## 基于分析的消除：
## 论罗素《论指称》的哲学意义

吉利德·巴-埃利（Gilead Bar-Elli）／著

倪明红／译

### 分析和消除：一些概念

受分析哲学的伟大奠基人弗雷格和罗素的启发，分析哲学一开始就是本体论导向的。经由本体论关切，分析哲学将语言置于核心地位。这一做法，与其说是出于对语言的喜爱，不如说是恐惧。关心语言，主要是因为分析哲学的伟大奠基者们认为语言会带来严重的误导。通过暗示一些无根无据的本体论图景、成见和假定，语言可以将本体论引入歧途，进而造成深远的哲学恶果。

与一般观点相反，伟大的分析哲学家们如此关心语言，不是因为他们认为"一切都是语言的""语言是真理的关键"。恰恰相反，他们认为语言（即自然语言）可以严重地误导我们，我们必须从中摆脱出来。该观点不是说在日常交流工具意义上的语言具有误导性，而是说语言的一些特征，特别是其逻辑的和语法的特征，可能会暗示错误的、有误导性的哲学观念（再一次，主要是本体论概念）。正因如此，逻辑获得了核心地位。逻辑据说是摆脱语言误导桎梏的手段，是通往自由的康庄大道。然而，这并不意味着我们可以忽视或避开语言直奔真理本身，这是不可能的。反对语言的误导和蛊惑的斗争之所以备受重视，恰恰是因为语言被认为极其强大。语言支配着方方面面，我们处处都陷在语言误导的囹圄中。

但是人们认为，可以从内部与语言作斗争。也就是说，可以通过拒斥、修正和改进语言所暗示的图景和先入之见来斗争。分析哲学中的佼佼者们经常假定和断言：现代逻辑和对语言的逻辑分析是对抗语言的误导蛊惑的主要武器。因此，在我的文章标题中的"消除"，主要是消除"杜撰实体"和站不住脚的本体论误解；"分析"，是对语言的逻辑分析。本体论关切和逻辑分析的联姻打开了两条主轴线：对存在概念进行逻辑分析，将其诠释为量词，而非对象的一个属性；对各种表达的本体论承诺和蕴涵进行详细审视。

这两个观点都源于弗雷格。存在概念的量化解释显然归功于他。其实第二条轴线也是如此。最典型的例子是，在《算数基础》一书中，弗雷格的语境定义的观点及其本体论蕴涵、从算术到逻辑的还原、为了达成还原这一目的所使用的不同技巧，以及他对各种形式的复杂句子的分析（例如，在《论涵义和指称》一文中）。我并不打算讨论在分析哲学中此潮流的弗雷格底色，而是在进行一些简介后，聚焦于其在罗素哲学中的表现。

以下做法已经成为分析哲学中的一个主流趋势：通过对声称指称了某些实体（可疑实体）的表达式所在的句子进行逻辑分析，表明这些实体是可消除的。消除要么采用激进的方式，将可疑实体完全消除；要么采取温和的方式，表明可疑实体可以还原为更可接受的实体。如此一来，数被还原为概念和集合（Frege，Russell）；序列被还原为集合（Wiener，Kuratowski）；某些种类的内涵被还原成外延（卡尔纳普在《意义与必然性》中；刘易斯在可能世界语义学中对模态算子的解释，参见他的《反事实条件句》一书）。这些都属于温和的消除方式。我称之为"温和"，是因为将某个领域还原为另一个更可接受的领域，也许可以被当作对前者的合法化。（但是，这种合法化的套路是如此廉价、如此轻巧。我们也可以基于同样的关于还原的事实来表明可以合理拒斥或取消前者——理由之前说过的，既然前者可以还原为后者，那还何必承诺前者的实在性呢？）

更激进一些的例子是，依据关于物理对象（如句子、大脑过程）的外延环境来分析看起来像是心理对象的言谈。一个这样的例子是，蒯因对心理谓词的反对、对模态算子某些用法的反对、针对看起来似乎承诺了这些不受欢迎的概念的言谈方式（或者分析这些言谈中什么是合法的），他和其他哲学家所提出的分析方法。罗素的摹状词理论看起来也可能属于这类例子。该理论表明，在强消除的意义上，某些种类的实体（指称）是可消除的：声称是关于这些实体的表达，可以分析成它们完全不在其中起作用的句子。至少，该理论通常被视为旨在说明这一点。

我讲过，分析是对相关句子和表达式的分析。尽管这在一般意义上是正确的，但是这在某种程度上却是不准确的。这是因为包括罗素（重要代表）在内的众多分析哲学的支持者们认为所涉（逻辑）分析是直面事实、命题和概念本身，而非它们的语言表达。摩尔对此态度相当直白（例如，在施尔普［Schilpp］编的《摩尔的哲学》中，他的《回应》一文）。再比如赖尔，在分析哲学的另一经典中作了如下讨论：

> 哲学必须包含系统性重述……它的重述是句法变形……受制于……将哲学所研究的事实的形式展示出来的愿望。经过该表达式的表达，事实的真实形式就被遮蔽了。此时，我们可以追问所录事实的真实形式。我们往往可以成功地以一种新形式的言辞叙述这一事实，新叙述展示了别的叙述所未能展示的。我目前倾向于相信这就是哲学分析，这是哲学

唯一的、也是全部的功能。

（Ryle 1931：36）

蒯因似乎分享了赖尔对用麻烦少的术语重述某个表达的可能性的推崇。他可能不太认可赖尔所说的作为揭示事实真正形式的分析所充满的实在论精神，而更青睐于限于语言之内的分析。因此，在阐释他的名言"解释就是消除"时，蒯因援引了若干典型例子（序对、条件句、限定摹状词、量词）并论述道：

> 在所有这些情况下，问题已在被表明为纯粹语词性的这个重要意义上被消解了，之所以为纯粹语词性的，是就其产生于语言的用法这一重要的意义而言的，这些用法可以避而不用，而代之以不产生这类问题的用法。[1]

（Quine 1960：261）

蒯因给这种分析方式一个明确的实用主义转向：

> 一开始，我们有一个表达式或表达形式。它多少有点麻烦……但是，它也服务于特定的目的，而这些目的本身不会被放弃。通过使用其他更少麻烦的表达形式，我们另辟蹊径来达成这些目的。旧的困惑就解决了。

（Quine 1960：260）

尽管赖尔和蒯因（像其他哲学家一样）都引用罗素及其摹状词理论

---

1　此处译文转录自蒯因的《语词和对象》（陈启伟、朱锐、张学广译，中国人民大学出版社，2012，第279页），稍有改动。译者注。

作为他们的哲学分析版本的范例，但是我认为罗素所持有的是一个更加"厚重"的哲学（逻辑）分析的观念——它比赖尔的更有建设性和系统性，又比蒯因更少"实用主义"色彩，更多分析性。对罗素而言，分析的目的就在于揭示真理及其最终成分。这体现在颇有点归纳味道的回溯过程中，从结论到前提，从直觉地知晓或信以为真的事实到它们的最终成分和结构：

> 依我之见，健全的哲学推理过程主要包含在：从我们很有把握的那些显而易见的、模糊的、有歧义的事物开始，到某些精确的、清晰的、确定的事物。经过反思和分析，我们发现这些清晰的事物就包含在我们开始的模糊事物之中。也就是说，**模糊事物就是真理的一个影子**。[1]
>
> （Russell 1956a：179-80，着重部分为本文作者所加）

显然，罗素的动机是认识论的。其分析以更简单的真理和概念为终点，主张关于它们的知识将承担更少的风险。他自己总结道："只要有可能就用已知实体构造，而非向未知实体去推论。"（1956a：326）在此，他提到的例子除了数和类，就是摹状词理论（p. 327f）。

暂时忽视这些（和其他）重大分歧，我们可以归纳出，在蒯因、赖尔和罗素及其他很多哲学家那里，消除某类实体的目的有望以如下方式通过逻辑分析而获得：

1. 一个特定的表达式看起来暗示了对某类对象或概念的（某种）承诺。

---

1　此处译文转录自罗素《逻辑与知识》（苑莉均译，张家龙校，商务印书馆，2019，第222页），稍有改动。译者注。

2. 基于若干哲学理由，这类对象是可疑的、成问题的。

3. 逻辑分析揭示了这个表达方式是多余的。这类句子可以被分析或改述成别的句子，后者不仅没有这些不受欢迎的承诺，而且在内容上也没有重大损失。

4. 所涉逻辑分析揭示了成问题"内容（命题、事实、概念）"的真实（逻辑）形式。

5. 因此，就该内容的"真实的"逻辑形式而言，"成问题"的表达式被证明是不必要和不可靠的。其承诺的可疑实体被逻辑分析消除。

这个议题可以而且已经引起了诸多问题。其中一个很自然的问题就是，关于此类分析必须满足的约束和条件：我们何时（什么条件下）应该把一个分析当作给出了想要事实(或命题、或概念)的逻辑形式？当然，这是一个非常大的问题。事实上，这就是分析最为紧要的问题。我不会全面讨论它，而是宁愿对此问题指出三条主要的研究进路。我将作出一个适用于这三者的一般评论，并从这个角度，对罗素《论指称》一文中摹状词理论的一些特征展开讨论。

1. 第一条进路是实用主义的，往往与卡尔纳普的"解释"（源头上讲也是弗雷格的）观念相关联：用一个特定的言语（或整个语言）的形式来代替原来的形式。这里要求的唯一条件就是新模式在某些地方优于（更精确、更良好定义的）旧的。新模式至少与旧模式的实用主义功用相匹敌（适用于旧模式的大多数典型情况，并且能满足一些其他实用主义条件）。上文所引蒯因的进路就颇为符合该进路。

2. 第二条进路是"局部的"、限于语言内部的。有时就是语言内局部的零碎的重述。一个好例子是，上文所引赖尔自己的、关于他称之为"类指称"描述的论文。如"这只猫头鹰栖息在那棵树的树顶"，这个描述似乎指涉一个确定的东西或地方，但是合适的改写可能显示并不"真的"涉及这个指称。类似地，"度假的想法被我刚刚想到"这个句子被改写成"我刚刚想到去度假"，以便不在本体论上预设一个洛克式的观念。在这些例子中，赖尔写道，"需要进行抽象和概括的哲学家们和其他人都倾向于被语词的相似性所误导。一种定冠词短语和另一种定冠词短语之间很相似，为了能够显示这种带定冠词的短语所指称的所与，而'生造实体'"（1931：27）。赖尔认为这是错误的，主要理由是，这些陈述可以被轻易地以某种方式改写为不暗示任何本体论承诺的句子。（1931：30）

3. 系统—整体进路。该进路提出了内容相等（或相同）的整体条件（例如，依据成真条件），通过在相同的真值条件下进行系统分析，保持内容确定不变。这种分析在逻辑和语义研究中变得极其常见。该分析可以被称为"经典进路"；弗雷格、罗素和其他许多分析哲学家提供的大多数经典分析都属于该进路。很多将某个领域建模在另一个领域的还原也属于此类。一个相对简单的例子是蒯因将库拉托夫斯基对序列的集合论定义作为分析的范例进行展示。（1960：257-62）此处序列相等的条件是确定的，然后，一个集合论的公式被证明满足这些条件，从而提供了序列（或序）的集合论分析。对还原来说，将某个领域建模在另一个领域之上就足够了，这一观点曾经屡遭挑战。为了实现真正的还原，已有许多必须满足的额外条件被提出。尽管相关，但这些讨论将会让我们离题万里。

然而，我愿意提到一点，它与所有进路都或多或少相关。事实上，这个点所关联的正是通过分析实现消除的观点。我们可能觉得一个恰当的哲学分析不应该仅仅以提供一个绕开或避免困难的方法为目的，还应该证明或解释该问题是如何出现的；哪些概念、原则和观念的使用或误用产生了这个问题。针对概念和原则中的相关要素，我们应该查明其中有效的应该被尊重的要素，以及需要改变和修正的要素。如果这样一个分析成功了，那么它就不应该只是指出我们在某个地方出了毛病的事实，再通过一个奇迹般的把戏将我们带到正确的地方；而是应该解释我们是如何出错的，通过将我们拉回正道，应该能为我们提供一个方法，让我们根据自己的路线到达我们想去的地方。哲学困难不能通过展示它们如何可以经由采取完全不同的路线来避免而消除。哲学困难是这样消除的：通过展示如何经由采取完全相同的路线，恰当而小心地行进来避免这些困难，而不当的行进方式则会导致这些困难。

## 罗素《论指称》一文中的指称和关于性

根据这些一般性的评论，我将细究罗素《论指称》一文的若干特征。该文可能是分析哲学最经典的论文，许多人认为它标志着分析哲学的开端。我假设大家都熟悉文中理论，因此不再赘述。笼统地讲，该理论将看起来是单称（主—谓）陈述"那个 F 是 G"的形式分析为量化表达"存在一个 F，没有其他 F，并且所有 F 是 G"的形式。该理论的主要意思明确表达在罗素的这一信条之中："摹状词（和其他指称短语类似）是不完全符号。"也就是说，摹状词自身没有意义，尽管它们以一种系统性的方式，对其所出现的句子（命题）的意义有所贡献。

初看起来，该文似乎恰好既符合通过分析的消除的一般特征，又与上文所提到的第三条进路相吻合。描述陈述看似会引起诸多困难，而罗素的理论所展示的正是如何处理这类陈述以避免相应的困难。"当今法国国王是秃头"看起来是一个单称的主谓陈述句，将秃头归于（可能是错误地）某人。类似于，"当今约旦国王是秃头"看起来是一个单称的主谓陈述句，将秃头归于侯赛因国王。但是我们知道前者在诸多方面问题重重：它甚至可能会威胁我们的逻辑一致性，或者杜撰出不存在的实体，比如法国国王。类似地，"金山不存在"似乎否定某物具有一个属性（存在），就像"戈兰高地是多石的"将一个属性归于一座山。但是，这再次以相似的方式造成严重的问题。通过对这些句子进行量化翻译，罗素的理论为解决这些问题提供了完美的方案，在罗素的量化翻译中这些问题压根儿就不会出现。

因此，一般而言，罗素理论似乎提供了一个上文提到的第三种类型的分析：它为构造纯量化句提供了一般的、系统的方法。量化句子不声称指称任何可疑实体。直观地理解，量化句子精确吻合原语句的内容，即其真值条件。[1]在这个意义上，依照以前的"成问题的模式"可以说的一切都可以转化到量化理论的新模式里。

如果罗素的论文只做到这一点，它也会是我们耳熟能详的经典，仍然不失为分析哲学的典范。但是罗素做了"更多"的事情，这正是我此处想要强调的重点。因为我相信，不仅是这"更多"被专业评论家们忽视了，而且正是这"更多"包含了《论指称》一文的主要哲学意义：在摹状词的指称和其量化分析之间的关系不是一个简单的、单向的还原关系，而是揭示了内部的概念的相互连接。摹状词的指称根据量化式得到分析；但是我们对量化的理解，涉及甚至依赖于我们对摹状词指称的理解能力。罗素在《论指称》中提出的摹状词理论并没有完全绕开或消除摹状词的指称；而是通过将摹状词与量化式的一般的指称特征相联系，展示了如何处理它们。通过揭示和分析摹状词的指称和量化理论之间的内在的相互连接，罗素所揭示（发现）和解释的正是我们的语言和思想指称的、意向主义的机制的本质特征。

在这里，我将提及那些由此被揭示和解释的特征中若干最为重要的方面。下面五点是相互关联的，它们每一个的重要性都应该连同其他几

---

1　"成问题的"用语和"可接受的"用语之间的相等往往只是在真实的情况下才得以建立。在这种情况下，"成问题的"用语是按字面意思理解的，未加分析。我认为这一点至关重要，但是不打算在此论证它。

点一起来审视。

## "关于性"（aboutness）的作用

罗素的理论展示了如何尊重这样一个一般的直觉要求：**任何有意义的句子都是关于某物的**。据我所知，罗素从未确切表达过这个原则，但是作为一个覆盖原则，该原则存在于他所有工作的背景中。例如，尽管在 1903 年发表的《数学原则》（以下简称"《原则》"）中罗素没有一直遵守此原则，但是没有它，那本著作的大部分都将难以理解。在《原则》一书中，命题观念是由"关于性"观念构成的。在每一个命题中，它称之为断言的东西，都是关于某物（一个项）的断言（1903：39；另见 1903：44）。说命题观念由关于性观念构成，并不意味着每个命题都是关于某物的。就如同说命题观念由真理观念构成，并不意味着每个命题都为真。这其实意味着，如果不理解何为"一个命题是关于一个对象的"，就不能理解什么是一个命题。这就像，如果不理解什么是一个命题为真，就不能理解什么是一个命题。有一些命题看起来似乎不关于任何对象，例如"金山在法国"。这个事实对罗素来说是个严重的问题。但是它自身并没有否定命题观念由关于性观念构成这个一般性构想，而是在该构想内部提出了挑战。[1]

在《原则》中，对于解释一类特殊的概念——指称概念来说，关于性也是至关重要的。在命题"我遇到一个人"中，关于我自身的某物被断言了。而关于"人"这个概念并没有什么被断言，尽管它也出现在命题中。但是，关于"（人这个）概念所指称的实际的两足动物"的某些东西被断言了（1903：47）。在《原则》的第五章，罗素强调了指称概念的基本特征及其重要性。他详述了先前引证的评论，然后说道："描

---

[1] 我认为在《原则》中，关于性的观念也是构成命题的个体性的成分。但是我不会在此详述。

述之所以是可能的，即我们可以通过使用一个概念来标示一个不是概念的东西，是因为一些概念和一些项之间的逻辑关系。凭借此关系，这样的概念内在地、逻辑地指称这样的项。"在下一段，他接着定义："当一个概念出现在一个命题中，这个命题不是关于这个概念的，而是关于一个与此概念以一种特定方式连接起来的项时，这个概念就有所指称。"（1903：53）[1]

正如上文所述，一个描述命题可能包含这样一个指称概念——摹状词的意义——它不指称任何东西，因此该命题也就不关于任何东西。罗素在《原则》一书中讨论了这样的命题，尽管惊人地简短（参阅，例如1903：73-4）。一些评论家认为，《原则》中指称概念理论的确为"空表达式"问题提供了令人满意的解决办法（尽管那时罗素可能尚未抓住该方法）。我相信这是一个错误：在《原则》中不存在令人满意的解决方案。正如罗素后来考虑这一点时所正确认为的，这是放弃该理论，并用《论指称》中的理论来取代它的主要理由之一。[2]因此，在《原则》中，

---

1　这个指称的定义引起了一个问题。一般概念（大概包含指称概念）的显著标志是，在（1）"苏格拉底是人"和（2）"人性属于苏格拉底"中，它们可以有"两重奇异的用法"：人和人性。我们也已经看到，（1）和（2）之间的差异是：（1）不是关于（人）这个概念的。根据上文所引的指称概念的定义，我们可以推断，在（1）中那个概念有所指称。但是罗素明确地否定了这一点（1903：54）。显然，在（2）中，它也不指称（它作为人性，在主词的位置）。在此，我们可能应该得出这样一个结论，只要当一个概念出现在一个命题中，而这个命题又不是关于这个概念的，这个概念就指称。因此，人在（1）中不指称，因为它出现在（2）中，而且是（2）所关于的。或者，我们可以认为指称只与在主词位置的概念相关。

2　这些评论家中的一个知名代表希尔顿是正确的，在《原则》中，一个摹状词是空的这一事实并不会使命题丧失一个恰当组分，命题仍然会包含指称概念作为一个组分。但是希尔顿看起来忽视了这一观点引起的严重问题。我会简单提两点：1.一个包含空摹状词的命题会是一个不关于任何对象的（有意义的）命题，而这对罗素来说是很糟糕的事情。2.在《原则》中，一个指称概念和它所指称的对象之间的关系被认为是初始的、逻辑的关系。这一点看起来与空指称概念的观点是不一致的。因为后者依赖于这个观点：一个指称概念是否指称是一个经验问题。参见 Hylton 1992：73，247。

作为命题观念的组成部分的关于性，和一些描述命题缺乏指称、不关于任何东西的想法之间存在真实的张力。

在《论指称》的新理论中，通过拓展关于性关系的范围，罗素得以维持那个直觉要求：任何命题都是关于某物的。如其他命题那样，一个描述命题，是关于它的组成部分的；在它有指称的地方，也是关于它的指称的。因此，一个有意义的命题绝不可能不关于任何东西，有时候，它关于什么取决于特定事实。使得这样一个观点成为可能的正是如下事实：指称不再被认为是一个初始的逻辑关系（就像在《原则》中），而是通过作为一个整体的命题的逻辑结构所决定的。存在一个命题所关于的指称，这很自然地被认为是这个命题为真的一个方面，并且这由事实所决定。

## 描述陈述的对象性

罗素在《论指称》一文中的立场尊重基本直觉：描述陈述是"面向对象的"或"包含实体的"，即一个描述陈述不仅有所关于，而且一般是关于一个对象，该对象由其描述（摹状词）所决定。这是一个重点，我必须详加论述。因为它反对盛行的、几乎被一致同意的对罗素观点的解释。我当下讨论的对象指向性是这样一个观点，即描述陈述被构想为往往是指向一个对象、关于一个对象（可能失败），而不是像它们的量化分析所表明的是纯粹"普遍性的"。[1]这种对象指向性不仅正好展现在《论指称》一文的标题中，还体现在（摹状词）理论的三个重要方面：（1）理论的明确动机，在论文里，罗素谈论了依靠指称短语"到达对象"（1956b：41）；（2）通过描述来解释关于对象的知识、或者理解对象

---

1 我所谈论的对象指向性是更弱、更一般、也更加抽象的，比如与唐纳兰（Donnellan）的摹状词的"指称性"用法相比。这并不意味着说出一个描述陈述时，言说者的脑海中有一个他的陈述所关于的具体对象，而是说，他认为命题是或者声称是关于一个对象的。

的知识的需要；（3）在《论指称》一文中给指称概念提供的定义（1956b：51）。

正如 1905 年的这篇经典论文的标题所示，罗素的摹状词理论讨论的是指称。对于罗素而言，指称问题是思想和命题关于对象的能力的问题。因此，他理论的首要目标（至少在早期）就是去揭示和分析，一个思想或命题与它关于的那个对象之间的关系所涉及的概念和机制。在《论指称》中，罗素满脑子想的都是描述如何成功的问题：一个描述命题如何可以关于一个不是语句成分的对象。"普遍性"的诠释是，一个命题的逻辑形式可以表明，和表面看起来不一样，这个命题并不真的是关于对象的。[1] 如果这作为对罗素主要洞见的一般理解是正确的，那么它将把罗素的理论解读为是对所假定的指称问题的否定。然而，罗素理论原本就旨在解决该问题。如果把这种命题解读为一般的或普遍的，我们就失去了其意义的一个主要方面——它们关于对象（指称）的那一面。有人可能会认为，这仅仅是它们语法结构的一个表面的、误导性的特征，与它们的意义毫无关系。但我主张，根据罗素的理论，事情并非如此。事实上，这正是他的理论旨在解释的关键特征。当然，令人欣慰的是，它也可以处理"失败的情况"（包含空摹状词的句子）。但是，仅仅聚焦于这个特征，可能让我们的注意力偏离这一理论的主要目的和优点。[2]

如上文所表明的，描述指称的观念和关于描述陈述的对象导向的进路，都在罗素的描述知识或关于对象的知识的观念中有回响，这是他认

---

1　至少，这对弗雷格的量词解释是如此，将这些命题展现为关于概念的二阶谓词。对于量词的其他解释可能要求别的公式化（例如，关于一个未指定对象），尽管一些这样的公式化出现在罗素的理论中，但是他看起来对此并没有持任何清晰的看法。

2　我们能够在此公正地感觉到一个张力——但是这个张力是罗素自己思想的。罗素对于自己理论的重大意义没有清晰的意识，他很长时间没有认真考虑这些明显矛盾的观点。在描述知识的概念中所展现出来的罗素知识论中的张力及其重要意义，在我 1989 年的文章中有所讨论。

识论的核心观念。这里，罗素再度坚称，根据他的摹状词理论的量化翻译分析的描述知识是关于对象的知识。这些翻译的一个纯普遍主义的概念没有为对象导向的观念留下空间，甚至使其莫名其妙。[1]

## 远程意向性

罗素理论的一个重要特征在于它和一个弗雷格式的"教条"相抵触。该教条认为，一个命题所关于的东西，必须明确地被它的一个成分所提及（必须是一个名称的指称）。在罗素的理论中，**一个描述陈述可以关于某个"外在"于它的东西，不是其某个组分**（我称此特征为"远程意向性"）。这又是一个重要的主题，我在这里只能对其作一些简单的评论：弗雷格的理论和罗素在《论指称》之前的理论都主张一个命题（句子、思想）只能是关于其一个（或若干）成分的（我宽松地使用术语"成分"，也就同时覆盖了弗雷格的指称，即一个句子的成分或专名的指称）。在弗雷格的哲学中，这是一个非常重要的原则。在某种程度上，该原则形成了他的观念：一般陈述是关于概念而非对象的。[2] 在《原则》中，罗素总体上支持这个原则，尽管这一点有争议。基于指称——指称概念所指称的对象——不是命题的成分，一些评论家将会否认这一点，但是我认为没有文本证据支持他们。反倒是有大量证据支持相反的观点——指称是命题的一个成分。[3] 在《原则》中，指称经由"指称概念"，以及它们与它们的指称对象之间的"独特的逻辑"关系而实现。在《原则》中罗素从

---

1　对于这一主张及其哲学意义，我在 1989 年的文章中有详细论述。

2　对此，我在 1996 年的著作，尤其是第 1 章和第 7 章有详细论述。

3　参见 Hylton 1992。如正文中所提到的，希尔顿的主张是没有根据的。另外，它与罗素在《原则》中所反复强调的断言是冲突的。罗素主张，在"我遇到一个人"这个命题中，析取（指称概念"一个人"的指称）是该命题的组分。如果我是对的，那么这绝不是一个微不足道的注释，而是表明在《原则》中命题的观念是假冒的，它包含我们没有直接认知通道的组分。

未说过，这个对象——指称的项——不是它在其中被指称的那个命题的一个部分或成分。此外，在不同场合，他明确表达的正是相反的观点。例如，在考虑"苏格拉底是一个人"时，他说，"这个命题包含一个项，一个关系和一个我将称为析取的东西"（1903：54；应参见44，46，47）。这里所说的析取就是指称概念的指称项——一个人。因此，罗素的观点是，指称项被包含在相应的命题中，而这一点可以很自然地被解释成：它是命题的一个成分。[1]另一方面，在《原则》中，罗素说，像"我遇到一个人"这样一个命题，当其为真时，是关于一个"真实的、两足的"人，而这一般来说不是命题的成分。因此，在《原则》中，一个命题是否包含它的指称作为一个成分可能看起来并不清楚。而这可能给理解命题的观念造成严重困难，并很可能是罗素发现它不令人满意的理由之一。

在罗素的《论指称》一文所提出的理论中，所有这一切都发生了彻底的改变：那个原则——一个命题必须包含它所关于的对象作为其成分——被干净利落地抛弃了。在新理论中，一个描述命题是关于它的指称的（当它有指称时），即使其指称在任何情况下都不在其成分中。由此一来，一个更加清晰的命题观念产生了：一个命题包含什么，什么是其成分，受制于一个认知约束——亲知原则。据此原则，我们可以理解的一个命题的所有成分必须通过亲知被我们知道。因此，命题的观念显然被划入理解的理论和知识论的范围。

## 由逻辑结构确定的意向性

最后，可能也是最重要的一点是，罗素理论展示了指称和一个陈述

---

1　根据希尔顿的观点，指称项在命题中被指称，但是它不是命题的一个部分。该观点不仅得不到文本支持，而且在我看来，这似乎对它被设计来解释的那个现象——一个命题可能是关于一个无限全体的——做出了糟糕的解释。如果说，一个无限全体不是它在其中被指称的那个命题的一个部分，那么它是哪个命题的部分？如果都不是，那么构成这个全体的一个真理（我们可能知道）的本体论复合体是什么呢？

所关于的东西是如何**由逻辑形式——整个命题的逻辑形式——所决定**。
（"约旦国王是秃头"可分析为：在约旦有一个国王；在约旦没有其他
国王；在约旦的任何国王都是秃头。侯赛因国王是"约旦国王是秃头"
的指称，虽然对该命题的分析形式中没有一个名称或表达式以侯赛因国
王为意义。但是通过整个命题的结构就决定了这个指称、决定了命题所
关于的东西。）这又是一个伟大的创举：没有先前的理论（就我所知）
断定或证明过这一点。就所有以前的理论而言，指称和一个命题所关于
的东西，是由句子中的一个特定的表达式或命题的一个特定的成分所"局
部地"或"字典式地"决定的。在有些保留的情况下，甚至可以说弗雷
格也是如此认为的。因为，在他的观念中，一个命题（或思想）所关于
的是它的专名的指称，而这些指称由专名各自的涵义所单独决定。命题
的"整体的"特征（比如其逻辑形式）在这里是不相关的。当然，它们
在其他方面是至关重要的，比如，命题的演绎力，乃至如何理解该命题。
在《原则》中，指称被认为是一个指称概念和一个对象之间的初始的"奇
特的"逻辑关系。但是，这个关系和它的非凡效果在《原则》中却完全
保持神秘。对于它是如何被决定的，除了通过指称概念自身的一些神秘
特征外，罗素语焉不详。

　　当然，所有这一切都在《论指称》一文中完全改变了。罗素《论指称》
中的理论第一次把描述命题的逻辑结构作为一个整体来决定摹状词的指
称（指称）、或该命题所关于的对象。这是罗素理论的一个本质特征：
指称，或该命题所关于的东西（当它有指称时），不是被"局部地"或
"字典式地"决定，而是通过作为一个整体的命题的"整体性的"特征，
即其逻辑结构所决定。

## 述　谓

　　弗雷格和罗素二人所关切的一个主要问题是命题的本质，或者更具
体地说，是命题的统一性的问题，也就是后来所说的命题的"结合剂"

或"胶水"。在罗素的术语中，该问题即是：是什么使得命题区别于其他的"复合物"。弗雷格区分了对象和概念，据此来处理该问题。对象是完整的、饱和的实体，而概念（或涵项）是本质上不完整、不饱和的实体，是"根本上述谓性的"。尽管有重要区别，罗素在《原则》中的大致图景与之类似。我们已经提到过，他是依据区分"判断"和"项"，将一个命题的判断力或述谓力归其包含的判断（我这里使用的"谓词"是宽泛的，包括多元关系）来解释命题的奇特本质。二者共同的一个重要特征是，把判断力或述谓力（命题的"胶水"的本质）归于该命题的一个特定的组成部分，实际上归于它的一个组分。

事实上，这个图景在《论指称》一文所提出的新的摹状词理论中破碎了。在此，罗素严格坚持一个（描述）命题的所有组分都是对象，要么是殊相（名称的意义）要么是共相（谓词或一般项的意义）。述谓力和介词的"胶水"不再归于命题的任何组分，而是单独归于命题的逻辑形式。这个革命性的观点，在简单的原子命题中比在描述的量化命题中更难理解。但是事实上，正如维特根斯坦后来在《逻辑哲学论》（他在书中将此观点推向极端）中所认识到的，此观点适用于所有命题，对命题的本质的观念造成了革命性的变化。因此，这是另一个要点，在其中罗素的新观念把逻辑和逻辑形式带到了形而上学的前沿。


通过对看起来承诺了迈农式实体（如法国国王或圆的方）的命题和表达式进行逻辑分析的方式，消除这些不存在的实体，是精彩而重要的工作。通过外延来做到这一点，而非诉诸像弗雷格式涵义或罗素式指称概念之类的想法，就更加引人注目，更加意义重大。但是这种做法，一路假定或预设了诸多哲学概念，无论是否明确。我相信，揭示、解释和分析它们是这一理论的主要哲学意义。这类概念中极为重要的一个是不完全符号的想法：一个表达式从对它出现于其中的句子的意义的系统性贡献上说，它可能是有意义的，尽管单独来看它没有任何意义。这一点已经被广泛讨论，而我在这里几乎没有触及。我宁愿尝试指出《论指称》一文的理论中揭示的（有时候以非常含蓄的方式）至少五个其他重要的哲学概念。从这些方面去看，罗素的摹状词理论不被看作一个利用量化式还原或取代摹状词的提议，而被看作一个真实的分析，它已深入到我们指称能力的本质特征中去。摹状词理论不是一个消除摹状词或摹状词指称的分析（尽管它的确消除了关于指称的糟糕的哲学概念和构想，例如凭借指称概念），而是对一些我们摹状词指称能力背后的基本原则和想法的分析。我这里讨论的五点就在这些基本的想法之中。这些要点极大地塑造了分析哲学传统中哲学思考的关注点和方式。我希望，凸显这五点能同时对这两方面有所贡献：澄清这一传统是什么，以及解释为什么罗素的《论指称》是该传统的一个范例。

参考文献

Bar-Elli, G. (1989) "Acquaintance, Knowledge, and Description in Russell," Russell, 9, 2: 133–56.

— (1996) *The Sense of Reference-Intentionality in Frege*, Berlin: Walter de Gruyter.

Hylton, P. (1992) *Russell, Idealism and the Emergence of Analytic Philosophy*, Oxford:Oxford University Press.

Quine, W. V. O. (1960) *Word and Object*, Cambridge, Mass.: MIT Press.

Russell, B. (1903) *Principles of Mathematics*, London: Allen and Unwin.

— (1956a) "Philosophy of Logical Atomism," reprinted in R. Marsh (ed.) *Logic and Knowledge*, London: Allen and Unwin.

— (1956b) "On Denoting," in R. Marsh (ed.) *Logic and Knowledge*, London: Allen and Unwin.

Ryle, G. (1931) "Systematically Misleading Expressions," *Proceedings of the Aristotelian Society*, reprinted in A. Flew (ed.) *Logic and Language*, Oxford: Blackwell (1953).

# 10

## 知觉：从摩尔到奥斯汀

露丝·安娜·普特南（Ruth Anna Putnam）／著

陈敬坤／译

约翰·奥斯汀（John Austin）在他的《感觉与可感物》（1964）一书结尾写道："正确的策略……是在这整个学说起步之前就把它拆穿。"现在，人们可能会说，奥斯汀这里谈到的学说——某种形式的感觉材料（sense-datum）理论——发轫于现代哲学的开端，即笛卡尔那里。在某种意义上，这么说当然是正确的——提出这一学说的人陷入一种承袭自笛卡尔的图景不可自拔，按照这个图景，我们的知识必须有一个不可撼动的基础。[1] 但是，我们也可以说，笛卡尔所设定的哲学思想路线，在英国以洛克为基础得到进一步的发展，并在欧洲大陆的康德作品中达到顶峰，最终在 20 世纪初，在伟大的绝对唯心论者，英国的布拉德雷和美国的罗伊斯（Royce）的著作中，完成终结。这样来说的话，摩尔的"驳唯心论"（1922a）标志着一个新的开始。当然，摩尔并不是单枪匹马

---

1　我认为，对于这一图景，摩尔没有罗素和艾耶尔陷得深。一般情况下，摩尔似乎已经更倾向于肯定普通的日常信念而不是哲学学说。可参阅（比如）他的《怀疑论的四种形式》的结论部分（1952a）。尽管这篇文章是 20 世纪 40 年代写的，但其中对于哲学学说的态度，我认为艾耶尔至少从 1903 年开始就已经形成了。

地开创了分析哲学；罗素在《我们关于外间世界的知识》（1926）的序言中，把在哲学中使用"逻辑—分析方法"的第一个完整例子归于弗雷格，而那本书本身在分析的知觉哲学的发展中起到了开创性的作用。从某种意义上说，从那本书到艾耶尔的现象主义（1940），再到奥斯汀对它的拒斥，是一条相当清晰直接的路线。但到了1921年，在《心的分析》中，罗素已经被威廉·詹姆斯（William James；1976）的"彻底经验主义"（radical empiricism）所折服，并拒斥了摩尔对知觉的解释。当然，罗素在1926年的新版本中保留了《我们关于外间世界的知识》的解释，但我将坚持认为，鉴于这些新的因素，这一解释不能被视为现象主义的先声。因而，我的目的是双重的：一是要把分析的知觉哲学在历史上的一些主要人物作为历史人物来处理；二是要论证，为经验性知识提供基础这一目标虽然是不切实际的幻想，但解释我们如何生活在一个可知的世界中的目标，原则上是可以实现的。

一

那么，让我们从摩尔"驳唯心论"中对感官知觉的分析开始，他以此反对他所认为的唯心论解释。他说，所有的感觉都涉及两个东西：一个是它们相似的方面，他称之为"意识"（consciousness），或者后来称之为"觉知"（awareness）；一个是它们不同的方面，他称之为"对象"。例如，对蓝天的觉知和对绿草地的觉知就其都作为觉知来说是相似的，但在对象方面是不同的。当然，摩尔并没有说到蓝天和绿草地，他只是说到了蓝色和绿色，我认为他的意思是说，我们觉知到了蓝色这个属性。[1]

---

1　彼得·海尔顿（Peter Hylton 1990：108ff.）恰当地将摩尔和罗素这一时期的观点描述为柏拉图式的原子主义。

另一方面，在施尔普主编的《在世哲学家文库》摩尔卷（1942）中，摩尔回应杜卡斯（Ducasse）的时候告诉我们，说蓝色存在就是说某个蓝色的对象存在；因此，觉知到蓝色可能就是觉知到某个蓝色的对象，而他在"驳唯心论"中所说的那个对象可能是天空。

总之，摩尔把他反对的观点称为传统观点，这种观点认为意识和蓝色都是存在的，并且蓝色是意识的内容。摩尔认为这种观点意味着，蓝色是感觉的一种质，对蓝色的感觉是一种蓝色的心理影像，这恰恰就是他要拒斥的。他认为没有理由假定存在心理影像，但他认为：

> 即使存在心理影像，心理影像、感觉或观念也不会**仅仅**是这样的东西：那个"蓝"即使是作为蓝色的影像、感觉或观念的部分内容，**也**总是以另一种方式与之相关，并且这种相关关系是**唯一使得蓝色的感觉真正成为一个心理事实的东西**。
>
> （Moore 1922a：24）

摩尔强调了最后一句，但他需要论证，而不仅是说说而已。因为正如我们应该注意到的那样，所有的心理事实是否都是意向性的，尤其是感知是否是一种知道，这是值得商榷的。

摩尔坚持认为对蓝色的感觉由三个要素组成：蓝、觉知以及觉知与蓝的关系，这一坚持的意义何在？在断言感觉有一个对象时，摩尔认为他已经表明，被感觉的对象不是我们心灵的一个不可分割的方面，"仅仅是具有一个感觉就已经是**在那个领域之外了**"，这里的领域就是摩尔的反对者所说的"我们自己的观念和感觉的领域"（Moore 1922a：27）。但人们不是总是觉知到另一个观念或感觉吗？摩尔通过觉知与其对象之间的特殊关系的性质将这一点排除了。下面是他的论证。一旦我们理解到：

> 我所说的"对任何事物的觉知"的特殊关系……同样包含在对每一经验的分析之中,从最简单的感觉到最复杂的感知和反思,

并进而理解

> 这种觉知在所有情况下都必须具有这样一种性质,即当我们觉知到一个对象时,这个对象也正是我们没有觉知它时它将会是的东西:那么很明显,一张桌子在空间中的存在与我对它的经验的关系,正如同我自己的经验的存在与我对那个经验的经验的关系。

> (Moore 1922a:29)

于是,他得出结论,我们没有什么理由怀疑物质之物(material things)的存在,就像我们没有理由怀疑我们自己的感觉的存在一样。

幸好摩尔在其他地方认为,他不需要论证就知道物质对象是存在的;因为这个论证关键取决于两个完全无可争议的前提:其一,任何觉知的对象正是那种即使我们没有觉知到它,它也会如其所是的那种东西;其二,在所有类型的经验中,觉知的关系都是相同的。事实上,摩尔确实认为,从道理上讲,我们不需要为自己的所有前提进行论证,但这些前提肯定是需要理由的(1959b)。但我们必须转到一个困扰摩尔余生的问题上来。

在《捍卫常识》中,摩尔明确指出,当他感知到自己的手时(他非常肯定地知道他感知到自己的手,因此他的手存在,因此一个物质对象存在),在另一种意义的"感知"中,他感知到自己的手背,并且他也确定他自己感知到了一个感觉材料。如果那个感觉材料是他所感知到的他的手背的一部分,那么他感知到感觉材料的"感知"与他感知到他的

手背的"感知"，两者意义是相同的，否则他就是在另一种"感知"的
意义上感知到感觉材料。

视觉和触觉的感觉材料是物质对象表面的一部分，抑或不是，摩尔
一生都在这两种观点之间摇摆。1914 年，在"感觉材料的状态"（Moore
1922b）中，他接受了后一种观点，因为两个人看到一枚硬币的同一个
面，可能有相当不同的感觉材料。1918 年，在"一些知觉判断"（Moore
1922c）中，他倾向于前一种观点，尽管由于刚才给出的原因，它需要
接受感觉材料看上去并非如其所是的可能性。1925 年，在《捍卫常识》
（Moore 1959c）中，摩尔认为，对于感觉材料是物质对象表面的一部
分这一观点，复视（double vision）构成了致命反驳。但后来他似乎再
次改变观点，在施尔普主编的《在世哲学家文库》摩尔卷中，他对批评
者作出了回应，人们希望从这些回应中找到对这个问题的最终的和确定
的回答，结果发现摩尔仍然是模棱两可的。在回应杜卡斯的时候，他写道，
他现在（1942 年）倾向于认为，任何感觉材料都不可能不被感知地存在，
就像头痛不可能在不被感觉到的情况下存在一样，因此，任何感觉材料
都不可能是一个物理表面（Schilpp 1942：658）。但是在之前对鲍斯马
（Bowsma）和墨菲（Murphy）的回应中，他致力于论证感觉材料并不神秘，
它们只是我们直接领会到的任何东西，这个时候他又表现出一种强烈的
倾向认为我们的视觉感觉材料，或者至少其中相当一些，是物理对象表
面的一部分。[1] 他也承认说，"的确如此，我强烈倾向于同时采取这两种
不相容的观点。我对这个问题完全困惑不解，只盼望能看到有什么办法
解决这个问题"（Schilpp 1942：659）。

摩尔声称知道关于物质对象的形状以及未被感知到的持存的某些命

---

1　"至少其中相当一些"，是因为当一个人看到双重影像的时候，至少其中一个影
像不可能是所看到的对象表面的一部分，还因为摩尔用"后像"作为例子来说明他
所说的感觉材料。

题，而这种知识被说成是"基于"他对感觉材料的直接领悟。当他认为视觉和触觉的感觉材料不是物质对象表面的一部分时，他是受到了关于物质对象和我们对该对象的知识所依赖的感觉材料之间关系的两种观点的吸引：（1）现象主义的观点，即关于物质对象的命题是关于感觉材料的命题，基本上是特定条件下才会有的关于感觉材料的假设，以及（2）洛克式的观点，即物质对象是感觉材料的来源（部分原因），并且它的确具有所谓的第一性质。摩尔认为，（1）就我们关于物理对象的知识而言，最佳解释是"基于"我们对感觉材料的直接理解，但与（1）相反，他又指出，关于物理对象的命题只有在特殊意义上[1]才是真的，例如，谈论硬币与谈论某种可以感觉的东西是非常不同的。与（2）相反，摩尔只看到一个反对意见，即如果我们能够知道我们的感觉材料有一个来源，而这个来源具有某些第一性质，那么我们"必定**直接**知道，就**某些**可感物而言，它们有一个来源，以及这个来源的形状是什么"（Moore 1922b：196）。也就是说，如果我们能够知道某个感觉材料的圆性的来源是一个圆形的硬币，那么在某些情况下，我们必定是**直接**——即非推论地、不以范畴为中介地——知道这类事情。摩尔认为，这并不是对洛克式观点的致命反驳。因为，这个反对意见，以及随之而来的现象主义，"完全依赖于这样一个假设，即只有某些种类的事实是我可以直接知道的"。他认为，很难说这种假设不是一种偏见。数十年后，为了同样的效果，摩尔质疑了不同的假设，即他所谓的"某种知识"必定是要么直接知道的，要么就是如此这般知道的东西的逻辑后承。

---

1　原文为"匹克威克式的意义上"（in a Pickwickian sense），指的是语词的非字面意义或通常意义的使用。典出狄更斯著名小说《匹克威克外传》第一章，主人公匹克威克创立了一个以自己姓氏命名的社团，在社团成立演讲中，他谈到希望通过旅行扩大科学知识，进而造福人类，遭到社团成员布洛顿的反对，被说成是个骗子。匹克威克质问布洛顿是否在通常意义上使用"骗子"一词，布洛顿回答说不是在普通意义上，而是在匹克威克式（派）的意义上使用这个词，这才平息了混乱局面。译者注。

　　与笛卡尔不同，对摩尔来说，外部世界的存在并不是一个难以获取的结论（如果真的有获取）。因为摩尔知道——这些是不需要证明的前提——比如说，这是一只手。摩尔对常识的辩护和他对外部世界存在的证明（proof）是强有力的确认（affirmation），而不是论证（argument）。人们不禁要问，一个如此有常识性的哲学家为什么会引入感觉材料。人们尤其感到费解的是，正如我们所看到的，所引入的感觉材料的地位对他构成了一个无法解决的难题。而且，奥卡姆剃刀和我们无法在不谈论物质对象的情况下谈论感觉材料，似乎都在反对我们采用知觉的感觉材料理论。为什么一个打算为常识辩护的哲学家会屈服于哲学的诱惑，以至于在我们和常识认为我们存乎其中的世界之间引入一个界面（interface）？我们问错了问题。摩尔并不认为自己是在选择感觉材料理论，他知道感觉材料是存在的，其特征是具有不可分析的属性，既不在物理空间中，也不在心灵中。[1]这不是罗素在《心的分析》中提出来的关于感觉材料／作为中立事物的感觉的观点，因为这一观点拒斥了摩尔对感觉的分析。但这个观点非常接近罗素在《哲学问题》（1954）中所持的观点，感觉材料在这里被说成是物理的东西，虽然不在物理空间中。总而言之，摩尔是完全真诚地相信感觉材料的存在，他别无选择，只能提供他事实上提供的知觉分析。

二

　　与摩尔不同，罗素在《哲学问题》和《我们关于外间世界的知识》中，都不是从断言"这里有一只手"这样的常识性判断开始的，而是展示传

---

1　不可分析的质和关系的组合为摩尔的分析提供了基础，研究这个组合将会是一项有趣而且有启发性的工作，但这不是本文要做的工作。

统哲学怀疑性的疑虑，追问除了我们的牢固材料之外，是否有其他东西可以从这些材料中推论出来，因为

> 实在的桌子，如果确乎存在的话，与我们通过视觉、触摸或听觉直接经验到的桌子是不一样的。实在的桌子，如果确乎存在的话，根本不是我们直接知道的，而必定从直接知道的东西中推论出来的。
>
> （Russell［1912］1954：11）

他引入"感觉材料"这个术语来表示我们直接知道的东西。相比之下，"实在"的桌子并不是一个感觉材料，而是一个物理对象。因此，是否存在一张实在的桌子呢？在这里，我只能像约翰·奥斯汀那样，把"直接知道"中的"直接"和"实在的桌子"中的"实在"都说成是文艺之语，而且正如哲学的文艺之语通常所表现的那样，它们误导人。我认为，罗素就被误导了，因为他在一些段落中指出，"［关于我们所熟悉的桌子］我们知道的仅仅是，它并不是它看起来的那个样子"（［1912］1954：16），对此我想说，"如果它不是它看起来的那个样子，那它就不是我们所熟悉的桌子"，但这种轻率的回答使我们无法深入下去。因此，让我回到罗素那里，他认为，就像我们知道所有的物理对象那样，我们是通过一个限定描述语知道桌子，即通过描述语"引起这样那样的感觉材料的物理对象"知道桌子（Russell［1912］1954：47）。两年后，在《我们关于外间世界的知识》中，罗素拒斥了这个洛克式的观点，因为他发现，除非预先建构一个比感觉材料的世界更加稳固的世界，否则，这个观点甚至都无法被陈述出来。这里的关键词是"建构"（construction）。在《我们关于外间世界的知识》的序言中，罗素将下面的主张归于怀特海，即"物理世界的整个概念与其说是推论（inference）不如说是建构"。

推论和建构之间的这种区别是什么？以及为什么更倾向于建构而不

是推论？既然通过亲知（或直接）知道的对象不是日常生活中的物质对象，也不是物理学所谈论的对象，那么，我们可以对我们的日常信念或科学信念采取两种态度。要么我们认为我们理解自己相信的东西，但不知道它是否是真的，是否可以从我们所知道的东西中推论出来；要么暂时假定我们的信念是真的，并追问它们意味着什么。前一种观点的困难在于，它需要一个本身不能被证实的推论原则，而在建构的观点中，日常生活对象和物理学对象变成了本体论上与亲知对象类似的东西——它们是感性的逻辑建构，"这些对象具有与感觉材料相同的形而上学和物理地位，而不一定是任何心灵的材料"（Russell 1957：143）。当然，我们仍依赖于归纳推理，但我们的推理现在不是要得到原则上并非直接可知的物质对象，而是得出进一步的感觉材料。对此，罗素曾精辟地指出，"这是唯一能解释物理学经验可证实性的观点"（Russell 1957：173）。

由于《我们关于外间世界的知识》第一版中的建构要素是感觉材料，人们可能会想把罗素的立场——这既是一个有意为之的形而上学立场，也是一个认识论立场——与艾耶尔的现象主义混淆，后者声称是反形而上学的。两种立场之间的对比在1921年后变得更加清晰，因此，我想立即转到该立场。

在詹姆士《彻底的经验主义》的影响下，罗素开始拒斥他和摩尔的感觉分析中所隐藏的心身二元论。但他似乎认为，无论建构的要素被认为是感觉材料还是其他的什么东西，外部世界的建构将以同样的方式进行。罗素简明扼要地陈述了这个新的观点，"在我看来，组成我们经验世界的材料，既非心灵，也非物质，而是比二者都更基本的某种东西"（Russell 1921：10）。这个东西是什么呢？

在《心的分析》中，罗素提出了他的观点，与梅农的观点形成对比。梅农认为，当一个人思考康德和一个人思考休谟时，在这两种情况下，（思考的）行为是相同的，但内容，即一个人脑海中的事件/图像是不同的，因而对象自然也是不同的。内容不等于对象，因为内容在思考的时候必定存在，而对象则不必如此，而且对象"不需要是心理的"（Russell 1921：14）。到了1921年，罗素认为，思考的行动是虚构的，因为执行该行动的思考者本身是由思想建构出来的，因此不能成为每一思想的成分。这就使得内容和对象区分开来，但这其中的关系并不是一种不可分析的意向性关系，相反，它主要由信念组成；在感知中，这些信念将被称为记忆伴随物（mnemic accompaniments）。如果我想到以色列议会大厦，我可能有一个画面，或者仅仅是"以色列议会大厦"这个词出现在我的心灵中，但除此之外，我还有某些信念：如果我去耶路撒冷，我会看到某个建筑，如果我触摸它，我会感觉到石头，在我从雷哈维亚到以色列议会大厦的路上，我会看到其他某些景物，等等。罗素说，我对这些信念的觉知，构成了我的如下信念，即我关于议会大厦的思想有一个对象。对于纯粹的想象而言，是没有这种信念的；在想象中我们有内容而没有对象。不过，罗素更让我们感兴趣的观点是"在看或听的时候，说你有对象而无内容，误导性较小，因为你看到和听到的东西实际上是物理世界的一部分，尽管不是物理学意义上的物质"（Russell 1921：19）。

我们该如何看待这个奇怪的说法呢？在罗素看来，物理学的因果律和心理学的因果律之间存在着明确的区别；感觉是"中立的"，因为它们同时受制于两种律则。就它们受制于物理学的规律而言，它们属于物理世界。但是，物质是由感觉构成的，没有哪个单个的感觉是一个物质，就像没有哪个单块的砖头是一座房子一样。类似地，心灵由感觉构成，但没有哪个单个的感觉是一个心灵。

罗素是如何区分物理学规律和心理学规律的呢？一个通透的回答预设了罗素是从不同角度的表象建构一个普通的物理对象，比如一张桌子。遗憾的是，我没有足够的篇幅对其进行总结。物理学认为这种构造是因果单位，而心理学感兴趣的则是特殊性和表象，由此建构出物理对象。但这种建构是以一些物理学定律为前提的，特别是那些透视和反射的定律。如果将其看成是试图回答《哲学问题》中的怀疑论问题"真的有一张实在的桌子吗？"，那就充斥着循环的味道（正如在 1914 年《我们关于外间世界的知识》中类似的做法一样）。罗素也承认这一点，他写道："在得到证据之前就相信我的个人历史之外的事物存在着，这样的信念……从理论逻辑的角度来看，无疑只能是一种偏见。"（Russell 1921：133）这样承认之后，罗素继续服从于偏见，而书名——《心的分析》——也许表明，"我们何以知道？"的怀疑论问题已被放弃，而代之以"我们知道什么？"的问题。我们所知道的远比我们想象的要复杂。比如，罗素写道：

> 眼下，如果坚持物理学的立场，我们可以把关于一个对象的"知觉"定义为来自某个所在的对象的表象，这个所在有大脑（或者低等动物中某些适当的神经结构）以及构成部分中间媒介的感觉器官和神经。对象的这种表象因为某些特征而有别于其他所在的表象，这些特征指的是：
>
> 1. 它们产生了记忆现象；
> 2. 它们自身受到记忆现象的影响。
>
> （Russell 1921：131）

我们可以说，正是由于记忆的伴随物，我们理解了我们的感觉，而感觉本身将塑造我们随后的知觉和行为。有了"记忆伴随物"，才有了知识，但感觉本身不是知识，尽管它参与了我们称之为"知觉"的认知（Russell 1921：142）。罗素从詹姆斯和美国实在论者那里学到的似乎是，一个东西可以同时服从心理学规律和物理学规律，因此，区分感觉行为（作为心理实体）和感觉对象（作为物理实体）的摩尔式的反实在论理由就不存在了。

总结一下，摩尔和早期的罗素区分了感觉和被感觉到的对象，后者称为感觉材料。对于摩尔来说，在他的某些感受中，感觉材料是物理对象的表面的一部分。如果是这样，我们关于外间世界的知识就不会有什么特别的问题，因为如果 x 是 y 表面的一部分，并且 x 存在，那么 y 也存在，知道 x 就是知道一些关于 y 的事情。但摩尔也同样倾向于认为，感觉材料当且仅当它们被感觉到时才存在。而由于他和我们其他人一样，也认为物理对象的表面无论是否被感知到都是存在的，所以他开始倾向于认为感觉材料不是物理对象表面的一部分，而是自成一体的（sui generis）。如果是这样，我就不明白他怎么还能说他捍卫了常识。

但摩尔也倾向于同意罗素的观点，罗素在怀特海的影响下，开始把物理对象分析为由感觉到的和未感觉到的可感物构成的复杂结构。如果一个物理对象只不过是这样一个结构，如果我意识到一个，或者更好一点，意识到多个属于这样一个结构的感觉材料，是否可以说我有理由相信整个复杂体是存在的？人们可能会这样认为，因为如果我看到一些砖头像它们在墙里那样相互堆砌，我就有理由认为有一堵墙，可能还有一栋建筑。但是，当恺撒自己去看一张桌子时，他不可能理解他的感觉材料是一个复杂体中的一个成分，这个复杂体只能被掌握物理学定律知识的人"建构"（也就是充分描述）出来，而这些定律在一千年内都不会被发现。然而，恺撒有很多理由相信他所看到的桌子的存在，正如罗素和摩尔有同样多的理由相信他们所看到的桌子的存在。在这里，重要的是要记住，逻辑结构**不是**推断出来的实体。恺撒和罗素都没有推断出桌子（逻辑结构）的存在。相反，恺撒和罗素相信有一个外部世界，相信我们对这个世界并非一无所知，这些信念之所以是受到辩护的，是因为整个外部世界完全是由更多我们所亲知的东西组成的，当然是以非常复杂的方式排列的。

在研究了威廉·詹姆斯以及佩里（Ralphy Barton Perry）和霍特（Edwin Bissell Holt）这样的美国新实在论者的著作之后，罗素开始反对区分感觉的行动和感觉到的对象。对象（它实际上是一个事件）既服从物理，也服从心理；它是被建构出来的桌子的一个构件，同时也被看成是看见桌子的那个被建构出来的自我的一个构件。它是观看者与桌子各自历史轨迹的交汇。当然，我们通常认为是知觉的例子并不是纯粹的感觉，而是包含了大量概念化的东西。因此，新生儿看到的东西和成年人看到的东西是相当不一样的，就像在物理学家看到正电子轨迹的地方，我看到的是一串水珠。话说回来，重要的是，按照《心的分析》所理解的知觉，我对桌子的感觉（my-sensation-of-the-table）属于桌子，就像它属于我一样；它像是桌子表面的一部分，不像是依赖心灵的感觉材料，它不是我和桌子之间的一个界面。我并不推论出桌子，尽管我与它的相遇设置了一系列的期望，而这些期望可能会被挫败。这种观点何以有别于先前的观点，即以感觉材料建构外部世界的观点？建构的细节没有影响，在这两种观点中外部世界都不是一个"推论的实体"。区别是本体论的——建构的要素是不同的，而且我相信，这种区别还造成了认识论上的区别。这些要素并没有区分进行认识的心灵与已经获知的材料，相反，它们是由相互作用建构出来的实体的相互作用。

如果我对摩尔和罗素的理解确属正确，那么他们就是形而上学家。如果我们想要沉浸在我们已经把形而上学抛诸脑后的幻觉中，那么就需要转向艾耶尔的《经验知识的基础》。

三

由于哲学家们所说的知觉幻觉，艾耶尔发现，为关于知觉的哲学探讨引入一个技术词语是明智之举。他选择了感觉材料语言，因为它的优点是"使我们能够指称我们感觉经验的内容，而不指称物质的东西"（Ayer 1940：57）。因此，我们可以说，"我正在感觉一个黄色的感觉材料"。但"黄色"一词从何而来？（正如我们所看到的，罗素也会对"我"提出质疑。）这个假定的例子来自艾耶尔自己对一个非常普通的句子的翻译，"我在看一块棕色的地毯，这个地毯在我看来是黄色的"翻译成"我感觉到一个黄色感觉材料，这个感觉材料属于一块棕色地毯"（Ayer 1940：68-9）。这里的"棕色"和"地毯"明显指称物质对象，我看不出有什么理由声称这个句子中的"黄色"与"我看到一块黄色地毯"中的"黄色"是不同的词。人们也可能想知道艾耶尔如何区分"感觉"（sensing）和"想象"（imagining），或者和约翰·奥斯汀一样抱怨说："'感觉材料'和'物质之物'这两个术语彼此依存——问题不在于这对术语中的哪一个，而是这种对立本身。"（Austin 1964：4）

目前，我想忽略所有这些困难。使艾耶尔的《经验知识的基础》具有历史意义的是他的主张——一个我们当时大多数人都不加批判地加以接受的主张。他，艾耶尔，与摩尔和罗素不同，他不是一个形而上学家。

既以通常的方式引入"感觉材料"这一术语，将其作为人们"直接觉知"到的东西，而直接觉知到的必然是真实的，艾耶尔断定（而不是发现），感觉材料当且仅当它们被感知到时才存在，还断言它们具有它们被感知到的全部内质（qualities）。他之所以这样选择是因为他希望感觉材料与物质对象有所不同。困扰摩尔半个世纪的问题大抵如此。最后，他宣布：

> 因此，我们必须问的问题不是感觉材料如何被纳入心灵或物质的范畴，或者它们在物理空间中的位置，而是我们如何用它们来分析"心灵""物质"和"物理空间"等概念。
>
> （Ayer 1940：78）

摩尔和艾耶尔的不同在这里变得非常清楚：要分析的不是一个独立的实在（一个命题或事实），而是我们的概念。

艾耶尔考虑的不是对感觉材料本体论优先性的承诺，而是对基础主义的承诺、对经验知识基础的探究。他想从感觉材料中建构物质世界，因为他认为只有这样才能把经验知识建立在一个坚实的基础上。以下是他的论证：

1. 除非逻辑真理之外的一些陈述是确定的，否则（除逻辑真理以外）没有任何陈述是可能的。

2. 我们都相信，我们的许多陈述不仅是高度可能的，而且是实际上确定的，尽管严格来说是可错的。

因此，

3. 除了逻辑真理之外，必定有一些陈述是确定的，即不可修正的、毋庸置疑的，并且是可以为我们所知的。

艾耶尔所定义的感觉材料陈述，被认为是可以满足上述要求的。但如果感觉材料陈述是不可修正的，那么它们就不能作为基础。如果有压倒性的证据拒斥某陈述 T，任何用来作为 T 之证据的陈述 S 都有被拒斥的风险。然而艾耶尔似乎认为感觉材料报告不可能是假的，因为感觉材料具有它们看起来具有的所有内质。这样似乎是犯了一个错误：感觉材料报告始终是基于记忆的，而记忆是可错的。此外，在我看来，在通常的事件过程中，人们不太可能觉知到——更不用说"直接觉知"到——感觉材料或类似于感觉材料的东西。在通常的事件过程中，我们感知事物（things）。我不说物质之物，因为我很在意奥斯汀对这个词的批评。事物是各种各样的，从我的厨房桌子到烧土豆的气味，到彩虹和镜中影像。我们对我们所感知到的东西作出反应的时候，往往不需要经过任何形成信念并作出推理的过程，就像我闻到焦糊气味的时候赶紧把锅从火上拿开。

艾耶尔试图解决类似上述刚刚谈到的反驳，他写道："现象主义者完全可以承认，对视觉或触觉的感觉材料的感觉在大多数情况下都伴随着对某物质事物之存在的未加反思的假定。"但是，他继续谈到，未加反思地假定的是"获得进一步感觉材料的可能性"（Ayer 1940：237-8）。与此相反，我认为我们并没有"假定"烧焦的土豆的存在，我们闻到了它们，我们并没有假定或推论出进一步感觉材料的可能。通常我们推论的完全不是进一步知觉的可能性，而是某些事态的存在。

在这一点上，有人可能会问，为什么我对艾耶尔的现象主义的批评比我对罗素《心的分析》中的建构主义的批评要多得多？这两位哲学家不是在从事类似的工作吗？在我看来，两者有很大的不同。罗素以中立实体建构世界，包括我们自己，但我们几乎从未觉知到这种中立实体，而艾耶尔说他用来建构世界的实体严格说来是唯一我们觉知到的东西。我们通常会觉知到感觉材料吗？我很怀疑。我认为没有什么理由相信它们存在。另一方面，我确信我与我的环境相互作用，而罗素的中立实体只是这些交互作用，尽管我所觉知到的不是纯粹的交互作用而是更复杂的实体。其次，艾耶尔声称，他谈论的只是语言，使得关于（比如）我的厨房桌子的一个陈述可知的是，它相当于一个关于我的感觉材料的陈述。但实际上，与我的厨房桌子上有面包屑这一简单陈述相对应的，只是无限的感觉材料陈述集构成的一个无限集，这里面的陈述大部分是反事实条件句。即使我觉知到了感觉材料，也没有任何数量有限的、事实上数量非常小的感觉材料能够成为很好的证据使我们相信那个巨大集合的元素是真的，即使我们有关于反事实真值条件的清晰概念——但我们并没有。

相比之下，罗素的建构利用了他所有的科学知识，使得我们可以知道世界这件事情似乎是合理的，因为这个世界是由我们与它的交互作用建构出来的。与世界的交互作用只是我们知道世界的方式。考虑到罗素是从怀特海那里了解了这个意义上的"建构"，我将用一个怀特海的例子来澄清我的主张。怀特海从球体，即从我们熟悉的对象，或者可以说是"可知的"对象，来建构数学点，进而表明点是可知的。表明世界是可知的这一工作——尽管可能是沿着与罗素相当不同的路线——我认为很重要；而寻找基础，特别是现象主义的工作，则并非如此。因此，我想简要考察的大概可以称为"拒斥现象主义"，我指的是约翰·奥斯汀的《感觉与可感物》，以此作为结束。

## 四

奥斯汀给自己设定的任务是让我们摆脱幻觉论证的幻觉（Austin 1964：4）。

这个论证由两部分组成，具体如下：

1. 如果一个具有内质 q 的对象看起来具有内质 q′，那么必定存在某个具有内质 q′ 的东西。

2. 在各种知觉幻觉的情形中，对象看上去具有它们所没有的内质。

因此，

3. 在知觉幻觉的情形中，具有物质对象看上去具有但并不具有的内质的某种东西，称之为感觉材料，必定存在。

4. 在知觉错觉的情形中我们直接感知到的东西，与我们在真实知觉的情形中直接感知到的东西没有质的区别。

5. 在质上相似的事物必须是同类的。

因此，

6. 我们在真实知觉的情形中所感知的东西与我们在知觉幻觉情形中所感知的东西，即感觉材料，是同类的。

因此，

7. 我们从来没有（直接）感知物质的东西，我们只感知到感觉材料。

奥斯汀的策略是破坏这个论证的每一步骤。哲学家们所说的幻觉分为不同的类别。故意制造的视错觉（例如无头女）与半浸在水中看上去弯折的直棍很不一样，而这两者都与镜中影像完全不同，凡此种种。许多"幻觉"的例子（例如弯折的棍子）并没有欺骗性。我们期望棍子看起来是弯折的，因为我们既看到水也看到棍子！这样它才看起来是弯折的。因此，根据（1），一定有什么东西是弯折的。那这个东西是什么呢（它不可能是物质之物的一部分，因为那周围没有什么弯折的物质）？这个问题我们想要回答说是"一个感觉材料"，这个问题在奥斯汀看来"完全是疯了"（Austin 1964：30）。我们没有理由接受（1），如果我们接受，我们也没有理由认为我们寻找的那种东西在所有类型的幻觉中都是同一种东西。

此外，前提（4）是完全错误的。半浸在水中的棍子看起来不同于空气中的弯折棍子。一道彩虹除了像另一道彩虹外，看起来并不像任何东西，等等。即使在我们被欺骗的情况下，我们也不需要假定我们所感知的东西与我们的错误信念为真时所感知的东西是完全相似的。但是，让我们假设存在这样一些情形，在这些情形中"'虚幻的知觉和真实的知觉'确实是无法区分的"，让我们再假设我们已经承认在虚幻的知觉中我们感知到感觉材料，但我们仍然不需要把这种承认扩展到真实的知觉，"因为"，奥斯汀写道，"在某些少数事例中，为什么感知一类事物就不能与感知另一类事物完全一样"（Austin 1964：52）。换言之，奥斯汀认为没有理由接受前提（5）。奥斯汀的批评表明，从幻觉出发的论证不仅未能确立感觉材料的存在，而且未能给出选择谈论感觉材料的良好理由。奥斯汀也没能发现任何其他有说服力的论证。

和我一样，奥斯汀也认为艾耶尔的努力背后的动力是"希望提出一类**不可修正**的陈述……"（Austin 1964：103，着重部分为作者所加）。但是，奥斯汀指出，在很多语境下，日常英语的陈述几乎就是不可修正的，也就是说，"作出这些陈述时，周遭如此这般的环境使得它们相当确定地、断然地、不可回撤地是**真的**"（Austin 1964：115，着重部分为作者所加）。（这让人想起摩尔的确定知识，即这是一只手。）因此，对不可修正性的渴望没有理由诉诸感觉材料语言。而且，正如我在上面指出的，不可修正性将是无用的。

因此，我完全同意奥斯汀的说法，即经验性知识有基础的学说"从**根本上**和**原则上**来说是错误的"（Austin 1964：124，着重部分为作者所加）。但是，"我们如何知道的？"这个问题不必是一个怀疑论问题，也不必被理解为对知识基础的探究。相反，它可能是对世界和我们自身性质的探究；我在前面把它表述为"我们知道什么？"这一问题。奥斯汀对现象主义的拒斥使回应怀疑论问题的一种尝试失去了合法性，即为经验知识提供基础的尝试。事实上，我相信，而且我认为奥斯汀也相信，任何通过"拒斥"怀疑论来回答怀疑论者的尝试都必然会失败。但我不知道奥斯汀是否会同情对怀疑论的这样一种回应，即仅仅满足于捍卫我们生活在一个可知世界的信念，我认为这正是罗素在《心的分析》中所尝试的。

参考文献

Austin, J. L. (1964) *Sense and Sensibilia*, London, Oxford, New York: Oxford University Press. Reconstructed from the manuscript notes by G. J. Warnock. First published 1962.

Ayer, A. J. (1940) *The Foundations of Empirical Knowledge*, New York: The Macmillan Company.

Hylton, P. (1990) *Russell, Idealism, and the Emergence of Analytic Philosophy*, Oxford: Clarendon Press.

James, W. (1976) *Essays in Radical Empiricism*, Cambridge, Mass, and London,

England: Harvard University Press. First published 1912.

Moore, G. E. (1922a) "The Refutation of Idealism," *Philosophical Studies*, London: Routledge and Kegan Paul. First published in 1903.

— (1922b) "The Status of Sense-Data," *Philosophical Studies*, London: Routledge and Kegan Paul.

— (1922c) "Some Judgments of Perception," *Philosophical Studies*, London: Routledge and Kegan Paul.

— (1959a) "Four Forms of Scepticism," *Philosophical Papers*, London: George Allen and Unwin.

— (1959b) "Proof of an External World," *Philosophical Papers*, London: George Allen and Unwin.

— (1959c) "A Defence of Common Sense," *Philosophical Papers*, London: George Allen and Unwin. First published in 1925.

Russell, Bertrand (1921) *The Analysis of Mind*, London: George Allen and Unwin, and New York: The Macmillan Company.

— (1926) *Our Knowledge of the External World*, revised edition, London: George Allen and Unwin. First published 1914.

— (1954) *The Problems of Philosophy*, London, New York, Toronto: Oxford University Press. First published in 1912.

— (1957) "The Relation of Sense-data to Physics," *Mysticism and Logic*, Garden City, NY.: Doubleday Anchor Books. First published in 1914.

Schilpp, Paul Arthur (1942) *The Philosophy of G. E. Moore*, Evanston and Chicago: Northwestern University.

# 11

## 维特根斯坦：分析哲学家？ [1]

阿纳特·比莱茨基（Anat Biletzki）/ 著

朱林蕃 / 译

一

有多少种关于分析哲学的定义，我的上述问题的答案就有多少，不，至少有其两倍那么多。这是因为给定了一个分析哲学的定义后，我们就既可以用它来看待早期维特根斯坦，也可以同样的标准检视后期维特根斯坦。当然，除非有人认为维特根斯坦在早期和晚期之间的连续性大于差异；或者，用更微妙的方式说，除非有人会看到两个时期的维特根斯坦正是在"都是分析哲学家"这一点上有特定的连续性。要回答"维特根斯坦是分析哲学家吗？"这个问题，我的建议是一个专心专意（a single-minded）的"是"或"不"的答案：是的，早期维特根斯坦是分析哲学家，而晚期维特根斯坦不是。

---

1　本文凡涉及维特根斯坦《逻辑哲学论》与《哲学研究》等原著内容，中文译文均参照韩林合教授主编《维特根斯坦文集》（八卷本；商务印书馆，2019）译本作为标准。为了方便读者与英译本之间互相检索，文中译文仅显示维特根斯坦原著中的段落标号或原书中所列页码。脚注中部分译文在引用的时候为清晰展示概念，添加了部分德、英原文作为对照。译者注。

乍看上去，一个有趣且值得注意的要点是分析哲学家群体对这个问题的审慎思考，这些思考的答案覆盖了以下的范围：从否认维特根斯坦的分析哲学家角色，直到热烈拥护他的工作（无论早期还是晚期）。我敢说，如此多元的哲学讨论证明了这个问题对于哲学家群体有深远的重要意义。因此，我提出这个问题的目的不仅仅是贴标签那么简单，因为它寻求详尽地阐释一个单一的群体（分析哲学家们）以如此纷繁多样的态度对待一个远离群体的"英雄"的重要性。因此，我将首先仔细阅读分析哲学群体中的三篇代表性文本，并尝试发掘一些能够推动我们寻找答案的见解。好了，我来试着做一些比贴标签更好的事情。[1]

王浩在《超越分析哲学》（1986）中像许多其他哲学家一样避免对分析哲学作出清晰定义。但是他意识到，

> 不幸的是，术语"分析哲学"意指非常不同的事物……在宽泛（和自然）的意义上，它不仅包括了哥德尔（在哲学方面的）和罗素（在各个方面）的工作，而且也包括了如亚里士多德和康德等人的工作。在狭窄的（和历史上偶然的）意义上，最明确和争议最少的代表是卡尔纳普和蒯因。
>
> （Wang 1986：xi）

王浩在整本书中大约十五次提到维特根斯坦。这就是说，王浩在指出分析哲学在所有变体中的例子和其主要特征的时候，提到了（但显然没用使用）维特根斯坦来作为例证。但是，除此之外，王浩采取了一个最有说服力的策略，他用一个完整的章节（并称这一章叫"题外话"）

---

[1]　一个更详尽的项目应当让我们研究大量文本，并将它们相关的注意力放在维特根斯坦上。除了历史文献（即那些研究分析哲学本身的历史）之外，还有许多介绍（分析哲学、语言哲学等）很少提及维特根斯坦。这是一个不可忽视的现象，但超出了本文的范围。

讲述了维特根斯坦早期作品《逻辑哲学论》。他详细阐明："这是一些从如下意义上来说的题外话。不像罗素、卡尔纳普和蒯因，维特根斯坦以艺术为中心，而不是以科学为中心，并且似乎他对哲学的研究有着不同的根本动机。"（Wang 1986：75）换句话说，分析哲学确实拥有一些必备要素——该要素由科学中心性（science certeredness）构成，以及有着一个研究或者是做哲学的根本动机。在《逻辑哲学论》中，维特根斯坦没有满足任何必备条件，因而只获得了"题外话"的位置。然后或许有人就会问——或许是应该要问：既然维特根斯坦并不满足成为分析哲学家的必备标准，为什么他仍然赢得了作为"题外话"的资格？

在这里，社会—历史维度的答案与所有回应哲学问题的社会—历史维度解答一样有帮助。[1] 维特根斯坦曾经深受弗雷格与罗素的影响，并深刻地影响了卡尔纳普。因而，维特根斯坦很容易被放在一个扩展的坐标轴上，这个坐标轴通过定义权威的"英雄们"的方式来定义分析哲学。维特根斯坦通过他所在的地方、他所处的时代和与他一起的人这种相当肤浅的方式获得了俱乐部的会员资格。但随之而来的困难在于，他在哪些方面受到了影响？他在哪些方面产生了影响？或者更好的问题是：在他的或者他们的哲学中，哪些被确认具有影响力？或者是最好的问题：这种双向的影响力在哪些层面触发了分析哲学的论题？

在王浩对维特根斯坦作品的描述中——作为分析哲学的"题外话"的部分——除了与罗素的联系之外，重点在于论述维特根斯坦的逻辑概念和哲学概念。这也是对于一个分析哲学家而言本来应有的内容。在一个非常清晰且并非不直观的意义上，维特根斯坦是分析哲学的一个范式。宽泛而谈，逻辑是分析的基础，而分析是哲学的基础。有待观察的是，

---

1　此评论并非开玩笑，但确实指出了对谜题的一个将社会—历史元素与哲学视角混合起来的怀疑。我在这里转向社会—历史只是希望它可以为有趣的问题提供必要的见解，而且不出自任何"意识形态的"立场；只有哲学的回应才能提供真正的哲学理解。

是否分析哲学需要特定的逻辑观（作为分析的基础），和一个特定的分析定义（作为哲学的基础）。[1]

　　另一个权威文献来自迈克尔·达米特的《分析哲学的起源》（1994）。无论它被称为分析哲学确证性（veritable）的"定义"，又或者仅仅是一个描述性的诠释，它对语言的强调是毫无歧义（univocal）的："在其多样化的显像（manifestation）中，能够使得分析哲学从其他学派中脱颖而出的是以下的信念：首先，它可以通过对语言的哲学论述来实现对思想的哲学论述，其次，只有这样我们才能达成一个融贯的论述。"达米特继续明确地宣称并直截了当地回应了我关于维特根斯坦的问题：正如他们在很大程度上彼此不同一样，逻辑实证主义者，**在其生涯各个阶段中的维特根斯坦**，牛津"日常语言"哲学，与美国以蒯因和戴维森为代表的后卡尔纳普哲学都坚持了如上的两条公理（Dummett 1994：4，着重部分为本文作者所加）。[2]

　　在讲述分析哲学起源的故事时，达米特确实将早期和晚期维特根斯坦全部带入支持他的特定故事——一个始终基于上述定义来讲述的故事——的论证上。因而，要试图否定早晚期维特根斯坦具有同样"分析性"，就必须进入"对语言的哲学论述"这一盘根错节的冲突场中，并提出一个有信服力的论点，即并不是所有对语言的哲学论述根据其定义都是对语言的分析论述。[3]

　　对于王浩而言，维特根斯坦是分析哲学的"题外话"。对于达米特而言，

---

1　关于维特根斯坦的"分析"和它的功能、对它的理解，以及它在他关于哲学的看法中所扮演角色的仔细考察，请参见彼得·希尔顿对本文的贡献：《分析哲学中的分析》，特别是第57—59页。

2　另见达米特《分析哲学能否是系统的，并且应该如此？》（*Can Analytical Philosophy be Systematic, and Ought it to Be?*）："我们可以将分析哲学描述为追随弗雷格、接受语言哲学是分析哲学其余部分之基础的哲学。"（1978：441）

3　见希尔顿《分析哲学中的分析》，第59—62页。

维特根斯坦获得了明确（虽然有时候很零散）的证据支持。对于彼得·希尔顿而言，在《罗素、唯心主义与分析哲学的涌现》（1990）一书中，维特根斯坦则很复杂。[1] 希尔顿谈论了分析哲学的早期起源，而不是为我们对它的发展提供定义或刻画，他还进一步处理了一些特定的起源——比如在其起源处唯心主义的影响和对它的拒斥，然后选择将他的研究范围止步在 1913 年。不过他对这一决定的解释非常有趣：

> ……任何停止节点在某种程度上都是随机的。我选择了1913 年，这是因为此时维特根斯坦对罗素的影响变得重要起来——这使得故事变得异常复杂；而且也是因为在这一节点之后，罗素一度停止了对——用他自己的话说——哲学上最根本问题的研究工作。
>
> （Hylton 1990：1）

读者或许会推断出维特根斯坦不仅是一个复杂的难题，而且可以被看作是分析哲学的一个毁灭性的复杂难题。

像王浩和达米特一样，希尔顿提出了一个松散的"定义"："在这里谈到分析哲学时，我心中想到的是被弗雷格、罗素和卡尔纳普著作启发的传统。"（1990：14）人们很难不注意到，在这张"英雄榜"中并没有维特根斯坦。更重要的是，他声称

> ……这一传统的显著特征是引入数理逻辑作为哲学的工具或者方法；它强调语言和意义；它一般性地预设原子论和经验主义；以及，它的许多践行者事实上已经将科学，尤其是

---

1　在《分析哲学中的分析》中，希尔顿的观点更接近王浩，他将自己对分析哲学历史的那套叙述描述为"绕过"了维特根斯坦。

物理学视作人类知识的范式（并且，就像许多早期哲学家那样，认为知识——而不是艺术、人际关系和政治学——才是人类理性践习的范式性领域）……更狭义地说，这一传统的显著特征在于期望弗雷格和罗素的逻辑学能够让我们找到一个一致性的哲学框架或者哲学方法，从而使得哲学最终能够取得像科学那样的地位。

（Hylton 1990：14–15）

引用这么长的一段引文是有意为之，因为它对我们有助益：如果一个人将希尔顿的"定义"放在心上，那么晚期维特根斯坦就失去了进入分析哲学神庙的所有希望。我将试图表明，早期维特根斯坦更显然是一名分析哲学家——这或许需要一些附带说明。正是之前的、考虑到哲学之科学地位的考察解释了希尔顿给早期维特根斯坦贴上"复杂"标签的做法，尤其是如果还有人将维特根斯坦针对哲学自身的指责放在心上的话就更是如此。[1]

在这一点上，一个诱人、直截了当和不用多动脑子的办法或许是从上面所列的清单中选择甚至是创造性地接受其中之一来作为分析哲学的定义，并将它分别应用于《逻辑哲学论》和《哲学研究》。可我要避免去走这条路，而是在这个关键点上选择去关注一些特定的关键论题——特别是在我看来分析哲学中确定的三大关键主题：语言、逻辑和元哲学——这些都已在之前提到的定义中显露出来了。本文不会在文中的三个独立部分中逐一讨论这"三大主题"，而是认为第一个论题会不可阻挡地引发第二个论题，第二个论题又必然会引发第三个论题，而这就在某种意义上推动我们对"维特根斯坦是否分析哲学家"这个问题给出一个有明显倾向的答案。

---

1　这也与王浩的断言相一致，即（甚至是）早期的维特根斯坦都更以艺术为中心，而不是以科学为中心。

二

无视语言在分析哲学中的中枢位置的做法很鲁莽。并不是说对分析哲学的全部定义或观点都同等地认为语言很重要，或都以同等的程度认为其是分析哲学的本质和中心特征。[1] 但是如果他们确实（无论是否明确地）这么做，那么我们是否就因此愿意说维特根斯坦因其对语言的重重兴趣而确实是一位分析哲学家？《逻辑哲学论》几乎总是一成不变地被描述为关于语言的小册子，而《哲学研究》通常也可以这么看待（尽管并非总是如此，而且随着解读的进展这种看法也越来越少）。更进一步的是，通过达米特的例子，我们可以看到，正是一种实施诠释的研究取向将前后期维特根斯坦连在一起，并坚称他们之间是更相近而不是更有分歧，也正是这种对语言的关注使得前后期维特根斯坦成为一体。但是，这种对语言的强调是否使得两本著作（《逻辑哲学论》与《哲学研究》）能以同等程度在分析哲学中拥有一席之地呢？

让我们通过更进一步甚至是极端的发问来提出回答。我们来问一个关于尼采的问题。尼采关于语言说了什么？不少，比如：

> 在何种程度上人们在漫长岁月中相信事物的概念和名称，仿佛它们**是永恒真理一样**……他确实相信他可以通过语言获得世界的知识……而且事实上，语言是科学活动的第一阶段。在这里，意志力的最强力来源也是**对"发现真理"的信念**。
>
> （Niezsche 1986：11）

---

1　本书中的（其他）几篇文章更明确地表明，早期的分析哲学没有强调这一点。尤其可以参见本-梅纳姆所写的第 7 篇、普特南的第 10 篇和斯克鲁普斯基的第 6 篇。

当然，学习多种语言是一种必要的**恶行**。如果其最终走向极端，它就会迫使人们为它寻找补救方案……即一种在智识上可通用交流的语言……为什么别的语言科学研究了语言规律一个世纪，还得去估量对于每种不同的语言来说那些必要、有价值和成功的地方在哪里！

（Niezsche 1986：267）

尼采关于语言提出的这些格言就能使他成为分析哲学家吗？一般来说，某位哲学家将语言视作人类境况的中枢因素，这就能使他成为一名分析哲学家吗？我们对此说"不"还能说得更响亮吗？！

那么，以什么方式来做语言哲学研究才能使后者或多或少地成为"分析"的呢？第一个尝试性的回答指向逻辑，也就是说，某位哲学家的语言哲学若是要成为分析的哲学，就必须在直接了当即可显现出来的意义上是"逻辑的"。它带入的直觉告诉我们早期维特根斯坦是分析的哲学，而晚期不是。但对这个直觉的奠基就进入了逻辑，或更准确地说是元逻辑的考虑。

我将以迂回的方式来探讨这个直觉，首先而且最重要的是注意到维特根斯坦的《逻辑哲学论》除了处理逻辑——换句话说，给读者提供了一种"真正的逻辑"，一种逻辑的形式系统——之外，还意图论述逻辑的地位以及语言和逻辑的关系。因此，尽管"事实上我们的口语的所有命题按照其现状从逻辑上来说是完善地具有秩序的"（Wittgenstein 1922：5.5563），但"在口语中，这样的情况是极为常见的现象：同一个词有不同的意义模式，或者，两个具有不同意义模式的词，表面上以相同方式用于命题"（1922：3.323）。因此，似乎与一些评论家坚持的"早期维特根斯坦接受甚至赞赏日常语言"的观点相反，"由此很容易产生最为基本的混淆（整个哲学充斥着这样的混淆）"（1922：3.324）。最有名的说法就是，"对于我们人类来说，不可能从它（每日所说的语言）那里直接获得语言的逻辑……语言掩盖了思想……哲学家们的大部分问题和命题都源于**我们**不理解自己语言的**逻辑**"（1922：4.002，4.003，着重部分为本文作者所加）。

　　这是新型哲学家——也许是分析哲学家？——的任务，即着手于语言的批判，准确地说是以发现逻辑的原则（该原则应具有先天性和纯粹的一般性）来进行语言批判。但这里有一个难处：我们无力用语言阐述它们，若是坚持这样做反而就会导致我们陷入不可避免的无意义（以及其他各种各样的无意义）之中。[1, 2] 对于维特根斯坦的每一位解读者来说，现在

---

1　我在这里不区分"空洞"（senselessness）和"无意义"（nonsense），但应该承认，若仔细阅读《逻辑哲学论》则不能忽略其中的区别，并且（维特根斯坦也希望读者）明确地认识到逻辑的真不是"无意义"而应当是"空洞"。

2　维特根斯坦分别在两个地方提到这两个词。在《逻辑哲学论》第 4.461 & 4.4611 节写道："同语反复式和矛盾式都是空洞的。""但是，同语反复式和矛盾式并非没有任何意义；它们属于符号系统，而且它们属于符号系统的方式类似于'0'属于算术的符号系统。"此处说同语反复式命题与矛盾式命题虽然是空洞的（缺乏意义），并不代表它们是无意义的。因为在 4.46 节维特根斯坦还提到，"同语反复式没有任何真值条件，因为它们无条件地真；矛盾式则在任何条件下都不是真的"（4.461）。也就是说，逻辑的真值可以是缺乏实际的（语用学）意义，但是它们是有（可以判定 / 给定真值的语义学的）意义的。而在 5.5303 节，他又这样写道："大体说来：就两个物说它们是同一的，这是胡话（nonsense），就一个物说它与自身同一，这等于什么也没有说（to say nothing at all）。"这段话已经在试图说明这样的一种区分，胡话 / 无意义专门指称一种带有形而上学色彩的语言描述，而空话专门指称真值已经确定却重复说明的、没什么实际意义的描述（例如，圆的方，$H_2O$ 是水）。这一点在后面再次得到"印证"。在第 6.53 和 6.54 节维特根斯坦写道："哲学的正当方法真正说来是这样的：除可以言说的东西，即自然科学命题——因而也就是与哲学没有任何关系的东西——之外，什么也不说；然后，无论何时，如果另一个人想就形而上的事项说些什么，你就向他指出他没有给予他的命题中的某些符号以任何所指。另一个人也许不会满足于这样的方法——他不会有这样的感觉：我们在教他哲学——但是，它是唯一严格正当的方法。""我的命题以如下方式起着说明的作用：理解我的人，当他借助于这些命题——踩着它们——爬过它们之后，最终认识到它们是没有任何意义的（nonsensical）。（可以说，在登上梯子之后，他必须将梯子弃置一边。）"在这里，维特根斯坦（转下页）

就面临一个抉择问题，那就是要决定《逻辑哲学论》本质上到底在强调什么：是要致力于发现那些原则，还是孤注一掷地走到那个以上的努力会不可避免地将我们带进去的死胡同之后，再举手投降。我想说的是分析哲学家会选择前者；神秘的（又或许是浪漫的）[1] 哲学家则会青睐后者。

让我们稍微换一种说法来讲这个事情。哲学上已经指出了早期与晚期维特根斯坦的深层联系——这种联系是基于对不可言说的承认，以及将"不可言说"与"无条件的""一般的""崇高的"的事物等同起来。[2] 我不否认"承认"，但否定这种"等同"；并且我想说它就是"非分析的"，甚至是"反分析的"。由此在（为了分析的理由）做逻辑与指认这些行为的蕴意之间有一个分界。分析哲学家明确地是为了揭示语言（和实在）的普遍形式而做逻辑。而通过觉察其后果和蕴意的方式来

---

（接上页）再次强调形而上学的描述是无意义的（德：unsinn；英：nonsensical），因为它们是错误地被给予（ill-informed）的表达，它们是由缺乏意义的符号组成的（无法判定真值）。综上，我们可以明显看到这两个术语在维特根斯坦的著作中是有明显区分的。译者注。

1　见本书第 4 篇，马塔尔的《分析哲学：理性主义对浪漫主义》。在某种意义上，我的文章是对马塔尔论文的评论，或者可能是延续，甚至是应用。她本来就会以不同的方式应用其含义，这件事就是对维特根斯坦引发的诠释泥潭的又一证据。

2　承认（recognition）一词，一般翻译为"识别"，例如在《逻辑哲学论》第 6.1262 节："出现于逻辑中的证明只是这样一种机械的辅助手段，借助于它人们能更容易地识别出同语反复式——在其比较复杂时。"然而，在这里依照语境作者想说明的是，维特根斯坦为了达成对语言的批评从而"承认""不可言说"，而他将"不可言说"视作与崇高、一般等同起来的形而上学描述却是违背分析性的。更进一步说，在维特根斯坦语境中，"承认"是一种带有心理学倾向的判断。例如在《1936—1937 年哲学心理学讲稿》（P. T. Geach 编，芝加哥：The University of Chicago Press，1989：104）中提到："假设我把它展示给一个孩子。孩子说，'这是一只鸭子'，然后突然说，'哦，这是一只兔子'。所以他认出它是一只兔子。这是一种承认的体验。所以如果你在街上看到我说，'啊，维特根斯坦'。但你并不是一直都有被承认的体验。这种体验只发生在从鸭子到兔子再回来的那一刻。在这两者之间，这方面是因为它是倾向的。"译者注。

评估他（自己）的项目有什么价值则是另一回事。

有一个很好的例证可以说明来自以及关于维特根斯坦的这个划界和它的应用问题，那就是他对具有一般性的逻辑的讨论（而不是"做逻辑"这件事本身），以及对"作为一种崇高事物"的特定逻辑的讨论。在《逻辑哲学论》中可以发掘出一些有说服力的例子："致使逻辑是先天的缘由是我们不可能不合逻辑地思维。"（1922：5.4731）或者是："逻辑必须照料自身。"（1922：5.473）又或者是："可以经由逻辑而决定的任何问题都必须能立即予以决定。"（1922：5.551）甚至，"逻辑是先验的"（1922：6.13）。关于逻辑的示例性沉思不胜枚举。但随后，在《哲学研究》中维特根斯坦谈论了我们的"崇高化我们的语言的逻辑的倾向"（1958：§38）以及**提问**"在什么样的范围内逻辑是某种崇高的东西"（1958：§89）。他的回答是：逻辑在以下的特殊意义上是某种崇高的事物，而这种特殊意义就是我们在《逻辑哲学论》中做逻辑的时候所探寻的东西。

对《哲学研究》中这些段落的一种陈腐解读提出维特根斯坦是在指责我们、或他自己早期的这种认为逻辑是崇高的想法，这准确地说是因为我们和他自己的早期是在寻求某种"处于所有科学的基础……所有事物的本质"的事物（1958：§89）。同样的解读认为晚期维特根斯坦是在将我们拉回地面，要求我们以不同的方式实践哲学。（当提到元哲学的时候，我会简短地讨论这个问题。）但是仔细的解读——既针对《逻辑哲学论》也针对《哲学研究》——揭示了一个微妙然而深刻的、前期刻画逻辑的那些形容词与后期提出的例如崇高这样的形容词之间的差异。《逻辑哲学论》中那个分析的维特根斯坦把逻辑说成是"先验"（1922：6.13）、"包罗一切"（1922：5.511）、"先天"（1922：5.4541），等等。而《哲学研究》中的后期维特根斯坦将其描述为具有"水晶般的纯净性"（1958：§107），但他说前期的自己认为逻辑是崇高的事物。然而，那个从前的自己并没有将逻辑描述为崇高的事物。一般性、先验主义、出世主义等在《逻辑哲学论》中用来描述逻辑的词都成为"逻辑哲学论系统"内的**分析的奠基**。逻辑是先验、先天的等等都有很好的理由；正是由此它才从来都不崇高。或者说它从来没有被描述成崇高的事物。这是因为我敢大胆地说崇高是一种神秘的特质和浪漫的诱惑。后期维特根斯坦绝望地放弃了要去抵达分析的终点这一目标——而他早期却拥护这个，并给这件事务贴上了浪漫的标签。事实上，"对一般性的渴望"完美地刻画了作为哲学基础的逻辑活动与作为语言分析基础的逻辑活动（这两件事都在《逻辑哲学论》中进行了尝试），而该渴望后来却受到了谴责。

我们已经来到了环路上的第三个站点——元哲学，或者哲学家关于自己研究项目的哲学思想。从对语言的关注开始——这似乎将我们推向了分析的方向，我们将感兴趣的论域缩小到如下地步：为了成为分析哲学家，某个必须关注语言的人必须以某种形式将语言与逻辑联系起来。这种转向分析在逻辑上的基础的举动推动着我们走向逻辑哲学；也就是说，不仅在进行语言分析的时候使用逻辑，而且追问为什么是那样的逻辑。但是，这些关于逻辑地位的问题所提供的答案会使我们现在转向更深远的问题——关于一般性地位，以及更重要的是对一般性的渴望问题。换言之，我们在上面谈到的不可言说的东西引领我们去追问逻辑；现在它又引出了关于哲学自身的问题。

维特根斯坦在《逻辑哲学论》与《哲学研究》中都表现了对"做哲学"的苛刻要求，这一点因过于众所周（不）知我就不想重述了。但是让我们心中带着不同的——明确比较两个核心（著作）——的目标来审视它们，不可否认，《逻辑哲学论》要求我们要关注活动（activity）而不是理论（theory），这种活动关心的是"阐明"并引发澄清的结果，而不是一些"哲学命题"。这是一种与任何自然科学无关的"语言批判"活动。与此对照的是（更零散地出现在不同的地方，也几乎没有关于"哲学是什么"的核心表述），《哲学研究》也讲述了哲学的实践的观点和它的终点。这些同样既不是理论，也不是命题，但引发了如下结果："揭示一个或另一个单纯的胡话"（1958：§119）、描述、"综览式表现"[1]（1958：§122）、清晰的观点，等等。那么它们的区别在哪里？区别就在《逻辑哲学论》的方法中，或者在方法的幻觉中；就在于这种方法会引出一般性；就在于这种方法是对"渴望一般性"的证据。

《逻辑哲学论》中的两个段落以几乎隐匿的方式提出了这个难以琢磨的观点：

> 在我们的记号系统中，尽管有一些东西是任意的，但是，如下之点并不是任意的：如果我们任意地决定了某种东西，那么某种其他的东西就必然发生。（这点取决于符号系统的本质。）
>
> （1922：3.342）

而且甚至更重要的是：

> 一种特殊的表示方式或许是不重要的，但它是一种可能的表示方式这点始终是重要的。一般来说，哲学中的情况就完全是这样的：个例总是被证明是不甚重要的，但每一个个

---

1　此处应该注意的是，维特根斯坦使用的德语原文为"Die übersichtliche Darstellung"。其中"übersicht"本来的意思是"纵览全局""纵观全局"（对应英文"overview"一词），它的形容词形式"übersichtliche"也有清晰（clear）的意思。在这里，维特根斯坦想要表达的可能是一种"纵览全局的清晰的表现"，特别是考虑到语境中他紧跟着提到了"看到诸关联"（seeing connexions）。英译本中哲学家安斯康姆在翻译的时候使用了"perspicuous representation"（清晰的表征/表现）来解释维特根斯坦的原文，但似乎失去了"übersicht"中"overview"这一层词源涵义。中文翻译中，陈嘉映译本翻译为"综观式的表现"；韩林合译本翻译成"综览式的表现"。综合以上说法，仍采纳韩林合译本作为基准参考文本。译者注。

例的可能性却为我们提供了有关世界本质的某种信息。

（1922：3.3421）

**必然性**、**可能性**和**本质**等术语并没有被排除在《逻辑哲学论》之外，相反，它们就在我们探究的终点。在那里，呈现了《逻辑哲学论》与《哲学研究》之间的一条巨大的鸿沟：在后者那里特殊性就是我们能够得到的，也是我们可以指望得到的全部东西。而在前者中这恰恰并不重要。对于《逻辑哲学论》的作者而言，只有将一般性隐藏起来之后，特殊性才能与哲学关联起来。还有逻辑与分析，或者更准确地说是对于逻辑的分析应该通过特殊来揭示一般。而《哲学研究》的作者则放弃了这种幻想。

三

要是用马塔尔的浪漫主义者和理性主义者术语[1]来说，鉴于（《逻辑哲学论》）最后一段展现的幻觉，人们几乎可以立即给早期维特根斯坦贴上浪漫主义的标签；而后期维特根斯坦则由于其对哲学的期望更加谦逊，会被贴上理性主义者的标签。[2]这种贴标签的自然后果会得出与我的假说相反的结论——将晚期维特根斯坦定位为一名分析哲学家（而早期的他则是浪漫主义的）。我们似乎转了一圈后又回到了一个矛盾之中。或许我们需要一些更加巧妙的举措。

马塔尔刻画了浪漫主义的四个特征（相应的就是与理性主义针锋相对的特征）：抵制一般性、强调不可言说、拒斥哲学的自主性、拥护临时性。这四点中，我想说明前两点来恢复晚期维特根斯坦是浪漫主义者、

---

1　见《分析哲学：理性主义对浪漫主义》。

2　这是马塔尔对"两个"维特根斯坦的解读。

而早期的他是理性主义者的目的。以马塔尔的说法，浪漫主义坚守特殊性并回避了一般性。就我目前的目标而言，第一个特征足以消除任何将晚期维特根斯坦视为分析哲学家的尝试。一方面，《逻辑哲学论》中的那个迷人的早期维特根斯坦看起来也恰好契合马塔尔所说的"强调哲学不可言说"这一浪漫主义的第二特征，因而（维特根斯坦）天然就是个浪漫主义者。而在另一方面，如果伴随着"渴望一般性"以及通过分析来表现一般性（命题的形式与实在的形式）的努力的话，那么这个人又会被视为不折不扣的理性主义者。那么，我们是否应该说早期的维特根斯坦既是又不是一位分析哲学家？

尽管这样的回应不应该自动地被视作一种矛盾（毕竟我们正处在重重矛盾的活跃时代），但它确实指出了一个应当得到缓和的张力。有几篇关于《逻辑哲学论》的评论指出过这个张力：在该书的主体部分与其前言和最后几段话之间的张力；在其具有建设性的主体部分与具有破坏性的最终训诫之间的张力；在将其视为与弗雷格与罗素进行讨论并延续他们思想的经典解读与更加现代的、强调其源于叔本华思想的解读之间的张力。无论如何，在我心中，这些都是同一种张力的不同版本，维特根斯坦自己也更明显地表现了这种张力：

> 与此相反，在此所传达的思想的真理性在我看来是无可置疑的、确定的。因此，我认为，本质上说来，我已经最终解决了诸问题。如果我在此没有弄错的话，那么这部著作的第二个价值就在于：它表明了，当这些问题获得了解决时，我们由此所完成的事情是何其的少。
>
> （1922：前言）

当面对这样的张力时，我们唯一能做的就是一个解释性的举动。这里我将"解释性举动"视为一个选择：一个关于重要性的选择——即决定要强调什么、忽略什么、接受什么和放弃什么。正如科拉·戴蒙德（Cora Diamond）、伯顿·德雷本（Burton Dreben）、艾利·弗雷德兰德（Eli Friedlander）（这个名单还可以列举得更长）等评论者已经决定的，在理解整本《逻辑哲学论》，并将它**分析的**主体内容与其前言、结论放在一起看待时，要强调的就是不可言说。这是一本（或多或少地）以构建系统的风格写成的，构建了一个全面的逻辑结构的，关于形而上学、逻辑和命题的小册子，而它被视作导致了无意义和不可言说的结论。而维特根斯坦这本书结尾处的认识就为"关于人们不能言说之事"的神秘光环提供了解释。以这种做法，评论者们提供了一个关于《逻辑哲学论》的解读、一个诠释，该解读看起来就是在解释该书看似有双重动机，并强调这个双重性的其中一个侧面，以此来缓解。

通过对不同的重点进行选择，人们可以简单地忽略《逻辑哲学论》中那些屈从于不可言说的部分，或者宣称它们相对于作品的主体而言并不重要。[1] 这种选择甚至可以以心理学术语来表述，这种表述指出了维特根斯坦的神秘主义偏好、伦理倾向和宗教气质。[2] 然而，这种选择会很肤浅——因为显然对《逻辑哲学论》的"优良"解读必须安放它关于不可言说事物的各种各样的真诚评论。在它的两种明显矛盾的态度之间——在我所谓的著作的主体和其框架之间——达成和平就必须解释其为什么会显现二重性，而不是对它耸耸肩后毫不在乎。换句话说，在诠释《逻辑哲学论》的过程中，人们必须在它的两个不同的部分之间进行辨析，并为这两个部分一起显现出来提供辩护。

我的建议涉及对逻辑（或者语言）的谈论与对这类（或对哲学的）谈论的评估之间的区分。因而，我认为，早期维特根斯坦在其著作主体

---

1　这种诠释策略是对《逻辑哲学论》传统的、保守的解读策略。

2　确实蒙克（1990：105-66）声称维特根斯坦的心理状态——那就是"想要变成另一个人的愿望"，而他通过参与第一次世界大战使该愿望得到满足——正是《逻辑哲学论》中会出现我们可称之为"神秘""伦理学"等那一部分内容的原因。

中是一位分析哲学家——但不包括（部分）序言、梯子和结论。仔细检查上面提到的（我敢说还包括任何其他我们或许选用过的）定义中所列举的、归于分析哲学的特征，我们不能不注意到它们在很大程度上都适用于早期维特根斯坦。《逻辑哲学论》是一个关于思想的哲学研究工作要永远通过关于语言的哲学研究工作来实施的范式。它将逻辑作为施行哲学（philosophizing）的工具。它侧重于意义问题。它将科学视作人类知识的范式。而且，与王浩的评价相反，它更多的是以科学为中心而不是以艺术为中心（尽管"以 xx 为中心"这个术语值得进一步澄清）。那么，我们在哪里会遇到与对分析哲学的这些确定性刻画发生背离的情况呢？在《逻辑哲学论》的元哲学中，在王浩称之为"研习哲学的动机"，以及希尔顿称之为"希望……哲学会……获得像科学的地位那样的一些东西"。维特根斯坦的动机和希望肯定不同，而且肯定更加微妙。

事实上，我们已经兜了一圈。从语言到逻辑，再到元哲学，恰恰是第三点让我们陷入了矛盾。因为在那里，维特根斯坦看起来同时是浪漫主义和理性主义的，以及同时是分析的和神秘主义的哲学家。如果我们将其作品中主要的、分析的部分与它的元哲学评估（这部分确实是其作品中的一部分，但在地位方面则是外来的）分开，我们就可以一致地赞同这两部分所起的作用。前者是哲学工作，而后者则起着负面的、指出此类工作中有不可言说特征的作用（而且这尚且不能视为崇高的、就像在后期维特根斯坦中会论述到的那种东西）。换句话说，以维特根斯坦自己的话讲，从不那么狭隘且更悲观的角度来看，早期维特根斯坦是一个看到了在分析哲学中"取得的成就多么微小"的分析哲学家。

参考文献

Dummett, M. (1978) "Can Analytical Philosophy be Systematic, and Ought it to

Be?", in *Truth and Other Enigmas*, Cambridge, Mass.: Harvard University Press.

— (1994) *Origins of Analytical Philosophy*, Cambridge, Mass.: Harvard University Press.

Hylton, P. (1990) *Russell, Idealism and the Emergence of Analytic Philosophy*, Oxford: Oxford University Press.

Monk, R. (1990) *Ludwig Wittgenstein: The Duty of Genius*, New York: The Free Press.

Nietzsche, F. W. (1986) *Human, all too Human*, trans. R. J. Hollindale, Cambridge: Cambridge University Press.

Wang, H. (1986) *Beyond Analytic Philosophy*, Cambridge, Mass.: MIT Press.

Wittgenstein, L. (1922) *Tractatus Logico-Philosophicus*, London, Boston and Henley: Routledge and Kegan Paul.

— (1958) *Philosophical Investigations*, New York: Macmillan Publishing Co.

# 12 语言的孤独守护者维特根斯坦

俞瓦·卢里（Yuval Lurie）/ 著

何朝安 / 译

在 1982 年对维特根斯坦的《心理学哲学评论》进行评述之时，伊恩·哈金曾说：它们提供了一套"哲学心理学"——此标签在 20 世纪六七十年代分析哲学传统下相当时兴。对这样一种心理学，哈金抱有很高期望，他断言此心理学与认知心理学家们探究和论述的心理学大异其趣。他写道，"一种不同于认知心理学的哲学心理学的确是正当可行的"，"二者分属不同的研究领域，而只有认知心理学具有解释性"。在其评述中，哈金也将维特根斯坦与笛卡尔进行对比，并且发现了这两位隐居他国的哲学家之间惊人的相似之处，以及二者关于人类灵魂的显著不同看法。而后他提出一个反问：是否笛卡尔相信灵魂的存在而维特根斯坦不相信？其最终结论却是：此问题不值得探究——尽管他未言明其理由。历经岁月洗礼，曾几何时理应被察省的结果如今已变得十分明确：尽管初期也曾引人瞩目，但最终哲学心理学并未进入现代哲学的核心领域。导致此结果的原因是时下人们关于灵魂的看法，关于哲学的看法，还是二者兼有？

我将从维特根斯坦关于灵魂的"语法评论"开始本文的探讨。之后我会讨论为何日常语言在其哲学中扮演了核心角色。最后，我将探讨为何大多数哲学家们对建立哲学心理学不再抱有兴趣。

## 对人类而言的一种基本态度

笛卡尔曾写道，他相信自己具有灵魂，而后着手去证明其信念既为真又具有确定性。伽桑狄对此印象深刻，却未被说服，他认为世间存在的不过是被物理力量所驱动的在虚空中蹦弹的物质粒子。他嘲讽地称笛卡尔为"心灵先生啊"（O Mind）。而笛卡尔彬彬有礼地回敬伽桑狄为"肉体先生啊"（O Flesh）（Descartes 1955：135-233）。针对现代哲学这一争论激烈的核心议题，维特根斯坦作何言论呢？他是否相信人类具有灵魂？在我们后来称之为"心—物关系"的问题上，维特根斯坦站在伽桑狄一边还是笛卡尔一边？就此问题，他是否有任何论述？

事实上，维特根斯坦的确关心灵魂的概念及他自己是否相信灵魂存在这一问题。但（一如其惯常做派）维特根斯坦的做法却是将问题转换至一个令人意想不到的维度。他断言：**对事物具有某种态度**（attitude）与**对事物具有某些看法**（opinion）[1]是不一样的。他写道，"我对于他的态度是对其心灵的态度"，然而，"我并不**认为**他具有心灵"（Wittgenstein 1971：178）。看法传递**观念**（ideas）且通过命题而被理解。看法通常在推理的语境下产生，并且由此而可以评估其**合理性**。譬如，当我们说，赶去看电影太迟了，我们是在表达关于去看电影是否具有可行性的看法。与他人交换看法，辩论其合理性，诉诸论证来支持自己的看法，这些皆有可能。而态度却不太一样，它们不由观念构成且并非通过命题在心灵中被理解。当自家孩子的健康引发我们的**担忧**时，我

---

1　他使用的德文词是 Einstellung（态度）和 Seele（灵魂）。

们具有对其健康的关切态度。而当我们的关切之事不再令人忧虑之时，这一态度即被**宽慰**（relief）所取代。**仅仅**持有他们不健康的看法并不构成对他们的关切。此看法不过是包括旁观者在内的任何观察者可能持有的一个观点而已。态度总是与情绪相关，与喜好和厌恶相关。以之为途径，我们得以把握那些以非常基础、直接且非推论方式构成我们生活的东西所具有的意义。在我们与自己的生活构成物的关联之中，即我们如何感受它们，如何对其产生反应，以及如何看待它们——而非**如何理性把握**它们的过程中，态度才得以彰显。看法属于我们的**智识构成**，属于我们的**信念范畴**。而态度体现于我们对事物的**归依感**、**忧虑感**、**抵触感**等，即事物如何**影响**我们。这并不是说态度缺乏内容。态度构成领会事物之于我们的**性质与意义的方式**。就此而言，态度具有丰富的内容维度，且它们可以在信念中被展现，被看法所支持，与感觉和思想相伴随。在理性动物身上，态度和看法往往相互关联，相互影响。看法可能会支持态度，而态度也会在看法中得以表达。当我对某个人的**崇敬**之情淡化之时，我曾对他所抱有的**高度评价**也将弱化，反之亦然。[1]

关于人类具有灵魂，我们并不持有此看法，但却就此具有某个态度——就如我们之于灵魂持有者的态度一般，这一断言应当提示我们：我们与人类打交道的方式不是去掂量别人是否具有心灵并得到肯定结论。这一点应当提示我们：在我们生活中的诸多方面，我们的存在是基于以更为基础的方式来掌握事物的意义，而不是通过累积观念、深思熟虑、理性推理，并最终达至结论来实现的。沿着笛卡尔的思路，哲学家有时认为可以将人类视为纯粹的自动机器。如果维特根斯坦是对的，并且我们对人类的看法被那种根深蒂固的将人类视为心灵拥有者的态度所挟持，那么持有一种完全不同的**看法**将意味着什么呢？他以下述方式对

---

[1]　信念既可以表达态度也可以表达看法。在《论确定性》中，维特根斯坦常常试图将信念描述为态度。

此问题加以思考：

> 难道我不能做如下设想吗：自己周围的人都是机器人，没有意识——尽管它们的言行与常人无异？如果我现在就独自在房间里做如此设想，（就如在恍惚之中）我看见人们表情僵硬地各行其是，那么此想法或许颇有几分离奇。但请坚持贯彻此想法。比方说，对自己说，"那边的小孩子都只是机器人，它们的活泼灵巧不过是机器自动化而已"。你会意识到这样的话语变得毫无意义，或者你会不由得产生某种离奇之感，或类似的感觉。
>
> 将一个大活人视为一个机器人，这与把一个图形看作另一图形的极限形式或变形，比如将窗户梁架视为万字符，是类似的。
>
> （Wittgenstein 1971：§ 420）

最后这一论断令人诧异，因为它将态度这一概念与将某物视为（seeing as）此物或他物相关联。将事物视为此物或他物是以某种非常直接、非推论方式理解事物的方式。[1] 为了将我们把人类视为有灵魂之物的这种根深蒂固的态度及其意义加以阐明，维特根斯坦试着考虑我们如果不持有此种态度将会如何，比如：**将人类视为机器**并且以对待机器的方式来对待他们。诺曼·马尔康姆告诉我们维特根斯坦如何在讲座中借助其广为人知的拥有不同于我们的事物观念的人类部族来剖析此观念。

> 在其讲座中，维特根斯坦设想了这样一个人类部落，他们坚信其奴隶没有感觉能力，没有灵魂——他们仅仅是机器

---

1　维特根斯坦在《哲学研究》第 II 部分第 xi 页对"视为"（seeing as）的概念作了讨论。

人——尽管奴隶们拥有人类的面孔，拥有如其主人一般的行为方式，甚至讲同样的语言。维特根斯坦试图找到理解这一现象的方法。当奴隶弄伤自己或生病或喊疼之时，其主人会尽力对其进行治疗。当他疲倦之时，主人会让他休息；当他饥渴之时，主人会给他吃喝，如此等等。此外，主人也会如我们通常做的那样，把真正的病痛与装病加以区分。那么说他们将其奴隶视为机器人，这到底会是什么意思呢？他们可能会以某种特定的方式来看待其奴隶。他们会如看待机器一般来观察并评论奴隶们的行动。（比如，"他的肢体动起来多么流畅啊"。）当他们变得废旧而一无是处之时，主人就会如对待机器那样对待他们。如果某个奴隶严重受伤，身体蜷缩，痛苦喊叫，则主人会冷漠视之且不会阻止小孩们看到这一幕，就如他们看到的仅仅是天花板掉落下来砸中一台印刷机而已。此处体现了一种态度的差异，此差异与信念或预期不同事实无关。

（Malcolm 1962：91）

与这里所呈现出来的情况相比，描述此态度差异的努力很成问题。为了确立这种差异的存在，我们可能需要先行了解它们在何种程度上包含心理学概念，此外也必须了解他们对其部族成员持何种态度。一方面他们作为具有我们这般各种心理学概念的人类而存在，另一方面他们却不以人类的方式对其他人作出反应，二者要同时成立的话意味着什么，这一点实难说清。[1] 然而，这里的问题是，在何种程度上我们对于人类的

---

1　如卡维尔（1979：372）就此写道："很多人，也包括某些哲学家，对于将他人视为物很不以为然。但并不清楚由此而展望了何种可能性。那么，他人可以被视为什么呢？"

基本态度可以借由我们的看法与观念而被颠覆或丰富。维特根斯坦通过考虑两个案例来思考关于灵魂的观念与态度之间的关系。在第一个案例中，他设想我们尝试通过政治意识形态来瓦解我们对于作为灵魂拥有者的他者的态度。他写道：

> 考虑这样一个我们想对其进行奴役的部族。政府与科学家们明确宣称此部族的人没有灵魂，因此我们完全无须考虑任何目的方面的问题而对其加以利用……
>
> （1980a：I，§96；1967：§528）

> 如果我们之中有人认为在这些人的**体内**必定存在某些东西的运行，即某种灵性的东西，我们即可将之视为愚蠢迷信来加以嘲笑。如果这些奴隶本身自发性地陈述在其**体内**有某种东西在运作，那么这一点就尤为滑稽了。
>
> （1980a：I，§97；1967：§529）

我们将这些人视为具有灵魂之物的态度将被政治观念所瓦解。而在第二个对比性的案例中，宗教利用此态度来在其之上构建神学观念。维特根斯坦问道："宗教宣称肉体消亡之后灵魂依然存在，这一看法又如何呢？我能理解此宣教吗？当然我能理解——就此我能设想很多东西。（描述这一点的壁画多的是呢。）"（1980a：I，§265；1971：§178）。因此，与我们将人类视为具有灵魂的被造物这一态度相联系，可以生发多种观念。这些观念可以伴随、强化甚或瓦解我们在特定情形下的态度。但是这些概念得以生发的态度源头，即其根源，却并非通过观念或意见的方式给予我们。它们更为基本。维特根斯坦以如下挖苦的提问来提示我们这一点："当我们充满惊讶与兴奋之情地看着某人眼睛之时，我是否**相信**他具有灵魂？"（1980a：I，§268）在此案例中，惊讶与兴奋是某种基础性的、以非理性为基础的态度，通过此态度我们得以理解人类灵魂。这并不是说人类灵魂总是激发兴奋感，也不是说针对它存在某种必然被教化的东西。他写道："任何人听见小孩的哭泣并理解他所听到的东西之时，都会明白这一声音所包含的蛰伏于其中的巨大精神力量——那种完全不同于通常被假定的力量。即深沉的愤怒、痛苦以及打破这一切的冲动。"（1980b：2）

## 收集提醒事项

维特根斯坦所设想的部族给我的启示并非源于我们**能够**或**不能**想象如下情形：人们对于其同类的态度与对于机器的态度完全一样。它恰恰源于我们这样去想象的**尝试**。在此**尝试**中，它提示我们所**具有的**对于人类的态度，并且此态度与我们对于机器的态度何其不同。它提示：我们对于人类的态度源于我们首先将人类理解为**活物**，将人类行为理解为**行动**。这些态度在与人类的**行为与表象**的关联之下产生，在人类的期待、理解、感觉和信念之下得以展示。就此，维特根斯坦写道："怜悯即对他人处于痛苦之中所持有的信念形式。"（1971：§287）我们还可以补充说，冷酷亦是如此。同感、愉悦、关切、共情、厌恶、理解、怨恨、义愤，以及诸如此类的东西都是将活物所具有的表象与行为联系起来的态度。[1]这些态度展示了世界向我们有意义地加以呈现的方式与我们对其进行回应的方式之间的内在纽带。二者在我们的日常概念使用中显示其端倪。这暗示我们，事物表象与我们态度的结合构成了我们关于活物、灵魂、位格、知觉、感受、信念、思想、意图、意愿及类似东西的非科

---

1　在《恶心》中，萨特（1949）描述了由观看树木所导致的厌恶这样一种基本人类态度。他利用这一点来作出根本性的形而上学区分。显然，在此课题中，他将本体论置于某种态度之上，而不是某种观念之上。

学心理概念的凸现与使用的**语境背景**。维特根斯坦尝试以下述方式来说明此语境背景：只有针对人类及（在行为表现上）类似于人类的东西，我们才能够说它具有知觉，它能看见东西，它没有视觉，它没有听觉，它有意识或无意识。（1971：§281）

把这些概念运用于完全不同的语境背景即对我们心理概念的自然语境背景的凸显。相较于形而上学"思想实验"而言，维特根斯坦此处所涉及的是"哲学提示"。他对如下语境作了特别提示：在此语境下，通过移除并将之根植于某个陌生领地来使用概念是合理的。

> 看看某块石头并设想它具有知觉。我们扪心自问：怎么能够**将知觉赋予一个物体**呢？我们也可以将某个数赋予它！现在看看一只悄悄溜走的苍蝇，这些困难就立即消失了，而痛苦似乎就得以在此立足。而在此之前，一切都太过**平顺**了。
>
> （1971：§284）

平顺的基础孕育形而上学看法。粗糙的基础孕育我们的日常概念所由产生的属性。以我们免于将石头理解具有疼痛的方式，我们也以此来理解肉体。他说道："我们对活的东西和死的东西的态度毕竟不同，我们所有的反应都不同。"（1971：§284）另外一种凸显这一点的办法是通过对比我们关于人类的看法与我们关于动物的看法："我们不会说一只狗**可能**会自言自语。这是否是因为我们对其灵魂实在了解太少？也许人们可以说：如果我们看见了活物的行为，那么我们也就看见了其灵魂。"（1971：§357）此提示被凝练为如下断言："人类的身体是其灵魂的最佳图像。"（1971：§178；1980a：I，§281）

在此洞见下，把人类视为缺乏灵魂的机器人的哲学**尝试**——就如把石头视为具有知觉之物的看法一般——看起来不过是某种扭曲的哲学游戏罢了。它要求我们不再正视我们之于人类的基本态度，而是去**假定**这些态度错位了。然而，基本态度并不是看法。它们不是基于观念而建立起来的，而且不能简单地通过获取看法来替代之。它们只能通过替换为其他态度来被超越——比如我们之于机器的那些态度。正是在此语境下，维特根斯坦宣称他"双眼紧闭"。他无法抛舍其将人类视为灵魂之物的态度，就如没有人会面对一台坏掉的老旧洗衣机而心生怜悯一般。在周围人的脸庞之上，而不是在马路上的汽车车灯之中，他看到了惊异和愉悦。简而言之，他以某种特定的**有意义的**方式来感知人类：将人类视为有灵魂的活物。即使有人或就此提出某些**形而上学或科学看法**，他也固执己见。

　　这一点同样适用于很多其他的心理学概念。日常心理学概念的使用展示了我们对于人类及其他活物的态度。也正是在此处，这些概念获得其生命，也正是基于描述和支持这一用法的目的，维特根斯坦才涉入哲学心理学之中。他对心理学现象在日常概念中的表达方式加以描述，对不同概念加以对比，提示新的概念，对这些概念如何奠基于我们的生活进行评论，并对其展示事物的强有力表达方式加以呈现。有时候，对于其着迷于日常心理学概念以及透过这些概念得以呈现的现象，维特根斯坦试图辩解说：他仅仅是在收集用于解答未来困惑的"提示"而已。但是，就如任何醉心于此的收集者一般，他似乎更着迷于样本本身。哲学心理学被视为具有独立价值的事业，其"目的"是描述体现人们体验和把握事物意义的方式的心理学概念。这些概念既展示了我们对于事物的依恋感，又展示了这些依恋感的形成方式：它们展示了我们所珍视之物以及我们体验、理解事物价值的方式。哲学心理学不失为从某个非常谦卑、非整全、有意义、负载价值的视角对人类心理的描述。


## 自然的奇迹


　　如果我们按照康德的说法把事物向我们呈现的方式称为"现象

的""美学的",或者按照卡维尔（Cavell）的说法，称为"日常化的"，亦或按照斯克鲁顿（Scruton）的说法称为"事物之表面"，那么我们的态度、反应、经验及感知即可被视为与现象之物、审美对象、日常之物、事物表面之关联而产生。它们内嵌于日常语言的表达特性之中，而不是科学解释得以表达或观念与看法得以思虑的理论话语之中。但是，既然我们既能就事物之性质形成看法，又能形成展示其意义的态度，为何我们只关注那门借以表达我们对生活事物之意义的理解的语言，而不关注试图解释其本性的科学理论呢？为何仅仅抓住我们理解现象之物、审美之物、有意义之物及事物表面的那些方式呢？

针对此问题的一个解答来自哈曼（Johann Georg Hamann）。此答案基于某种**宗教态度**，因为它与上帝向人类传递信息的表达方式有关。就如前人伽利略一样，哈曼也宣称上帝借由自然来言说。伽利略在其《试金者》中宣称，自然这本书是上帝用数学语言写成的；与伽利略不同的是，哈曼宣称自然是上帝借由我们通过感官来直接获得美学体验这一方式而写给我们的"一本书、一部寓言或一封长信"。他宣称，《圣经》是解读此寓言的钥匙，而艺术是揭示此寓言意义的另一方法。与《圣经》一样，艺术展示了掌握上帝所传达信息的一种方式，并且通过我们了解实在的洞见与意义所需的中介手段来展示真理。[1] 根据哈曼的看法——此看法后来成为德国浪漫主义意识形态立场的起点——通过人类理解自然的感觉与激情，上帝展现其自身。由此，**艺术活动需要形而上学意义**，因为它展示了对实在的终极洞见。日常语言，作为知觉、态度与情绪的语言，同时也作为我们表达与描述价值喜恶的语言、诗歌与文学的写作语言，成为此项事业的一部分。它提供了人类对上帝创世之荣光的强有

---

1　关于这些针对哈曼的评论，我想感谢贝舍尔（C. Beiser）在其著作《理性的命运：从康德至费希特的德国哲学》中对哈曼的讨论，以及以赛亚·柏林的《休谟与德国反理性主义的根源》一文。

力而直接的表达，并且它与致力于解释万物的科学语言外衣下的人类理智所借由表达的语言相区别。

同哈曼一样，对于日常事物的美感呈现，对于我们在日常、自然事件中感知非凡之物（即上帝创作的艺术杰作）的能力，维特根斯坦也感受强烈。维特根斯坦的朋友恩戈尔曼曾在信中对他说：在其对于自身生命的描述中有时他能感觉到某些绝妙的东西，也正由于此，他希望将这些著作完全公之于众；然而某些时候他的感觉又完全不同。在维特根斯坦看来，诉诸将普通事件感知为（作为上帝创造的艺术品这样的）绝妙事物，恩戈尔曼对于其生命中这种绝妙之物的体验能够加以解释。

　　某人认为其在从事某些非常简单的日常活动时未被注视，没有什么比观察此人更为令人叫绝的了。让我们设想一个剧场，当幕布升起之时我们看见房间里孤零零的一人，来回踱步，点燃香烟，坐下来，等等。如此一来，我们即突然通过某种外在的方式来观察一个人，而通常我们无法以此方式来自我观察。这就好比我们用自己的眼睛去看人物传记的某一章似的——毫无意外，这是相当别致而愉悦的体验。我们将可以观察到某些甚至连剧作家本人都无法安排在舞台上被演绎或说出的美妙东西：生命本身。然而我们的确每天都看见这一点，尽管完全没有意识到这一点。当然，我们并未从**那个**视角来看它。当恩戈尔曼审视自己的作品并被其震撼之时（尽管他无意于发表其中的任何一份手稿），他将自己的生命视为上帝的艺术品之一。基于此，它当然值得审视，每一个生命以及每个东西亦如此。但只有艺术家能够以此方式来再现个体之物，以使其看起来像一件艺术品。的确，如果那些手稿被单个地审视，尤其是被公正地看待，即由事先对它们不感兴趣的人来看，它们将丧失其价值。一件艺术品迫使我们从正确的角度去审视它……

然而，在我看来，除了借助艺术品，还存在一种通过永恒的方式来把握世界的模式。我相信，思想的确拥有这样一种方式——它横穿世界之上，对世界本身毫无干涉——在空中向下俯瞰世界。

（1980b：4-5）

在此，有三种值得关注的哲学理念被传达。其一，存在某种将平凡之物感知为非凡之物的方式。其二，艺术使我们能够以此种态度来感知平凡、自然事件，它将其表征为上帝的艺术创造品，并由此而属于崇高永恒之物。其三，以此态度通过提供某种概念鸟瞰来表征事物，哲学思想可以参与其中。[1] 但与哈曼不同的是，即使是在其思想的这一时期，维特根斯坦也不至于让自己误以为这类体验是上帝存在之证明。他写道："我想说，本书是为上帝的荣光而写。"（1975：7）之所以不会如此，是因为，在现代社会，平凡事物所产生的非凡感不会让人视之为上帝的艺术创造品并成为对上帝荣光的崇拜——至少在维特根斯坦这样的人那里是不会的。因此，尽管他仍能够感受到事物的非凡性并在哲学论著中表达此类体验，他却无法将之转化为对上帝的信仰态度。继而，被普通之物和自然现象的非凡性所震撼，这种能力依旧为其思想提供基础，却不再像从前那样暗指上帝了。

自然奇迹。

人们可能会说：艺术向我们**展示**自然的奇迹，它建立于自然奇迹的**概念**之上。（繁花盛开，何处非凡？）我们这样

---

1　在此值得一提的是，在其临终遗言中，维特根斯坦以下述方式对其一生作了概括："告诉他们，我度过了美好的一生！"参见 Malcolm 1958：100。

回答：只管欣赏就好了。

（1980b：56）

维特根斯坦此处提示我们的是：我们有能力将平凡的自然事件理解为非凡之物，不是作为永恒之物，而是作为**奇迹变体**。他此处试图挑明的自然奇迹概念建立于如下自然观念之上，此观念下的自然先于科学所描绘的样子，或者说，先于西方宗教所谓的"永恒之物"所说的样子。这一自然观念体现了一种对自然变化抱着**敬畏之心**的能力，将自然视为奇迹。这种自然观为艺术、神话及宗教奠基，但根植于日常体验与态度之中。它使得我们甚至能够在行为的功能属性中感受到非凡性，比如在艺术表演中，感受到"弹钢琴就如指尖舞蹈一般"（1980b：36）。以此视角来感受自然现象并非将奇迹之物感受为与自然事件相反之物，而是将之感受为内在于自然事件的东西。通过提示我们依然所具有的将自然现象感受为自然奇迹的能力，维特根斯坦提示我们：尽管我们拥有各式各样复杂的、科学的观念与思考方式，我们依然能够以某种灵感式的方式来体验事物，而正是这种态度曾引导人们对上帝的崇拜。实际上，当我们感到现代文明环境缺乏任何崇高永恒之物时，我们甚至可能会有一种失落感。

令人不可思议的是：我们竟然会倾向于将文明——房屋、树木、车辆等——视为将人类与其源头，与崇高和永恒之物隔离开来的东西。我们的文明环境，与树木和植物一道，看似被包裹于玻璃纸之中并与伟大之物和上帝相隔绝。这是一幅给予我们的非凡图景。

（1980b：50）

根据维特根斯坦据此体验所得出的洞见，现代、科学、理论解释所提供的事物观察视角与我们借以感知自然奇迹的敬畏态度所提供的视角之间存在极其关键的、精神性差异。贯穿科学解释的进路可能是理智困惑与好奇心，但总体而言，面对自然奇迹之时，科学解释并非表达与强化**灵感**态度的恰当手段。科学解释通过诉诸抽象的、**律则式**的一般性原则来解释自然之物。通过迎合我们的**智识**，而非**灵感力**，科学解释为我们提供理解。在科学解释中，神话、宗教和艺术所强化的敬畏态度消失殆尽，魔力全无。他所试图展示的这两种态度的分裂造就了西方文化向现代性的转化。这一点体现为：对于事物的理智、科学态度取代了之前那种使我们得以感受自然奇迹的敬畏灵感态度。据此观点，通过在现代世界成为主导性的精神态度，科学进路阻断了我们的灵感力及以奇迹态度来感受事物的能力。在我们的时代，维特根斯坦说道："人类必须觉醒才能对事物有惊异感——或许我们的确如此。而科学恰恰是让他再次入睡的办法。"（1980b：5）[1]然而，一旦屈从于科学态度，要再次点燃我们的惊异态度就困难重重了。此结论导致维特根斯坦对西方文化所走的现代性道路持有一种非常悲观而灰暗的看法。

> 关于世界的真正终极看法是，世界**没有**轮回。比如，如下看法是荒谬的：认为科学与技术的时代是人性终结的开端，伟大进步的看法不过是一场幻觉，真理终将现身；科学知识一无是处，对科学知识的追求让我们掉进圈套。没有明显的证据表明事情并非如此。
>
> （1980b：56）

据此看法，现代世界的哲学选择了依附于理智好奇心驱动的科学态度，它所支持的解释遮蔽了自然之奇迹。比如，它更偏好于将人类视为

---

1　或许维特根斯坦最想看到的是世界本身作为上帝创造的艺术品。

图灵机的论调而非将人类视为灵魂拥有者的日常概念。与之形成反差的是，维特根斯坦试图将哲学心理学依附于我们的基本态度，这些态度在我们的日常语言、艺术和宗教中得以表达，并且在我们感受自然奇迹的能力中被展现。

## 游览我们的古老城市

关于语言与生命之间的关系，维特根斯坦将其观点提炼为如下别具洞见的著名比喻。

> 我们的语言可被视为一座古老的城市：迷宫般的小街道和广场、新旧错落的房屋、不同时期新增建的房舍，而它被大量拥有笔直街道和统一样式房屋的新街区所包围。
>
> （1971：§18）

在此我想专门聚焦于此比喻。一来为了澄清维特根斯坦设想的哲学心理学的一些基本特征，二来为了展示它与当今多数哲学家所感兴趣的东西之差异所在。首先，就我们的语言作为一座城市而言，它是**我们**的城市，即它是我们的生活之处，我们对其了如指掌。其次，由于语言是一座城市，哲学心理学由游览此城市时所作的一些评论构成。在此角色下，维特根斯坦就是我们这座城市的忠实守护者，他向我们展示其令人着迷之处。（我们并非对此不熟的游客。我们是这座城市的居民，我们不过是暂停日常活动，休整一天，跟着维特根斯坦去游览那些我们所熟知的街道而已。）请注意，根据维特根斯坦的比喻，我们的语言城市由两个城区组成：一个是由"小街道和广场的迷宫、不同时期建造的……新旧房屋"所组成的"老城区"；而另一个是由"笔直街道和统一样式房屋组成的新城区"。旧城区是我们的**家园**所在：是我们伸伸懒腰放松自我的地方。这正是我们的**基本依附感**的来源和表达方式：在此我们体验到事物的价值。第二个城区可以被理解为科学。这里不是我们的家园，不是我们基本依附感的来源，也不是我们在生活中体验事物价值的地方。它不过是我们去思考问题、掂量想法、兜售看法之处。

就维特根斯坦而言，两个城区的划分以其精神价值为依托。尽管两个城区都由房屋和街道组成，维特根斯坦仅面对老城区的房屋和街道，即他所谓的**建筑物**之时才能有灵感冲击。并非所有的房屋对他而言都是建筑物。所谓的建筑物，呈现于比如具有生发精神价值的救赎性**表达特征**的房屋。他曾写道："建筑物是一种**姿态**，而并非人体每个有目的的行动都是姿态——就如并非每栋有目的的楼宇都是建筑一般。"（1980b：42）维特根斯坦尝试表达此主题相关想法的办法是诉诸之前提到的荣光概念。"建筑为某些东西赋予不朽与荣光。因此，如果物体不被赋予荣光，也就没有建筑。"（1980b：69）现在可能已经比较明确的是，在新科学城区不存在建筑物。我们可能会说，日常语言是人类生活方式的建筑物。它是伟大的艺术品。在漫长的过程中，经由一代又一代的人而被创造。类似于各种文化下的丰碑式建筑，如埃及金字塔或中世纪的欧洲大教堂。借由这些建筑，人类对其世界观念进行表达和赞颂。[1]

可以说，日常语言就是一系列有意义的、充满荣光的人类姿态。通过此语言，表达我们那些真切的、灵感的、非智识性的态度，以及我们对事物的深刻依恋与憎恶——因此，它成为诗歌创作的语言。而科学语言并不如此。科学语言并不表达我们那些真切的、灵感的、非智识性的态度，我们对事物的深刻依恋与憎恶，继而它并不成为对荣光的表达。

---

1 关于维特根斯坦将语言视为艺术品的观点，参见我的文章《维特根斯坦论文化与文明》（Lurie 1989）；此外也可参看我的文章《作为人类生活形式的文化：对维特根斯坦的一种浪漫主义解读》（Lurie 1992）。

因此，对他而言，科学语言并不令人着迷。维特根斯坦写道："科学语言可能令我感到有趣，但不会让我深陷其中。只有**概念性**的、**美学**的问题才能做到。在根本上，我对于科学问题的解答不甚关心，但对另外一类问题却并非如此。"（1980b：79）在此比喻下，我们可以说，科学的语言城区不是建筑，那里的楼宇缺少荣光即精神价值。它们不过是人为虚构的东西，而不是可与我们的古代家园等量齐观的建筑创作。因此，维特根斯坦并不关注它，其哲学心理学仅仅探究语言之城中那些他仍能体验到荣光的部分。

维特根斯坦在语言之城中所引导的哲学之旅在两个相关的目标下展开。其一是**批判性的**，它致力于废除"空中楼阁般的"形而上学构造物。其二是**辩护性的**，它致力于阐明在日常语言中加以表达的人类日常生活之荣光。二者经常并驾齐驱，因为形而上学构造物既遮蔽自然奇迹也遮蔽日常语言所表达的荣光。在维特根斯坦看来，与科学构造物将惊异与生活隔离所不同的是，形而上学构造物就如童话一般。它充满了令人着迷的魔法，虚假的魔法（房屋不是真房屋，而是房屋的假象而已）。因而，他主张，哲学评论本身也必须具备某种魔力，以对抗形而上学的魔咒："对哲学问题的解答恰似童话中的礼物：在魔法城堡中，礼物看上去令人心醉，而一旦你把它拿到外边阳光下，它就不过只是一块废铁（或类似的东西）而已。"（1980b：11）但如我试图表明的那样，根据维特根斯坦，除了形而上学构造和拆除空中楼阁之外，还有一种具有魔力的哲学运作模式，即通过强化我们感知自然奇迹的能力的哲学探究，比如，当我们理解了人类具有灵魂之时，这些奇迹即得以现身。对此态度和视角加以表达的语言为人类存在增加荣光，理应受到哲学的欢迎。满足这一点的哲学论断提供了他所谓的针对语言语法的"明晰表征"。就此，语法论断即游览老城区之时，其致力于完全展示此荣光的忠实臣民和守护者们所作的评论。通过诉诸极富洞见的概念描述来澄清其**意义**，它们使得包含于日常语言之中的荣光得以现身。因此，当维特根斯坦断言他并不认为人类有灵魂，而仅仅是持有这样一种将人类视为有灵魂之物的态度，其断言是一个语法论断，它对此概念提供了明晰表征。通过提示我们它展示了对于人类的一种基本态度——相对于我们仅仅持有看法的东西而言——它展示了其在我们生活之中的意义。

根据此日常心理语言观念，如艺术一样，其荣光源于它能够表达、珍视、强化、加剧、丰富我们人类的视角、态度和经验。在形成关于我们语言语法的明晰表征之时，哲学将其荣耀成就作为赞颂性的美学分支而加以接纳。其操作模式就如对画作进行镶边和悬挂来强化画作的荣光；或如高超的艺术品鉴师，以其凸显关键特征的评论令我们更好地理解艺术作品。因此，真正的哲学家必须同时具有艺术天资和缜密心智，因为他必须能够通过对语法片段的明晰表征来展示被语言赋予荣光之物。在此目的下，维特根斯坦将其哲学观点描述如下："哲学当以**诗歌创作的形式**来书写。"（1980b：24）因而，维特根斯坦在"哲学探究（或许特别是数学之中）和美学之间察觉到某种非同寻常的相似之处（比如，这件衣服哪里不对劲，该如何调整，等等）"（1980b：25）。由此一来，哲学（特别是哲学心理学的目标）就与支撑当今心灵哲学领域的目标极为不同。


## 科学幽灵与自然语言荣光


自从伽利略为其同时代人展示了如何通过抽象的物理定律来解释自然动力学，哲学家们就开始习惯于对科学解释采取两种极端且对立的理智态度。其一是对被认为是启蒙、进步和客观知识的前景的欢欣鼓舞。其二是无精神者对被认为是对我们所珍视的人类生活及其价值的观念的侵害所引发的惶恐。第一种态度激发了部分哲学家试图加入此阵列，扮演拉拉队长，为科学呐喊助威，并嘲弄那些对科学缺少热情支持的人。

第二种态度则激发了某些哲学家利用论证去试图强化对我们古老概念的捍卫，这些论证旨在表明日常概念，特别是心理学概念，不容理论化。起初，两种态度看似都很极端且毫无根据。我们为何要将科学解释理解为某种福祉或祸害呢？在我看来，答案就藏在那既被诋毁又名声显赫的**所谓形而上学**这一哲学事业之中。科学理论不是罪魁祸首。试图通过哲学来勾画**基础本体论**（关于何物存在）——它也是形而上学对于科学的欢欣与惶恐的原因——的形而上学目标才是罪魁祸首。在此形而上学战场上划分阵营之后，维特根斯坦却几无同盟军。与哈曼不同，对于我们日常的非科学态度、经验、知觉以及它们寓于其中的概念的偏好，维特根斯坦的辩护不是诉诸上帝在自然奇迹中的现身或日常语言所包含的荣光。他是一位现代作家。他意识到现代语言和科学语言之间的裂隙。出于对强化自然奇迹和日常语言荣光感知的描述的偏好，他并未使用任何形而上学论证来进行辩护。或许上帝通过艺术语言及知觉来与哈曼沟通。然而，如维特根斯坦所言："你无法听见上帝对他人说的话，你最多只能在上帝和你自己说话时听见其声音。"而后他马上补充道："这是一个语法论断。"由此可以推断，语法知识是关于此真理的全部知识（1967：§717）。对寓于此上帝观念之中且他竭力揭示的那种荣光，他可能依然饱含崇敬之情。但他却不再享有此荣光了。在此意义上，日常心理学概念极不相同。它们对于人类生活依然能提供一种可行的、有意义的、令人称道的表达，此表达嵌入我们的生活之中，被我们所共享。我们在日常生活中对它们的使用显示它们并未被科学所瓦解。

　　维特根斯坦的城市之旅仅限于他看重并珍视的东西。他反感涉足于那些新的、科学城区，因为在那些地方他无法感受到任何精神价值。这一限制导致后世很多哲学家认为其城市之旅尽管引人入胜，却有些过时。与维特根斯坦对科学缺乏兴趣与理解且鄙视之形成反差，当今多数哲学家都对科学的进展趋之若鹜。事实上，部分哲学家更乐于涉足科学城区，模仿其建造风格，而不是驻足于其家园所在的老城区。即使是在对待日常语言之时，在科学观念的背景下来评估其价值也非常重要。似乎就其本身而言，它缺乏足够支持。据说，纳博科夫曾被一位絮叨的崇拜者烦扰，后者一遍又一遍地夸赞纳博科夫的著作译本读起来多么惬意。据说纳博科夫最后回应道："是的，翻译的确丧失了原文的部分内容。"我们可以说，当今的心灵哲学家们极其类似于无法理解此话语讽刺性的人。他们严肃地认为灵魂概念与其原初之物相比有所缺失。有人不甚贴切地将日常心理学概念称为"民间心理学"，以此来暗示，为寻求真理起见，最好不与之为伍。在另外一些人看来，抛弃日常心理学概念实际上很困难，他们更愿意将之转化为一种**合法观念**，通过形而上学转译至科学之中，由此使其比原初形态更好理解。

在通过科学来瓦解或支持我们日常心理学概念的形而上学努力这一背景下，维特根斯坦对于人类心理学的科学解释缺乏兴趣并加以蔑视，他对日常概念的表达本性的亲近，是非同寻常的。由此，对于事物的日常态度、经验与知觉的能力以及它们在日常心理学语言中得以辉煌表达的方式，维特根斯坦展示了一种对此加以珍视的能力——即使哲学中存在各种对智识性科学视角的热情拥护。如同曾经价值连城如今却门庭冷落的伟大艺术品的孤独守护者，他人的漠视并未阻碍他。因为，他一次又一次地试图向我们展示日常心理学概念如何以荣光的方式去捕捉世间奇迹。对于任何不满足于仅仅罗列关于世间之物的可靠看法的人而言，这一点应当被视为一种了不起的个人姿态和绝妙的哲学成就。[1]

---

1　很多人对本文的早期几个版本提出过合理批评，特别是 P. 哈克和 Z. 卡萨科夫。特此致谢！

参考文献

Beiser, F. C. (1987) *The Fate of Reason: German Philosophy from Kant to Fichte*, Cambridge, Mass.: Harvard University Press.

Berlin, I. (1981) "Hume and the Sources of German Anti-Rationalism," in H. Hardy (ed.) *Against the Current*, Oxford: Oxford University Press.

Cavell, S. (1979) *The Claim of Reason*, Oxford: Oxford University Press.

Descartes, R. (1955) *The Philosophical Works of Descartes*, Vol. II. rendered into English by E. S. Haldane and G. R. T. Ross, New York: Dover Publications Inc.

Hacking, I. (1982) "Wittgenstein the Psychological," *The New York Review of Books*.

Lurie, Y. (1989) "Wittgenstein on Culture and Civilization," *Inquiry* 32: 375–97.

— (1992) "Culture as a Human Form of Life: A Romantic Reading of Wittgenstein," *International Philosophical Quarterly* XXXII/2: 193–204.

Malcolm, N. (1958) *Wittgenstein: A Memoir*, London: Oxford University Press.

— (1962) "Wittgenstein's Philosophical Investigations" in V. C. Chappell (ed.) *The Philosophy of Mind*, Englewood Cliffs N. J. : Prentice-Hall, Inc.

Sartre, J. P. (1949) *Nausea*, Norfolk, Conn. : New Directions.

Wittgenstein, L. (1967) *Zettel*, G. E. M. Anscombe and G. H. von Wright (eds), trans. G. E. M. Anscombe, Berkeley: University of California Press.

— (1971) *Philosophical Investigations*, trans. G. E. M. Anscombe, New York: The Macmillan Company.

— (1975) *Philosophy Remarks*, R. Rhees (ed.), trans. R. Hargreaves and R. White, Chicago: The University of Chicago Press.

— (1980a) *Remarks on the Philosophy of Psychology*, Vol. I, II, G. E. M. Anscombe and G. H. von Wright (eds), trans. G. E. M. Anscombe, Oxford: Blackwell.

— (1980b) *Culture and Value*, G. H. Von Wright (ed.), trans. P. Winch, Oxford: Blackwell.

— (1993) *Philosophical Occasions*, 1912–1951, J. C. Klagge and A. Nordmann (eds), Cambridge: Hackett Publishing Comp.

# 13 海德格尔、卡尔纳普、维特根斯坦：关于虚无的纷扰[1]

艾力·弗里德兰德（Eli Friedlander）／著

孙骞谦／译

## 三角关系

对于分析哲学之本性这一问题的阐明，可以从它与对立传统之间的关系的考虑中获益。即便不论黑格尔的观点，我们也可知，在某个阶段，与他者的对抗恰是哲学进步的最富有成效的条件。因此，分析哲学的未来或可透过它与所谓的欧陆哲学之间的关系而获得思考。这一视点的问题是，这两个传统的关联由于当下的相互隔绝而难以展开评估。对于双方在过往的相遇以及对这种相遇之意义的再评估因此成为必要。

其中的一次相遇，20 世纪 30 年代初发生在卡尔纳普、维特根斯坦和海德格尔之间。对于这一三角关系的阐明所揭示的不仅仅是认同或分歧，而且是一个逻辑或力场，它奠定并决定了各自的立场。对此场域或逻辑的呈现需要将维特根斯坦置入一个呈现其自身为分析与欧陆哲学（即卡尔纳普与海德格尔）的对抗局面的群英像之中。这样一种并非必

---

1 原文为 much ado about nothing，作为习语意为"无事生非"。编注。

然以双重主体而存在的第三者的可能使得此处的交流呈现出复杂的，且在哲学上成果丰富的面貌。

在《语言的逻辑句法》一书中，鲁道夫·卡尔纳普明确地承认了维特根斯坦《逻辑哲学论》对于他的工作的影响；他认为维特根斯坦"首先展示了科学的逻辑（或如他所称，'哲学'）和句法之间的紧密关联。特别地，他澄清了逻辑的形式本质，并强调了句法的规则与证明不应涉及符号的意义"。

卡尔纳普与维特根斯坦的区别，主要在于维特根斯坦的如下观点：语言有着只能显示，不能言说的维度。卡尔纳普认为这一维度指涉他所理解的逻辑句法，并发现维特根斯坦对于该维度不可表征的观点是个十足的错误。维特根斯坦的错误在于，他未能意识到使用元语言描述句法的可能性，并且元语言自身可以通过对象语言的算数化而获得表征。

对卡尔纳普而言，在一个协定的语言中描述任一句法的可能性有着重要的理论后果：**在逻辑中**，他说，"**不存在任何规矩**（moral）。只要他想，每个人都可以自由地构建自己的逻辑，即自己的语言形式。对构建者的全部要求是，如果他希望能够讨论这一逻辑，他必须清晰地陈述他的方法，并且给出句法规则，而非哲学论证"（1937：52）。因此，未能清楚地区分对句法的选择和对世界的主张这一问题，困扰着大多数哲学观点。很多哲学主张都陷入了形式样态（formal mode）与质料样态（material mode）混淆的深渊，而它们都可以在卡尔纳普的框架下被容忍和重塑。

然而容忍也有其界限：一些哲学观点完全无法被翻译到任何系统的句法中。卡尔纳普认为哲学史上有很多明显的无意义的例子，但是他"从一个在德国有着最大影响的形而上学学派"（1932：69）中选取了一例。卡尔纳普选中了海德格尔那个引人注目的表达——"虚无者虚无着"（The Nothing nothings），然后通过一个极为细致的分析，直言不讳地指出这句话的无意义。

当我们转向海德格尔，则可看出他将自身（至少是名义上）置入一

个可能与卡尔纳普有关的问题空间。预计到后者的批评，海德格尔宣称
"'无'这一问题……弥漫于整个形而上学，因为它迫使我们面对否定
性的起源，即，在根本上，我们要勇敢面对一个抉择，关于在形而上学
中使用'逻辑'规则的合法性的抉择"（Heidegger 1977：110）。卡尔
纳普或许没有意识到这是一个由他自身的探究的局限而引发的问题，因
为或许在他看来，挑战逻辑霸权的可能性恰好预示着一种心理主义视角。
维特根斯坦在这场遭遇战中的角色就是以另一种方式引出同一个挑战。
虽然海德格尔没有过多谈论卡尔纳普的批评，但是他似乎也很看重这场
遭遇战的意义。在之后的一篇文章中，海德格尔将自身与卡尔纳普的观
点的区别视作哲学的两个最为极端的立场，他依据对待语言的态度分歧
来表述二者的差异：

> 　　语言就专属于它的意味而言是一种言说，所言说者既是
> 一种以多重方式揭示自身于人类的事物，也是其自身即便在
> 客观化思想的统治之下也不会将自身禁闭在这种统治之内，
> 将自身关闭在显示自身之物以外的事物。
>
> （Heidegger 1976：29）

在语言的对象化（即对海德格尔而言，视语言为表征手段，并使语
言自身成为一种对象的语言观）进程中，语言的自我显示这一维度是缺
失的。这种说法与维特根斯坦对言说与显示的区分，以及对于通过某种
语言层级来克服这一区分的尝试的拒斥，有着令人惊异的相似性。

　　因此，我们此刻需要追问维特根斯坦与海德格尔的关系。在一封写
给罗素的信中（日期为 1919 年 8 月 19 日），维特根斯坦写道：

> 　　此刻我担心你并未真正把握到我的主要观点，关于逻辑
> 命题的全部讨论都只是这一主张的推论而已。这个重要理论

就是，关于什么可以由命题（即通过语言）表达（以及属
于同一回事的，什么可以被**思维**），什么不可以被命题表达
而仅能去显示的理论。我相信这是最基本的哲学问题。

（Wittgenstein 1974：71）

显示问题就其自身从属于维特根斯坦所指的《逻辑哲学论》的伦理
要点，这一点众所周知。卡尔纳普在《语言的逻辑句法》中的主张可大
致概括为"**在逻辑中，不存在规矩**"。不同于卡尔纳普，我们可将维特
根斯坦的主张理解为，关于逻辑的全部工作都有一个伦理学要点。如果
最终这一奇特的伦理概念与海德格尔的伦理概念分享某种亲缘性，那么
这将是一个恶性的历史的循环。因此，为了终止这个循环，或者说建立
我最初所设想的三角关系，维特根斯坦本人就对海德格尔做了如下回应
（根据魏斯曼的报告）：

当然，我可以想象海德格尔提及存在与焦虑时他在意指
什么。人们有一种撞上语言边界的冲动。想想如下例子，任
一事物终究是存在的这一事实造成的惊愕。这种惊愕不能以
问题的形式获得表达，并且也不存在任何答案。我们可能**先
验地**言说的任何事情都受限于单纯的无意义。然而我们确实
撞上了语言的边界。克尔凯郭尔同样也看到了，存在一种相
撞的界，并且他以类似的方式指涉了它（如同撞上了悖论）。
同语言边界的相撞是**伦理学**。我认为，终止伦理学中那些哗
众取宠的议题无疑是至关重要的。这些议题包括直觉知识是
否存在、价值是否存在，善是否可定义。在伦理学中，我们
总是尝试着去言说一些不可言说之物，言说那些从未并且
永远也无法触及本质的事物。可以先验（a priori）地确定，
无论可以给善以何种定义，当说出本质的、真实地被意指的

事物符合所表达之物时，这都是一种误解（摩尔）。但是这
种与某物相撞的倾向确实**暗示了某种东西**。当圣奥古斯丁说
出"你们这些下流坏，你们不想说无意义的话！径直去说，
尽管去说无意义的话，没关系！"时，他已知晓了这一点。

（Wittgenstein 1979：68）

　　在我看来至关重要的不仅仅是维特根斯坦表明的对海德格尔的理解
的含义。同样重要的是，这种感觉是如何表达的、是对谁表达的。事实上，
在尝试捕捉海德格尔的洞见时，维特根斯坦所用的正是《逻辑哲学论》
结尾的语言。在《伦理学讲义》中，维特根斯坦以第一人称重述了关于
海德格尔的断言："我的整个倾向，以及所有曾经尝试撰写或谈论伦理
或宗教议题的人的倾向，我相信都撞上了语言的边界。这种同困住我们
的牢笼的相撞毫无希望。"（1965：12）当他谈及他的整个倾向，如果
不是《逻辑哲学论》的整个倾向时，维特根斯坦究竟在指涉什么？我们
可以说，为了指示不可言说之物而撞向悖论，这是对于上述著作结尾相
当精确的描述。因此维特根斯坦不只在表示他能够理解海德格尔，而且
是将海德格尔的方案与他自身的关联起来。一个公开培育无意义之声却
瞄准最重要的交流的文本，与一个有时看上去过度可靠却最终成为彻底
的悖论性与无意义性的文本，这两者可能说出了同样的事情吗？

　　在卡尔纳普发表《取消形而上学》一文的前后，维特根斯坦对维也
纳圈子的成员表达了他对海德格尔的看法，这构成了关于维特根斯坦在
哲学世界中的位置的一个正在成型的陈述。本章的标题或许提议说这个
三角关系以及三者之间的种种误认构成了一个由诸多错误造成的悲剧，
然而这远不是对于事情的简单解释。我也不想提议说维特根斯坦在这里
只是在与维也纳圈子算账（squaring account）。首先我的目标不是将维
特根斯坦重新划为欧陆哲学家，而是尝试行之有效地思索在将他置入同
逻辑实证主义者的关系中时，他的思想与海德格尔之间的亲缘性。

　　我的假设是，在这些交流中存在某种奇特的精确性。我们必须去询问，卡尔纳普为什么只是礼貌地拒绝了维特根斯坦关于显示的学说，却对海德格尔对于无的揭示如此充满敌意。实情或许是，他感受到了这两位思想家之间的亲缘性，然而相较于远离维特根斯坦（考虑到后者对他的积极影响，这是不可能的），他选择加倍地批评海德格尔。也就是说，卡尔纳普聚焦于反对海德格尔文章中的"无"（nothing），这一事实或许意味着他避免在自己的阵营中面对这个争议。为了让最后这一点具有说服力，我们必须意识到，指向海德格尔的批评有着神秘的准确性。卡尔纳普视海德格尔的"虚无者虚无着"为无意义，但是他在此处的分析听上去很古怪。对于将自己伪装成为关于世界的有意义陈述的哲学文本而言，这样的分析或许是有洞察力的，但是这里选取的例子却远非如此。海德格尔的文本向着每一个关注自然语法的人非常慎重地展示它对自然句法的违背。在某些圈子中，"虚无者虚无着"这一语句仍能激起喜剧效果，这间接地表明该语句的古怪。更重要的是，通过分析海德格尔的文本，卡尔纳普所描述的哲学的无意义面临一个重要问题：无意义的根源是什么？这是否只是一个错误？为什么任何人都会倾向于犯下这种错误？并且为什么这种错误如此顽固，看上去却如此重要？然而这些都是维特根斯坦对海德格尔的评论中处理的议题：在对无意义的渴求中，无显示了它自身。翻译为《逻辑哲学论》的语言，关于无的问题正是关于无意义的问题。

　　对我而言，在此详细阐明这个复杂的三角关系是不可能的。我将聚焦于维特根斯坦对海德格尔的评论。众所周知，维特根斯坦对很多人和事都表达了奇特的观点。为了使这一评论具有我所发现的针对性，它必须被呈现为与我们对《逻辑哲学论》作为一个整体的理解有关；特别地，必须被呈现为对某种解读的挑战，该解读将《逻辑哲学论》与卡尔纳普的逻辑实证主义自然地联系起来。我在本文尝试指向文本的一些关节，并对它们做一个整体的再解读，以使这些关节服从于文本的结尾。在此，我不会给出对海德格尔《形而上学是什么》的特定解读。但是我希望，我对《逻辑哲学论》结尾的解读会标示出我对海德格尔有关虚无的作品的理解。这会使我牵扯进某种看似不可避免的黑话的怪异杂拌中。考虑到本文的目标，我希望可以获得谅解。

## 无意义的重要性

阅读《逻辑哲学论》的结尾要求对无意义抱有一种观点。思及该结尾以及扔掉梯子的姿态，这假定了我们可以采取两种立场中的任何一个。一些诠释者将会论证到，维特根斯坦已然传了对于世界富有内容的理解，只是基于他自己的术语无法恰当表达。也就是说，严格说我们拥有无意义，但是透过这种无意义、或以此为手段，我们能够看到维特根斯坦力图描绘的世界图像。根据科拉·戴蒙德颇具影响的解读，无意义绝不可能承载任何信息。[1] 没有一个作为范畴错误的无意义，也没有一个据说可提供有用信息的无意义的形式。只有我们未能赋予说出或写下的语句中的词项以意义之时，唯一可能的无意义才会发生。这意味着《逻辑哲学论》自身呈现的无意义不可能是本质上"更高级的"，并且，尝试产生此书所谓的不可言说的真理也是站不住脚的。当她批评诸多《逻辑哲学论》的诠释版本在面对扔掉梯子的要求时被诱使做出的种种方案时，"临阵脱逃"是她最爱使用的词语。

在我看来，在尝试解释无意义的**本性**时，这两种观点都没能对我们对无意义的冲动这一议题给予足够的处理。维特根斯坦想要通过语言（他不无晦涩地说，主体是语言的边界）理解主体。因此，语言必须为我们

---

1　参见戴蒙德（1991）《论什么是无意义》（*On What Nonsense Might Be*）和《弗雷格与无意识》（*Frege and Nonsense*）。

义无反顾地撞向这些产生无意义的边界提供解释。正如在康德处那样，在维特根斯坦看来，辩证的幻象并不是外在于理性。这意味着对语言的说明必须在语言自身处找到无意义的可能性。因此看上去，在语言的正中心就存在着使得我们不可避免地撞向语言边界的激情或需求。朝着语言边界的相撞不能通过设定一个高于或对立于语言的主体（可谓一个经验主体或心理主体）而获得解释。因为在这种情况下，撞向语言边界是一个极端无趣之事，并且显然不是维特根斯坦可能称为伦理学的东西。我们需要的是一种在语言中的存在（being）的基础现象学，它能将语言的诸维度展示为主体性的基础轴。

《逻辑哲学论》的前言为我们提供了维特根斯坦指向该议题的陈述：

> 　　因此，本书旨在划出思维的界限，或者更准确地说，——不是划出思维的界限，而是划出思想的表达的界限：因为为了划出思维的界限，我们必须能够思维这个界限的两边（因此，我们必须能够思维不能够思维的东西）。
> 　　因此，这个界限只能在语言之中划出来，而位于该界限的另一边的东西直接就是胡话（nonsense）。
> 　　　　　　　　　　　　　　　　　（Wittgenstein 1961：3）[1]

在这个陈述中，我发现尤其重要的是如下论断，有意义的表达与胡话都是**语言**。我们或许可以通过如下主张来避免这个推论，该主张是，当维特根斯坦说到说胡话仍属语言时，他使用了关于语言的一个单薄的概念，即语言仅关联于根据表面上正确的句法而排布的语言符号的呈现。如果我们对于语言的充分发展的观点是将语言视作表达含义的符号，那么很清楚，胡话不应是语言的组成部分。这是无可否认的，甚至是同义

---

1　本文援引《逻辑哲学论》的文字来自韩林合译本。译者注。

反复的。显然，无意义不是某种语言内容。但是这并不是说，对于符号的空操作并不关联于含义这个层面。参考一个相似的议题：维特根斯坦关于重言句与矛盾句是否属于语言的说法。这里我们看到了一个实例，即句法允许如下的语言构造，该构造挫败了句法依靠自身构建意义的尝试，或者说，句法在此类构造中造成了无意义性。关于无意义，我们可以说，恰恰是达成**有意义的**交流这一要求内在关联于无意义的可能性。

为了靠近这一直觉，关键的一点是不要把语言设想为一个抽象系统，而是将它设想为主体显示其自身的领域。维特根斯坦主张"日常语言是人类机体的组成部分，并不比后者简单"。连同其他说法，这个主张表述了一种想法，即语言是有生命的，此刻我们需要重构语言的生命的各维度。"人们具有构造这样的语言的能力，借助于它们，他们能够表达每一种意义，而且是在这样的情况下做到这点的：他们根本不知道每一个语词是如何进行指称的，以及它们究竟是指称什么的。——正如人们在说话时并不知道个别的音是如何发出来的一样。"（4.002）语言的一个关键维度就是一种割裂，即在给定我们的表达方法时我们制造产生意义的能力，与通过我们的意义制造能够显示的对象知识之间的割裂。重要的一点是，我们不需要知道意义，即（语言的）对象，而去产生意义。但是这个鸿沟自身看上去正是哲学中产生的无意义的来源："哲学家们的大部分问题和命题都是因我们不理解我们的语言的逻辑而引起的。"（4.003）这导致了维特根斯坦理论中的一个张力：一方面，语言好像是在照料自身；为了产生任何想要的意义，我们不需要知道语词的意义究竟为何。另一方面，这个鸿沟看上去恰是造成哲学家的无意义的来源。这些主张该如何调和？

我们可以从指出上述问题并非哲学活动专有，而是产生于"我们"，即一般人类，"未能理解语言的逻辑"这一事实开始。根据维特根斯坦的观点，上述割裂是人类语言自身携带的特征："**直接**从（日常语言）中收集语言的逻辑的本质，这对**人们**而言是不可能做到的。"（强调为本文作者所加）重要的是，这并不意味着上述问题仅存在于日常语言，引入理想语言即可规避。之后维特根斯坦明确地说：日常语言**有着**完美的逻辑秩序。我认为，对于同意义（或语言的对象）的非直接关系的强调是在强调这样一个事实，即无论我们构造何种语言，包括所谓的理想语言（其表达式的句法手段在其符号中获得清晰的展示），都会存在制造意义（making of sense）与复原人类世界的真实构成这两者之间的鸿沟。

这意味着就有意义地交流这一点而论的层面是不可能被我们所预先构想的，它只能通过在语言中的显示自身者而被获得。

以下是我对《逻辑哲学论》一书所做的勾勒，它进一步表述了这一理解：我认为，该书或许可以被毫无争议地说成是对逻辑的任意内容的清空。这一思想可以通过多种方式被接纳。我的理解是，它从属于一个视角转换：从一种关于世界的观念转到另一种。前者即世界是以逻辑为手段，通过其事实来获得描述。后者即在世界之中的对象是被显示出来的，并且所有使我们可以操纵关于事实的图像的逻辑脚手架在原则上都可以消失。《逻辑哲学论》超越否定性（逻辑中的确切的否定式）的方式旨在以新的方式思考肯定性与否定性，这种新的思考方式超越了逻辑的主宰和对基底（ground）的需求。这种新的肯定性即在对象的形式中显示其自身之物。通过对象去看现象也就是通过所谓的内在性质去看事物。这个层次的关键之处是，它不能够先于经验而一劳永逸地、系统性地表述出来。为了恢复对象的视角或经验的内在形式，我们依赖于在运用逻辑时把显其自身者显示出来。作为我们唯一拥有的先验事物，作为表达的手段，逻辑不能预期对象的显现。透过对象而显示的不过是现象的形式，因为对象才是一切可能的事态的基础。联系维特根斯坦和叔本华，超越逻辑而显示的世界是一个超越充足理由，或超越法则的形式的世界。《逻辑哲学论》的首要目标是，通过彻底地将自身与构造意义相区分而将意义去系统化（de-systematizing）。关于意义，只有一个非常单薄的描述：“这就是事物如何是其所是。”这一点一定要与如下主张相区分，"这是事物之所是"，"一个命题只能说一个物是**如何的**，而不能说它**是什么**"（3.221）。这个单薄的描述刻画了我们如何可以通过操作图像的方式来产生意义，但是意义的重要性这一现象，以及通过事物自身以揭示或显示事物是什么，是完全不可能被预料到的。

"逻辑的应用确定有什么样的基本命题。"（5.557）不要犯错：这并不意味着对逻辑的应用决定了在所有可能的基本命题中哪些是真的，相反逻辑的应用决定了基本命题的构建。基本命题由对象组成，而对象贯穿了我们人类世界的可能性，以及我们人类可以想象的任何世界的可能空间。这意味着，决定了我们的世界的可能性的关于实在的语法，不能够先验地、一次性且系统性地，同时也是先于我们同经验的相遇而被给予。关于实在的语法只能凭借我们在语言中情愿或不情愿地说出的事情，而非其他的什么来识别。然而此刻，这恰恰意味着从无意义中分离出意义并非标准做法，并且依赖于主体对语言的接纳，以及对世界的形式的肯定。语言现象没有超越于此的基础。

或许有人会说，这恰恰是区分显示与言说的要害所在。这也是维特根斯坦对于罗素通过从一堆给定的感觉材料构造经验这一科学的哲学的尝试表达厌恶的原因。类似地，也是他对维也纳圈子说卡尔纳普在《世界的逻辑构造》中对经验形式的预期是种独断论的原因。这显然也是任何诸如罗素或卡尔纳普式的将元语言引入《逻辑哲学论》的框架的尝试是全然误导性的做法的理由。通过先验假说或专断的句法理解，能准确显示无法预期之物。而显示主要与你没做过，但通过你做过的表达出来的事有关，因此不可能预料。

通过考察命题 4.002 如何以一个类比——把身体和语感作为人类机体的部分——为中心，我们可以开始刻画语言的其他特征。这意味着语言可以被视为表达了一个意愿，或者说它可被视作目的性的。这就是我认为的维特根斯坦将世界、生命和语言做等同处理的意义之所在。维特根斯坦式主体拥有一个世界。拥有世界不只是拥有对全部事实的语言描述。对于事实的全部描述有着同等的价值和重要性。拥有世界实际上是将对象或语言认识为熟悉之物。这使得如下主张成为可能，"世界是我的世界"，在其中主体在被揭晓的世界的形式中认识其自身。这是维特根斯坦在语言中发现的一种独特的理智（intelligence）或意义。意义进入语言之中是一种可能性，即把语言视为向我们呈现出一个人类世界这一可能，以及因此在语言中获得主体这一可能。

我想主张的是，正是语言的这个条件构成了冲向无意义的基础。正是人们无法为语言设界，以及对人类实体的生存与肯定依赖于对主体的承认（依赖于主体肯定此世界为我的世界），这一事实促成了寻找意义的绝对基础的原初驱动力。这也是驱使我们逃向确立的意义和形而上绝对主义的源泉。因为，通过对一个终极基础的要求，形而上学恰好是对这一主体与语言的有限性视角的否认，它否认了主体在本质上依赖语言。语言的不稳定条件决定了这种踩着语言边界的活动。它将维特根斯坦式的语言中的主体刻画为被驱使着逃向仅为纯粹的虚无，并且总是渴求着回归到那个永远不可能成为终极基础的所在。事实上，它通过这些可能性去确认主体。

但是意义如何进入语言？对于人类世界赋予形式于自身的方式，我们能够说出什么？并不存在那种其范畴构成了经验对象的先验理解的综合活动。这是维特根斯坦关于眼睛的讨论，他强调我们在经验中发现的任何东西都不是先验的。事实上，所有的系统性都关联于句法的可能性，并且这种逻辑句法，即思维的活动，总是对于事实的操纵，而无法决定对象的可能性。

因此意义自身，世界的含义或者说称世界为我的世界这一可能，仍旧未获解释。意义的源初获得奠基于虚无，并且只能在主体复原他的经验时才被识别出来。但是这一无根基性可以显示它自身。事实上，这里我们不再谈及言说活动，即图像的制作，亦不会谈及显现，即作为构成人们与事物展开互动的视域的、构成自身的形式的事物之显现，而是谈论在情感和情绪中消极展示出来的东西。

在语言核心处的这种初始的激情，这种为有意义的世界的形成而担负责任的激情，以何种方式显示它自身？它只能在其自身的某种过渡中显示它自身。我想说，在朝着终极意义，并因此朝着无意义的驱动中，意义，语言的生命，内在地关联于无意义，关联于语言的死亡。至此，我们可以通过解读《逻辑哲学论》的终章来诠释维特根斯坦对海德格尔的评论。

## 要求沉默

我们如何阅读《逻辑哲学论》颇为著名的最后一句，"对于不可言说的东西，人们必须以沉默待之"？首先，存在如下问题：为何这句话是命令句的形式？事实上如果某件事不能够被做出，那么禁止去做它就是毫无意义的。这个命令中存在一个冗余。这个冗余的意义在 5.61 中获得了表达："我们不能思维我们所不能思维的东西；因此，我们也不能说出我们所不能思维的东西。"这意味着此处，在结尾处，有更多的东西将要登场。

因此，难道这一冗余的含义不就产生于言说与沉默之间的对立的误解？因为看上去这种不可能性像是在意义的界限之外制造意义，而这就是个重言式。但是维特根斯坦并不是说"我们不准说的就是不能说的"，他其实是在要求沉默。沉默的对立面并不必然是说出有意义的话，而是制造噪音。无意义的言说只是发出噪音的一种方式。《逻辑哲学论》的结尾应当通过与这本书的题词联系起来解读："警句：……无论一个人知道什么，无论一个人听到什么，如果不止是雷鸣声和海啸声，均能用三句话说出来。"保持沉默首先意味着避免成为造谣者的雷鸣声和海啸声的受害者。这里隐含的是，空话的噪音，无论是无意义还是语言中的无心之语，是在掩盖着什么。这被理解为一种逃避的条件。

因此在命题 7，对沉默的要求，与命题 6.53（该命题谈及正确的哲学方法，即通过反复地呈现言语已被拖入无意义之中这一处境，该方法将有着既定形式的哲学体验描述为言语的被剥夺）之间构建关联是可能的。

> 哲学中的正确方法如下：通过仅仅言说可说者，即自然科学的命题——与哲学毫无关联的命题——并因此在旁人想要说出形而上的话语时，向他证明，他没能为他的命题中的一些符号赋予意义。虽然对旁人而言这个方法令人不适——他不会感受到我们是在教授他**哲学**，**这**仍旧是唯一严格来说正确的哲学方法。
>
> （Wittgenstein 1961：6.53）

因此，剥夺一个人的言语会造成焦虑，这种焦虑恰为本书（《逻辑哲学论》）终章提供了情感底色。在这种情况下，我们事实上可以将决然地让自身停留在这种焦虑中的要求视作一个命令。在面对撞向语言的边界的冲动（或也可称其为强制）时，这是被要求的。在旁人显示断言的无意义性时激起的不适是一个迹象，它预示了这种尝试性的言说会被反复地重复，直到这个重复自身，连同它的执着与纠缠的特质显露出来。这是哲学学习的首要条件。

然而这为什么是一个对伦理学领域的划界？这个命令句，这里的"必须"而非"应该"，其含义为何？在他跟维也纳圈子所做的对海德格尔的评论中，维特根斯坦援引了奥古斯丁关于这种撞向语言边界的冲动的说法："你们这些下流坏，你们不想说无意义的话！径直去说，尽管去说无意义的话，没关系！"（1979：69）此处的语境并不清楚，然而维特根斯坦在与德鲁里（Drury）的一场交谈中又回到了奥古斯丁的这个评论。在回应德鲁里的主张"哲学教授在涉及（诸如宗教）这样重要的主题时没有保持沉默的权利"时，维特根斯坦引用了奥古斯丁的同一个段落，并纠正了翻译："这句话应当被翻译，并且作为对那些因为旁人喋喋不休地做毫无意义的高谈阔论而对这类话题保持沉默的人的哀叹。'Loquaces'是意指蔑视的词。我不会拒绝跟你谈论上帝或宗教。"（1984：90-1）

在考虑上述主题时，要求一个比保持沉默更容易的做法是不适当的。语言的边界给主体施加了一个沉默要求，这个要求就是通过主体而被揭示的。不过当然，这样的沉默不会设法处理如下的焦虑或感受，即语言的边界恰恰是通过对主体提出这样的要求而揭示其自身。这就好像是我们在思考之先，就要作出决定。维特根斯坦辩论道，在最开始避免无意义是猪一般的行为。我们往往是从无意义带来的诱惑中返回才能认识意义。维特根斯坦将这种朝着无意义的驱动力视为有价值的，或者说揭示了伦理的维度。事实上，关键的不是人们说了什么，而是人们可以认识到语言的解体（disintegration）。语言的解体恰是意义获得的迹象。

沉默以一个要求的形式来显现自身，这正是其对人类的意味所在。这个要求表达的是，只有通过朝向无意义的冲动，才能显现言语意义的根源。除了这个分界线以外，我们无法注意到这个命令。或许有人想说，在沉默中倾听的命令，是在要求摆脱环绕着我们的无意义的噪声，但是这一命令仅仅**意味着**沉默总是通过面对噪音诱惑才能达成。

参考文献：

Carnap, R. (1932), "The Elimination of Metaphysics Through Logical Analysis of Language," *Erkenntnis* 2; reprinted in A. J. Ayer (ed.) (1959) *Logical Positivism*, New York: The Free Press.

— (1937) *The Logical Syntax of Language*, trans. A. Smeaton, London: Routledge and Kegan Paul.

Diamond, C. (1991) *The Realistic Spirit*, Cambridge, Mass.: MIT Press.

Heidegger, M. (1976), *The Piety of Thinking: Essays by Martin Heidegger*, trans. J. G. Hart and J. C. Maraldo, Bloomington: Indiana University Press.

— (1977), *Basic Writings*, D.F.Krell (ed.), New York: Harper and Row.

Wittgenstein, L. (1961) *Tractatus Logico-Philosophicus*, trans. D. F. Pears and B. F. McGuinness, London: Routledge and Kegan Paul.

— (1965) "A Lecture on Ethics," *The Philosophical Review* 74: 3–12.

— (1974) *Letters to Russell, Keynes and Moore*, G. H. von Wright (ed.), Ithaca: Cornell University Press.

— (1979) *Ludwig Wittgenstein and the Vienna Circle*, Oxford: Blackwell.

— (1984) *Recollections of Wittgenstein*, R. Rhees (ed.), Oxford: Oxford University Press.

第四部分　前景

# 14

## 克里普克式的实在论
## 与维特根斯坦的实在论[1]

希拉里·普特南 (Hilary Putnam) / 著

张孟雯 / 译

　　我为这个文集挑选了一个主题，这个主题已经在很多文献中得到讨论了，也就是克里普克对维特根斯坦的"遵守规则论证"的诠释。维特根斯坦的很多学生都批评克里普克误读了维特根斯坦。我也同意克里普克的诠释是一种误读，因此也许这一章看起来很多余。但是，我想重新看看克里普克到底是如何被引向对维特根斯坦的误读的，可能会对认识当下分析哲学中的一些最深层的张力带来启发。因为在我认为的维特根斯坦所选择的方向与克里普克所代表的方向之间的区分，正是在我所希望分析哲学选择的方向与很多有影响力的哲学家——包括绝大多数克

---

[1] 本章是由一篇更长的论文《维特根斯坦真的是关于数学的反实在论者吗？》（"Was Wittgenstein Really an Antirealist About Mathematics?"）的其中一节改编而成。论文的一个版本于 1995 年 10 月在伊利诺伊大学举办的关于"维特根斯坦哲学在美国的接受"的会议上发表过；那个会议上的论文发表在由彼得·温奇（Peter Winch）主编的文集中。这篇论文也与另一篇即将在期刊《亚里士多德学会学报》（*Proceedings of the Aristotelian Society*）上发表的论文《论维特根斯坦的数学哲学》（*On Wittgenstein's Philosophy of Mathematics*）有重合。

里普克在普林斯顿大学哲学系的同事们——事实上选择的方向之间的区分。因而，在某种意义上，我所考虑的问题关系着"分析哲学的未来"。也许这一区分可以刻画为在常识实在论和形而上学实在论之间的区分；当然，这是一个非常简略的表述，还很难传达**什么**。

让我从这里开始解释：相较于形而上学实在论，常识实在论看起来总是忽略某个哲学问题（或是乞题），而不是回应它。例如，考虑关于知觉的常识实在论。对于"你是如何知道琼有辆新车的？"这个问题的常识性回答可能是"我看见过它"。但是，当约翰·奥斯汀写道，我们听到鸟叫，然后"通过它的洪亮声"（1970：79）识别出是什么鸟的事实，是我们说我们知道在花园的角落里有一只麻鸦的充分理由（或者，如果我说我看到邻居新车的事实是我说我知道邻居有一辆新车的充分理由），就总是出现反驳说，这一回应完全忽视了"问题"。也就是说，毕竟知觉只是让我们对自己的"感觉"有"直接"的了解。（而"真正的问题"在于，当直接或立刻展现在我们心灵面前的仅仅只有感觉，我们如何因谈论感知物质对象而受辩护。）确实，常识实在论本身并**不是**一种形而上学立场，甚至也不是一种反形而上学的立场。奥斯汀所做的哲学工作，以及在我看来，维特根斯坦所做的哲学工作，就是去摧毁所谓的困难所依赖的图景，即经验由私人心灵剧场中的"感觉"组成，而这一工作还需要去完成。但是，注意我归属给奥斯汀和维特根斯坦的策略的本质。我在杜威讲座[1]中更详细地讨论了这一点。"这个策略不是去给传统的知识论学者们的各种各样的策略**提供**一个其他选项，而是对日常的关于我们知道鸟、汽车和奥斯汀所说的'中等大小的干硬物体'存在的断言，对我们如何知道这些事情的日常解释采取重视态度，以及应对反对意见，即日常断言通过挑战假定问题的可理解性而忽视了哲学问题。如果这里有一个'计划'，那就是一个这样的计划：'发现了这个或那个明显的

---

1　参见 Putnam 1994，特别是其中的讲座二和讲座三。

胡说，发现了理智把头撞到语言的界限上所撞出的肿块。正是这些肿块使我们看到了上述发现的价值。'"（Wittgenstein 1972：§ 119）

将这点记在心上之后，让我们考虑关于遵守规则的一个类似的讨论可能会是怎样的。克里普克定义了一个函数"卡"（quus），这个函数遵循这样的规则：当 a 或 b 中的任意一个大于等于 57 时（a 和 b 是整数），"a 卡 b"就等于 5，否则就等于 a 加 b 的结果。然后，他问我们，我们怎么知道当我们过去说或者过去思考"加"法的时候，我们不是在说"卡"法。他的目的是最终给我的信心蒙上一层怀疑：当我说或思考"加"的时候，我**现在**意味着什么。

如果有人问我，我怎么知道某人——让我们称呼她为琼——用"加"的时候不是意味着"卡"？我的回答会是，提问者是用这个问题作为一个"手段"来开启一个哲学讨论。（如果这个问题不是关于某个其他人，而是关于过去的自己，那就更加是这样了！）如果琼是一个有理智的成年人，并且是一个会说流利英语的人，我将会不知说什么好。也许我会说，"她说的是英语。"这看起来不是对这个哲学问题的回应，当然克里普克并没有否认，在**某种**意义上，这才是能给出的正确的回答。

但是，让我们假装这是一个严肃的问题。那么我可能会说，琼用"加"意味着"卡"的"假说"是事实上能够被经验地拒斥的：只需问琼 2+57 等于多少。[1]当然，琼依然可能对这个问题回答说"59"，而不是给出卡法上正确的回答，即"5"。这一点是"逻辑可能"的，因为琼依然可能会在使用"卡法"时犯错。从"2+57=59"这个回答推理出"琼在用'加'时并不是意味着'卡'"，这并不是一个演绎推理。但这又怎么样呢？就像奥斯汀曾给过我们非常著名的提醒，"这已足够：它并不意味着一切东西"（1970：84）。

但是，克里普克的问题要更深一些。即使我们能够排除掉这一特殊

---

1　依据琼用"加"意味着"卡"的假说，"正确"的答案当然是"5"。

的假设，即琼在用"加"时意味着"**卡**"，我们也不能用同样的方式排除掉每个类似的可能的假设。因而，对任何 n 都有一个定义的函数"**卡** n"（quus_n）：

如果 a、b<n，那么 a quus_n b = a+b；

如果 a 或 b=n，那么 a quus_n b = 5。

假如有一个非常大的数 N，而琼在用"加"时确实意味着"**卡** N"，那么琼对于我们实际碰到的加和的回答都会是"正常的"。但是，假如她的数学水平足够高，我们难道不能问她"有没有一个数字 n，当 a 或 b 等于 N 时，a'加'b=5？"如果琼的答案是否定的，那这不正表明[1]，不管琼可能用"加"意味什么，她都**不是**意味着"**卡** n"（不管 n 是什么数）？到这里，我们才触碰到克里普克的论证中真正的**深层**动机。

克里普克告诉我们，琼可能不只是与我们其他人以不同的方式理解"加"；她可能对我们语言中的几乎任何一个语词的理解都不一样，但是却在所有现实的情境中以一种和我们其他人完全相似的方式来说话。如果我们能够以十进制的方式陈述或写下数字 N，然后问她"2+N 等于

---

1　有些人可能反驳说我误解了克里普克的问题，问题是这样的：这一种非充分决定性，例如，实验室的证据对一个关于夸克的假说的非充分决定性，对我们来说并不是一个问题，因为我们承认存在有关于（如果你愿意的话，也可以说"被孤立考虑的"）夸克的事实；但是对琼用她的言语倾向意味着加的所谓的"事实"构成非充分决定的，是存在的"所有事实"。这当然仅仅是蒯因的"指称的非充分决定"问题；可能克里普克没有看出来这一点，仅仅因为他认为蒯因的问题依赖的是行为主义的假设，而不是"事态的事实"的概念（参见克里普克［1982：57］对蒯因的评论）。但是，克里普克强调这一事实：加法的函数是用无限多的例子来定义的，以至于我"有限的心灵"如何能够掌握它（据说）是令人费解的。这引入了一个不同的、更有趣的论证路线，即使最后这条路线也转向一个"事实"的概念，而我在这里试图重建的正是这条论证路线。

多少？”，或类似的问题，她会与我们其他人回答得完全不一样。但是，假设数字 N 非常大，以至于**物理上都不可能**写下来呢？[1] 那么，也许就没有琼与我们其他人回答得不同的**物理上可能**的情形，但是她还是会与我们其他人用“加”“意味着不同的东西”。

克里普克认为维特根斯坦会将此视为不理智的而不加理会，这无疑是正确的。一个人可能用一个语词意味着某些不同的东西，尽管所设想的在含义上的不同并没有体现在任何的行为上，包括任何可能的行为，不管是言语的还是超出言语之外的；这一想法是维特根斯坦会拒斥的“可能性”。但是，维特根斯坦的拒斥一定是建立在关于遵守规则的正确性包含了哪些内容的共同体标准之上吗？（这与维特根斯坦所谓的“怀疑论策略”很接近，如克里普克诠释的那样。）

这里我想指出，在我们所知的维特根斯坦的想法和克里普克所说的维特根斯坦的想法之间存在着**差距**。所有的诠释者都同意，我们所知的维特根斯坦的想法是，我们能够说理解一个语词（或者说以一种方式而不是另一种方式理解一个语词），仅仅是在整个语词使用的系统背景对照下来说的；而且，我们知道，当维特根斯坦说语词的“使用”时，他同时也意味着与这些语词使用所交织的行动和事件。对语言的描述和对世界的描述，包括说话者在世界中如何做，都交织在维特根斯坦式的解释中。并且，我们知道维特根斯坦认为这一观察——独立于一个人可能如何用这个语词，或者独立于其他使用和行动的恰当背景的存在，来谈理解一个语词，是无意义的——本身是一个“语法的”观察，也就是说，在某种意义上是一个概念的观察。

然而，根据克里普克的说法，维特根斯坦在上述想法之外，还有更多极端的和更加形而上学的信念。克里普克的维特根斯坦，我们且叫它“克里普根斯坦”，认为对于一个人以他的语言共同体中的其他成员所

---

1　也可以假设有一个 N 足够大，以至于人脑在物理上不可能用它来计算。

理解的方式来理解一个语词的断言，我们所拥有的唯一的真值条件[1]，是这个人倾向于对某些特定的问题给出正确的回答，或者更全面地说，在特定情形下倾向于给出特定的语言反应。根据这些情形中的反应，这个共同体中的其他成员会说他或她具有这个概念；这本身构成了一种元语言的语言游戏，这被克里普克称作"概念归属游戏"。

　　另外，克里普克将一种特定的"事实"的概念归给维特根斯坦：**不存在关于"被孤立考虑的人"**（a person considered in isolation）**的事实，除了（1）物理主义的事实，也就是关于他或她的大脑状态的事实，以及其他这样的物质事实，（2）（可能的）心灵主义的事实，也就是关于他或她的感觉、心灵图像等等的事实（这些事实被以并不涉及任何我们可能归给他们的意向内容的方式描述）**[2]。简要来说，克里普克假定——或者说克里普根斯坦假定——物质主义的或某种特定的限定形式的二元论，是"事实"是什么的唯一可能的解释。给定这一关于"事实"是什么的观点，克里普根斯坦继续论证，不存在 "关于被孤立考虑的人的事实"，**构成**一个人以共同体里其他人理解一个语词的方式来理解一个词的事实。当然，将这些关于事实的观点或者将"关于被孤立考虑的个人的事实"的概念归给维特根斯坦，而不是克里普根斯坦，是没有任何文

---

1　然而，即使是这个我们唯一具有的条件，也可能不能真地决定那个断言是真的，而只是我们同意称之为真：克里普克（1982：111-12）诠释认为，维特根斯坦否认共同体的反应决定了任何句子的真值，并且说共同体的反应的事实所能决定的**所有东西**就是共同体并不怀疑一个特定句子（例如，不怀疑a+b?c）。在这种对维特根斯坦的诠释下，关于语言中的**任何**语句是真的还是假的，不存在任何事情的事实；然而维特根斯坦居然还认为他能够利用事实这个概念！

2　克里普根斯坦（Kripke 1982：52-54）的确考虑了这种可能性，即存在有其他类型的心灵主义的事实，但是他论证，一个决定了无数多案例中加法的值的心灵状态是一个"有限的对象"（因为我们只有"有限的心灵"），因而不可能决定"无数多例子"中的加法的值。我将留给读者去评判，这个论证以及论证中出现的作为一个有限空间的心灵以及作为一种对象图景的心灵状态，真的是维特根斯坦式的吗？

本基础的。

现在，假设琼像我们其他人一样使用"加"的语词以及其他算术的语词和数学标记。（我不仅仅是说琼对像"a+b 等于多少？"这样句法形式的问题给出像我们其他人一样的答案，而是她像我们其他人一样来**谈论**加法，而且对于包含加法的**应用**的事情，她与普通人一样进行谈论和行动。如果你担心某些科学虚构的可能性，那假定也不存在任何关于琼的有趣的"分子"事实，会导致对这些回应的"真诚性"的质疑——例如，关于她的测谎仪结果、她的血压、她的脑电波等等的有趣事实。[1]如果你担心这种可能性，即琼也许能够通过测谎仪隐瞒她的真实想法，那么同克里普克一样，我们假设并没有任何关于她的内在独白的有趣事实。）我归给维特根斯坦的语法评论是，当所谓的意义差异与被赋予意义差异的人所做的、所说的、所经历的或将做的、所说的或所经历的任何事情之间没有联系时，我们不能通过只言片语，理解"意味着别的东西"的说法。从这一"语法的"观察中可以推断出，在这样一个例子中，我们不能够接受这个建议：琼**真的**用语词"加"或者符号"+"意味着加法以外的东西。然而，克里普克归属给维特根斯坦的论题则是，没有任何事实决定，一个任意的语句 S 在特定的情形下为真与共同体指派给语词的意义**不相容**，除了这个共同体在"概念归属游戏"中真正给出定论的或将会真正给出定论的语词。

这是一个**一般性**的论题——不仅是一个关于语词"加"的论题，而

---

1　我认为《哲学研究》第 270 节"现在让我们想象在我的日记中记号'S'记录的一种用法。我发现每当我具有一种特定的感觉时，血压计就显示出我的血压升高了……"不仅是与这一观点相反：对于维特根斯坦来说，只有"判别性的"行为，与感觉或更一般地来说命题态度的出现或不出现相关，而且也清楚地允许关于一个人的可能的科学事实（即所谓的"分子"行为的事实）具有相关性。当然，这些问题主要是在 20 世纪五六十年代关于逻辑的行为主义的争论中受到讨论。关于后一点，参见我的文章《脑与行为》。

且是一个关于语言中所有语词的论题。让我们考虑，如果维特根斯坦持有这个论题，他可能会承诺什么。让我们以数学的例子开始，然后再转向非数学的例子。

首先，令 a、b、c 为三个非常大的数（而且作为数字序列来说也过于"复杂"），以至于人类无法真正去加和，比如说位数超过 $2^{64}$ 位的任意数字序列。根据克里普克的诠释，那么就**没有任何事实能够决定"是否 a+b=c？"的一个特定的回答是否是正确的**。我们对于语词的公共的理解仅仅是我们对特定问题给出特定回应的倾向，以及那种倾向与共同体的倾向之间的关系。当然，那些倾向**可能**决定，说 a+b=c 是**错的**，即使是对于非常大的 a，b 和 c。例如，如果我们被告知数字 a 和 b 的尾数分别是 2 和 3，而数字 c 的尾数不是 5，那么不管 a、b 和 c 的数字有**多**长，我们都可以说 a+b？c。但是，这些否定性的测试（通过这些测试，在关于这些数字的一些有限的信息基础之上，我们可以说 a+b？c）还不足以辩护一个**正面的**陈述，达到 a+b=c 的效果（或者在判断一个说话者是否通过了与符号"+"相关的"概念归属游戏"时，采纳这个陈述）；事实上，如果 a、b 和 c 是非常长的数字，而不是被函数表达式给定的值，像那种足够短的能够被写下来和理解的，并且我们能够证明关于它的定理的数值，那么没有什么能够辩护这样一个陈述。在克里普克对于维特根斯坦的诠释中，对于无数的像 a、b 和 c 这样的三元数字组，就我们是否以一种 a 加 b 等于 c 的方式理解语词"加法"，都没有相关的"事实"。[1]

---

1　从维特根斯坦的《数学基础研究》中的一些段落可以看出，维特根斯坦有可能在不同时候对不可判定的命题缺乏真值的想法有兴趣。这难道不支持克里普克这里的诠释吗？并不是，有这么几个理由。首先，克里普克诠释的是《哲学研究》（事实上，仅仅是《哲学研究》中的"遵守规则的讨论"）。我们并不假定他的诠释也依赖于某些未发表的作品的证据（克里普克给他的书定的副标题是"一个基本的揭示"［An Elementary Exposition］）。而《哲学研究》中避免提到任何维特根斯坦可能持有的关于数学中的不可判定陈述的有争议的观点。而且，如我继续要论证的，《哲学研究》中的其他讨论也与克里普克归给维特根斯坦的不一致。

当然，克里普根斯坦的观点并不蕴含着我们不能说这样的话："无论 a 和 b 的数字有多长，始终有一个 c，c 是 a 和 b 的加和。"克里普根斯坦会说，这是我们所玩的语言游戏的一部分，我们**确实**会说这样的话。但是，我想克里普根斯坦会不得不说：当我们说"存在一个数字 c，使得 a+b=c"时，我们所说的并不必然地蕴涵，存在一个**事实**，根据这个事实，数字 c 使得 a+b=c 是真的。

让我们明确一下这一点：我想强调的并不只是（而这点确实是从克里普克的写作中立刻可以推理出来的）不存在任何关于被孤立考虑的个人的理解，决定了所有加和问题的正确答案。而是，当我们考虑**整个共同体**的回应的必然有限性，克里普根斯坦的论证蕴涵了这个结果，即**不存在关于整个共同体的事实**，能够决定**所有**无限多可能的加和问题的答案。

让我们考虑一个非数学类型的问题，是维特根斯坦本人在《哲学研究》中讨论的。有可能存在一些我们无法解决的争论——也就是，共同体无法解决——关于人们的感受的表达的真实性的问题（1972：207）。[1] 我感到，一些人的情感的表达是真实的，但是我不能说服其他人。然而，我们所有人都能通过相应的概念归属测试。如果争论是关于一些人对于爱情的告白是否是真诚的，那么在典型例子中，没有人会说我们其中的一些人失去了那个概念，或者至少没有人会基于克里普克式的标准这样说。（当然，我们事实上确实会问是否人们真正知道爱情是什么，但是这类讨论是那种不给克里普克的观点留下什么空间的讨论——或者也许克里普克会说，这仅仅是以一种比喻的方式来说话。）

现在，维特根斯坦明确说，这种关于共同体没有达成共识的判断，也有可能是对的。有些人可能**更擅长识人**（Menschenkenner），他们更加擅长理解别人，这些人能够做出"正确的判断"。确实，维特根斯坦说这些善识人者一般来说也更加擅长作预测；但是在维特根斯坦的文本

---

1　参见我的《实用主义》第二章中的讨论。

里并没有蕴涵，**每个个体去更正对于情绪的真实性的判断**，会最终通过以某种要求整个共同体同意的方式在行为上得以证实。这种观点如果是维特根斯坦持有的话，那会是异乎寻常的，他在同一页上写道，这样的判断是在"难以衡量的证据"的基础之上**典型地**做出的。

当然，克里普克在这里有一个可能的答案。克里普克把一种关于真理的紧缩论解释归给了维特根斯坦，而且毫无疑问，他会回答："当然，一个人可以说我的或任何一个人的关于情绪的判断是正确的，或者，就那个问题而言，一个关于两个巨大数字的加和的判断是正确的，但**这句话的含义**只是认可，或者重复了问题的那个判断。说某人是一个高级的善于识人者，就是认可那个人的判定，但是这不是说有一个关于那个被孤立考虑的人的事实，这个事实是他是一个比其他人更好的善于识人者，而且，就此而言，如果共同体并不承认他是一个更好的识人者，那么就不存在一个关于整个共同体的事实——甚至一个关于整个宇宙的事实——关于那个人是一个更好的识人者的**事实**。"简而言之，克里普根斯坦的观点是一个关于真理的"紧缩主义"解释和一个关于事实的形而上学实在论解释的结合！[1]

---

1　正是在这里，保罗·霍里奇（Paul Horwich），这个同意克里普克将关于真理的紧缩主义归属给维特根斯坦的人——而且与克里普克一样，他关于什么构成了理解的观点蕴含了这一点，即对于"p 是真的吗？"的问题，在那些共同体的标准并不需要人们说是或说否的案例中，没有一个确定的（determinate）正确答案——与克里普克分道扬镳。（请参考我 1994 年的讲座三中对霍里奇的讨论。）霍里奇的维特根斯坦是一个关于真理和事实的反实在论者。基于霍里奇归给维特根斯坦的观点，如果共同体说，"有一个数 c，c 是 a 和 b 之和"，但是共同体的标准并不需要人们说任何一个特定的 c 是 a 和 b 之和，那么——而不是说存在一个这样的 c，但是没有相关事实（这正是我认为克里普根斯坦所持有的，基于那些他的创造者归给他的观点）——"霍里奇根斯坦"会说，存在某个特定的 c（我们无法知道），使得 a+b=c 是真的，但是没有 c 使得 a+b=c 是确定地为真。（陈述可以"不确定地"为真的观点——不管它意味着什么！——是由霍里奇在《真理》["Truth"，例如 p.114] 中引入的。）对于霍里奇的紧缩主义的批评参见我的 1994：497ff。对于霍里奇和克里普克将维特根斯坦关于真理的观点与当代版本的紧缩主义等同的批评，同样参见我的杜威演讲，pp. 510–16。

但是，究竟是什么使得克里普克将如此一个奇特的观点的组合归给维特根斯坦呢？一个假设——我敢肯定是错的——就是克里普克本人相信只有我提到的那两类事实，而且在克里普克看来是如此自明的，他只有相信维特根斯坦也这样认为。但是我确信这是错误的，因为很清楚的是，克里普克自己相信，有一类关于被孤立考虑的人的事实，即这个人**掌握一个特定概念**的事实。[1] 是什么使得克里普克认为，维特根斯坦会**否认**这可能是关于（"被孤立考虑的"）某人的一个事实，即他或她掌握关于加法的概念？

我认为答案一定出奇含糊不清地处于克里普克的繁琐的"关于被孤立考虑的人的事实"的表达中。考虑以下两个陈述：

（1）琼用"加"指的是大多数说英语者用这个词所指的那个意思。
（2）琼具有"加"这个概念。

现在，不管是基于哲学的或非哲学的**任何**观点，（1）都不表达"被孤立考虑的琼的事实"。它所说的是，在琼所理解的语词和一个特定的语言共同体对那个语词的理解之间存在一个特定的**关系**。但是因为事实是，没有一个**关于被孤立考虑的琼的事实**，这个事实是她掌握了"加"的概念被认为是一个令人震撼的论题（克里普克称之为一个"怀疑性的"论题，还将它与休谟的因果性的著名论题对比，等等）。这不可能是克里普克所意图指出的。显然的是，克里普克，或者是克里普根斯坦，意图做出一个令人惊讶的论断，即（2）不是一个关于被孤立考虑的琼的事实。但是，**即使是从克里普根斯坦的关于什么是具有一个概念的观点**

---

1　克里普克坦承："就个人来说，我只能报告说，尽管有维特根斯坦的保证，'原初的'诠释，即'在我当下的心灵状态中寻找什么来区分我的加法和卡法的意义'，常常让我觉得很好。"（1982：67）

**来看**，也并不清楚为什么（2）不是。

要知道为什么不是，让我们假设琼确实有那些说话的倾向，这些倾向让她能够通过"概念归属的游戏"。在这个游戏中，概念归属的是加法的概念，或者更具体地说是**加**，而且在玩这个游戏的人正是说英语的语言共同体里的成员。现在，琼在特定的情形下倾向于做出如此这般的反应，这呈现为一个关于"被孤立考虑的琼"的事实，就像是任何一个关于她的倾向性的事实——比如，她喜欢甜食的事实，或者她鄙视埃里克·西格尔（Eric Segal）的"爱情故事"，等等。这一点是真的：如果说英语的人他们的加法概念是不同的话，他们不会这样表达关于琼的事实，即说琼具有一个加的概念；但是同等地，这一点也是真的：如果我们关于**喜欢甜食**的概念是不同的，说英语者不会用这些语词来描述琼喜欢甜食的事实。

确实，我们可能好奇为什么克里普克会选择用这种令人费解的方式来表达他的观点，而不是——他本可以直截了当地说——在他的诠释下，维特根斯坦所想的是，具有一个概念——加法或其他任何概念——就是简单地具有那些语言倾向，使得一个说话者能够通过相应的概念归属游戏。当然，如果他这样来表述他的诠释的话，那么这个诠释就不会被称为一个"怀疑论的"诠释了。相反，它可能会被称为一个**行为主义**的诠释。因为这基本上是说具有一个概念就是拥有一种特定的行为倾向；而倾向是由相应的概念归属游戏决定的。[1]

但是，我并不是想去建议，克里普克以他的方式表达他的诠释仅仅是为了"包装"的意图。相反，我认为克里普克所选择的表达他的诠释

---

1　克里普克确实论证（在他对维特根斯坦的诠释下），我们的行为倾向不决定我们的数学论断的**真**或**假**；但那是因为**在这种诠释下，不存在关于它们是真或假的相关事实**。这并不表明（在相同的诠释下），具有一个概念就更加能够或更不能够通过概念归属测试。

的方式，是对克里普克自己的观点必须是什么样的暗示。我猜想，根据克里普克自己的观点，我掌握了加法的概念不**仅仅**是"被孤立考虑的我的事实"，而且是一个非常特别的类型的事实：一个不能还原为任何关于我的行为倾向，或者我的行为倾向加上身体状态，或者与前面所说的其他人的行为倾向和身体状态之间的相同点和不同点的事实。我相信，克里普克认为维特根斯坦是**否定它的**。

　　但即使是这样也不足以解释现在所发生的，因为要看出来维特根斯坦并不希望否定比如我或琼具有加的概念，或者理解"加"的语词，这是很简单的事情；而且有很多人也已看出来维特根斯坦是一个反还原主义者，他不会希望以任何方式将我理解"加"的概念的陈述还原为任何关于我的行为倾向的陈述句集合。克里普克当然知道这一点；尽管他不是用这些话语表达的，但为什么他最终将这个观点，即具有一个概念仅仅就等于具有一定的行为倾向的观点，归属给维特根斯坦呢？[1] 我想，答案一定是这样：尽管克里普克知道维特根斯坦在意去否认自己是一个行为主义者或一个概念序列的还原主义者，他认为这些否认是**不令人满意的**。这些否认并没有，如它本应该的那样，伴随足够的形而上学重要性。要具有足够的形而上学重要性，维特根斯坦需要说，我掌握一定的概念的事实，是一个关于我的事实，它与我的神经元做了什么的事实，或当我思考巧克力冰淇淋时，我有如此这般的心灵图像的事实，具有相同的形而上学**实在性**，它们在同样的形而上学**水平**上。**这是**维特根斯坦一定会否认的。如果我的猜测是正确的，克里普克说"被孤立考虑的人的事实"，不是因为**维特根斯坦**的书稿里的东西，而是因为那是**克里普克他**

---

[1]　或者是以下这个观点，它蕴含了不存在某人具有一个概念的相应的事实。这是否仅仅是因为我们有时以那样的方式说话呢？

自己相信的描述，而且因为他将自己视为与维特根斯坦有着分歧的人。[1]

　　同时，克里普克在告诉我们维特根斯坦给他创造了一个难题时，显然是真诚的。这就造成了在克里普克的书中第 52 页上对于《哲学研究》的第 195 节的著名的误读。克里普克写道："但是第 195 节中'以一种奇特的方式'存在的每个［加法表中的］案例在某种意义上已经出现了。"在反思了一个假定的理解的心灵状态可能如何"神秘"之后（在54 页他写道，它可能是一个包含了无限信息的"有限的对象"），克里普克更完整地引用第 195 节中的抗议，"但是我的意思并不是说，我现在（在把握意思时）所做的事，**因果地**和**经验地**决定未来的使用，而是说，使用本身以一种**奇特的**方式在某种意义上是现存的"。这里没有什么暗示，而是从维特根斯坦的原文中出现的引文（这个声音是某个对谈者的声音），维特根斯坦接下来的直率回应就更加不是什么暗示了："实际上你所说的话唯一有错的地方就是'以一种奇特的方式'这个表达。其余都是对的；这个语句只有当人们为它想象一种不同的语言游戏，即与我们实际使用它时所用的游戏不同的语言游戏时，才显得奇怪。"简单地说，克里普克将对谈者的声音当作维特根斯坦的声音，而且他丝毫没有听到维特根斯坦的回应！

　　正是因为他将维特根斯坦视作表明了我们能理解一个规则是很"奇特的"，克里普克才几乎不得不将他视为一个怀疑论者。但如果我们承认这是一个误读，那么，当维特根斯坦说我们确实掌握了概念和遵守规则时，我们只能敲桌子，除了可能这样之外，还有什么是维特根斯坦没有做而克里普克让他做的东西呢？

---

1　我知道克里普克坚持说，探讨他与维特根斯坦的共识与分歧并不是他的意图，但是他公开地嘲弄维特根斯坦的这一断言："原初的"诠释（参见前文的注释）是一个哲学家的不合理要求。他写道："就个人来说，我认为这些哲学论断是几乎同样地可疑。断言者所称的一个普通陈述的'误导性的哲学说明'可能恰恰是很自然的和正确的理解。"（1982：65）

如果掌握概念是（像克里普克暗示他认为的）[1]一个特殊的关于"被孤立考虑的个人的事实"的事情，那么我们需要被告知更多，什么是他所设想的"被孤立考虑的个人的事实"的因果力或其他力。维特根斯坦的观点的备选方案是，**完全不存在清楚的备选**，这是令人震惊的。确实，我猜想，它必须包含说，几乎我们所有人，包括维特根斯坦，会希望说的东西，只是带着一个特殊的足迹（"这是某种超出物理的事实和心灵画面的东西"对抗"某人掌握一个概念的陈述并不能被一系列关于物理事实和心灵画面的陈述所取代"——但什么是"超出的东西"？）。

参考文献

Austin, J. (1970) "Other Minds," in *Philosophical Papers*, second edition, Oxford: Oxford University Press.

Horwich, P. (1990) *Truth*, Oxford: Blackwell.

Kripke, S. (1982) *Wittgenstein on Rules and Private Language*, Cambridge, Mass.: Harvard University Press.

Putnam, H. (1975) "Brains and Behavior," in *Mind, Language and Reality*; Philosophical Papers, vol. II, Cambridge, Mass.: Cambridge University Press

— (1994) "The Dewey Lectures 1994: Sense, Nonsense, and the Senses; an Inquiry into the Powers of the Human Mind," *The Journal of Philosophy*, vol. XCI, No. 9.

— (1995) *Pragmatism*, Oxford: Blackwell.

Wittgenstein, L. (1972) *Philosophical Investigations*, Oxford: Blackwell.

— (1978) *Remarks on the Foundations of Mathematics*, Oxford: Blackwell.

---

1　这难道不是让克里普克感觉"看起来很好"的"原初的诠释"？

# 15 谁将扼杀分析哲学？

雅克·亨迪卡（Jaakko Hintikka）／著

徐召清／译

## 维特根斯坦是那只手吗？

我可以参考路德维希·维特根斯坦和他的思想迫使我们面对的视角来介绍我的主题和我的方法。[1]人们对他的哲学有各种各样的解释。就我当前的目的而言，很显然，理解他的最佳出发点是所谓关于维特根斯坦的虚无主义解释。这种解释已经被伯顿·德雷本（Burton Dreben）特别雄辩地作了详细的阐述。它的线索来自如下事实：维特根斯坦相信并且说过，传统的哲学问题源于我们对语言运作方式的混淆和错误。那些所谓的问题不能被解决，而只能被消解。

相应地，维特根斯坦很少注意当代学院哲学，包括分析哲学，因为它本质上是那些混乱的先入之见的一个延续。毫不奇怪，那些宣告哲学终结的作者力图诉诸维特根斯坦。具有讽刺意义的是，同样的这些作者没有抓住维特根斯坦的真正动机。他们把维特斯坦对坏的论证与坏的哲

---

1　这一章是我过去几年内关于本书主题所做工作的结果的一次提炼。就维特根斯坦而言，那项工作的大部分发表于 Hintikka and Hintikka 1986，或者 Hintikka 1996a。

学分析的拒斥，误以为是对论证与分析本身的拒斥。事实上，他同学院哲学的疏远并不是他厌恶学院的生活方式和价值观念的一个方面，无论这种厌恶是社会意义上的，意识形态意义上的，还是宗教意义上的。[1] 它不是一个个人喜好的问题，而是一个理智判断的问题。当维特根斯坦宁愿选择阅读施特里特-史密斯出版社的侦探杂志，而不是《心灵》时，他的判断不是社会意义上的，也不是审美或道德意义上的。它是理智意义上的。他反对的是当代哲学作品缺乏目的性和严肃性，还有它过于频繁地显现出混乱的思考和论辩。维特根斯坦发现有些哲学问题是重要的，并且敏锐地意识到那些问题所带来的困难。当罗素惊呼"逻辑是地狱！"时，他却鼓掌欢呼。我从未期望从理查德·罗蒂那里听到那种惊呼。

很清楚，维特根斯坦将同样严厉地评判大多数后继哲学，包括他自己的许多追随者的思想，假如他还活着的话。维特根斯坦曾经以这样一句话总结他一年的讲课："我可能播种的唯一种子是某些行话。"

鉴于维特根斯坦在分析哲学史上的核心地位，我打算通过这样的方式来着重强调维特根斯坦思想中反传统、反学院的锋芒，即把贝托尔特·布莱希特（Bertolt Brecht）针对维特根斯坦在维也纳的酷似者（Doppelgänger）卡尔·克劳斯（Karl Kraus）所做的同样评论，作适当修改后也应用于维特根斯坦：**当分析哲学死于我们自己手上时，维特根斯坦就是那只手**。[2]

就像布莱希特的原话一样，这句并不十分机智的评语是夸大其辞和不公正的。然而它却有着大到令人不舒服的真理成分。当然它需要各种限定。比方说，所提到的自杀企图就是不成功的。维特根斯坦的重要信息在很大程度上未受重视。即使那些正宣告哲学终结的作者们也是通过

---

1　关于维特根斯坦的个性及生活，参看 Malcolm 1958。
2　布莱希特的原话更广泛，但也可能并非完全不适合于维特根斯坦的情形："当时代死于自己之手时，他就是那只手。"

参照某些论证来完成这个企图的，而这些论证可能会激起维特根斯坦那众所周知的愤怒，他一贯地以这种愤怒对待那些对他想法的歪曲。

新近哲学的其他方面甚至将更明显地受到他的谴责。对于任何严肃地对待维特根斯坦思想的人来说，亲眼目睹自残的传统实在论问题成为新近分析哲学的一个主要论题是令人痛苦的。另外，对于试图根据最古老的、最混乱的传统哲学问题之一，即所谓的怀疑论问题，来解释维特根斯坦后期哲学最为人所知的论题，我禁不住视之为对维特根斯坦哲学智力与忠诚的根本性侮辱。维特根斯坦的主要认识论观点，或者更确切地说，他主要观点的前一半是：在关于内部感觉、颜色概念、规则遵循等的初级语言游戏中，知识、怀疑、确定性、证据、规则和标准等观念完全不适用。他观点的后一半是：当我们进入次级语言游戏时，知识、确定性和证据等观念可以纳入其中，我们的确需要标准，也正是那些标准会使得我们能够回答困扰着怀疑论者的那类问题。[1]

当论及分析哲学的未来景观时，维特根斯坦的重要信息应当受到严肃、认真得多的对待。我确实相信维特根斯坦是正确的，也相信哲学杂志里大量的当前讨论不在一个很高的智力水准上，这一点不仅出现在《心灵》中，而且也在其他杂志中出现。如果维特根斯坦是正确的，那么整个学院哲学的地位必须重新加以审视。维特根斯坦劝阻自己的大多数学生从事学术工作。我们是不是应该把同样的考虑针对哲学系，而不是或者说不仅仅是，针对哲学家个体呢？

---

1　参看 Hintikka and Hintikka 1986 的最后一章，也参看 Hintikka 1996a 中的第 15 篇论文：《维特根斯坦理论中的不同语言游戏》。

# 蒯因的不可测知性

　　将维特根斯坦否认建构特殊领域哲学思想的可能性视为他许多怪癖之一而不予理会，这也会是一个错误。在其他一些有影响的思想家那里，而且不总是在人们最初期待的地方，相同的否认以更不引人注目的形式，通过不同的思想体系的改装而被发现。近来，逻辑实证主义者们经常被指责为代表了一种关于哲学可以——并且应该——是什么样子的据称是狭隘的见解。实际上，正是分析传统内逻辑实证主义的批评者剥夺了哲学家的职业（métier）。至少为了便于讨论，提议哲学真正研究的是思想世界、我们的概念世界，这不会特别地引起争议。就我当前的目的而言，把语言看作思想之家（das Haus des Denkens），看作由概念和思想构成的第三世界的具体表现，这也不会引起太多的争议。如果是这样，理性的自我反思哲学不可避免地需要使用语言来谈论语言。但这恰恰是20世纪哲学的普遍主义传统声称不可能做到的事情。在我新近的著作中，对这一传统作了审查并且发现它是不够可靠的。[1] 这一传统以不同的伪装得以显现，其代表人物却是这样一些惊人的同道者，如弗雷格、维特根斯坦、海德格尔和蒯因。

　　这些先生中的最后一位可作为一件简要案例研究的对象。基于蒯因关于意义不可言状性的根本假定，他最终捍卫指称的不可测知性也就不足为奇了。即使他的论辩是无懈可击的，他也没有从毫无疑问的假定出发证明彻底翻译（radical translation）的不确定性或指称的不可测知性。蒯因推理中所暗含的前提在某些方面比他的结论更具限制性。在蒯因的论辩中，引人注意的不是他证明了指称的不可测知性，而是他假定了语义学的不可言状性以及其他更多的内容。[2] 考虑到他暗含的限制性假定，

---

1　参看收录于 Hintikka 1996b 的论文，特别是《蒯因作为语言普遍性传统的一员》。
2　参看 Hintikka 1997。

他不能理解诸如分析性或必然性之类概念也就不足为奇了。尽管如此，这里所触及的只不过是逻辑论辩伟大原则的一个例证：从预设开始，以预设结束。

蒯因哲学的真正本性为何尚未被人们意识到？其中一条原因是它的非反思特征。他是当代哲学家中最少有科林伍德（R. G. Collingwood）气质的人。像休谟一样，他没有将他的观念与其历史背景或者终极预设相联系，而是以每一个真正的经验论者都显然会赏识的形式提出这些观念。例如，只有从历史的视角考察蒯因的著作，像《经验论的两个教条》这样的论文才会得到因其所是的看待：与其说它是对哲学观念荒漠的劫掠，还不如说它是对卡尔纳普的《意义与必然性》的批判性评论。蒯因追随者们的诅咒是：那些不能承认他们假定的人，注定要重新做同样的假定。

蒯因假定的一个后果是清楚的。如果我们不能以同样的语言来谈论我们语言的语义学，我们就不能合理地审查我们的概念世界。我们充其量可以做的事情是根据经验的行为主义心理学，去探究我们语言的语义学。同样的道理，在认识论里我们唯一能做的是对人类认知及人类推理行为的科学研究。当蒯因竭力倡导认识论的自然化时，他所具有的只是得出其结论的勇气。

我并不是在说，当蒯因断言认识论应当自然化时他完全是错误的。而不应忽视的东西是，就将哲学作为一个独立的学科清除掉而言，这一结论比起维特根斯坦的任何严厉批评来说都是要更致命得多的方式。除了少许罕见的例外，像蒯因这样的哲学家没有资本，他们所能做的仅是空谈心理学或语言学。我自己关于分析哲学史的亲身经历使得我对这个问题非常敏感。特别地，自然主义认识论的观念触动了我的某根神经。无论何时，我一听到有人提及"自然主义认识论"，就禁不住想起艾诺·凯拉（Eino Kaila）的辉煌但非结论性的工作。这个人在某个时候曾参加维也纳小组的讨论，是一位相当有能力的心理学家，他可以将他在心理学中的洞见应用于人类知识的本性。[1]他的"自然主义认识论"远远地优于其新生形态。

# 库恩的否定范式

　　类似的评论所适用的范围更是远远超出了蒯因哲学。例如，由托马斯·库恩所提出的"新科学哲学"通常呈现为丰富了我们关于在科学的实际生活中所涉之物的观念。[2]但是，从批判哲学的视角看来，这个传统的一个主要来源是有关以下问题的一种极其狭隘的观念：在科学的语言中什么能够被有意义地说出，而不仅仅是什么可以通过范式显示出来。为何这一观念在库恩的作品中不再突出？其原因与在蒯因那里是相同的。他充分地例证了自己的断言，即大多数思想家没有意识到他们自己的"范式"。但当受到追问时，库恩将不得不迅速地求助于限制性假定。例如，库恩主张，如果科学中的进步决定性地依赖于他的论题"在科学中我们不能有意义地谈论逼近真理"，那就是讲不通的。但如果我们可以谈论真理，理解逼近真理这一观念也不过就是一件仔细分析的事情而已。[3]因而，在最后的分析中，库恩不得不依靠语义学断言是不可言状的某个说法。真理不可言状性论题事实上一直是逻辑实证主义批评者所关注的焦点。尽管如此，近期的工作还在设法削弱一切关于不可定义性与不可表达性的断言。[4]我们必须非常严肃地对待这种可能性，即真理的实在论概念是我们自己语言逻辑（Sprachlogik）的一个不可分割的组成部分。

---

1　参看 Eino Kaila 1979，特别是《日常经验的感知成分和概念成分》一文。

2　Kuhn 1970。

3　参看，例如 Niiniluoto 1987。

4　参看，例如 Hintikka 1996b，特别是论文《定义真理，那个全部真理，以及唯有那个真理》和《当代哲学和真理问题》。

缺乏哲学自我意识是库恩理论的特征，正如蒯因语言哲学显示出的那同样的缺乏。"新科学哲学家"使用诸如观察的理论负荷或者理论的不可通约那样的概念，而这些使用表明关于那样的概念包含什么的一个异常肤浅的意识水平。我实际上已经说明了这两者都没有支持它们用以论证的悲观主义结论。[1]

正如从蒯因的语言观点来看，唯一忠实的结论是以行为主义语言学来代替严肃的语言哲学，由接受库恩追随者所解释的库恩式观念，能得到的唯一合理结论就是将科学哲学转变为科学史和科学社会学。在我看来，那样不仅将结束为理解科学所做的真正哲学尝试，而且将不可估量地削弱科学史和科学社会学，同时还将削弱我们对科学自身的理解。

## 不存在的直觉

如果看一眼分析哲学家现今所使用的方法论与论辩模式，对当代分析哲学前景所抱的悲观看法将进一步加深。在这个分支，大量的不当行为肆意蔓生。如果我随意打开现今英语哲学杂志上所发表的一篇论文，我极有可能发现作者为了支持自己的观点而求助于直觉。有时候，一篇哲学论文或一本哲学图书的全部任务据说就是严密地组织我们关于所讨论话题的直觉。

我发现这种行为是可耻的。过去，每一个较重要的哲学家求助于直觉时，他对于为什么我们通过反思自己的观念可以得到新知识或新洞见都有一个理论或至少一个解释。亚里士多德在其理论中将思想视为形式在思想者灵魂中的真正实现，从而为这类诉诸直觉的行为找到根据；笛

---

1　参看 Hintikka 1988a 和 1992，例如，在前者中被吹捧的理论不可比较性观念原来可以得到非常好的理解，其根据是疏离各理论的正常科学结果。

卡尔在天赋观念理论里找到根据；康德则在他关于数学关系的超验理论里找到根据，这种数学关系是由我们自己在感观知觉行动中赋予对象的，从而使得它们在直觉上是可知的，也就是说，借助于我们所谓的直觉是可回收的。但是，当代哲学中直觉的使用从未得到任何这样辩护的支持。这就足以使得如此使用是高度可疑的。

从历史的视角看，所发生的事令人难堪地显然如此。方法论上不自信的哲学家们在20世纪60年代开始模仿乔姆斯基，或者更确切地说，模仿他们所以为的乔姆斯基方法论。这个方法论被理解为在很大程度上依赖于够资格说话者有关不同符号串的合乎语法性直觉。有时候，一个语法学家的工作性质被刻画为严密地组织这样的直觉。模仿乔姆斯基的哲学家们最初没有意识到的是，乔姆斯基是一名隐蔽的笛卡尔主义者，对于诉诸至少令他满意的直觉，他确实有着委婉的支持。唉！可是现今诉诸直觉的绝大部分哲学家并非笛卡尔主义者，对于自己诉诸直觉的行为，他们也没有任何其他的理论支持。因此，对于那些直接或间接地基于诉诸直觉的结论，他们没有向我们提供任何我们应当信任其中任一个的理由。

当对哲学家们的所谓直觉加以分析时，在绝大多数情况下，它们原来是派生的认知断言，这些断言实际上又是以逻辑、观察、默认的实用主义理由等为基础的。夏洛克·福尔摩斯的"直觉"提供了一个范式实例，这个直觉的大意是华生大夫最近去过阿富汗。（"我有一种直觉……"）无论如何，福尔摩斯是第一个承认他的"直觉"是"思想训练"结果的人，这种直觉"如此迅速地划过我的脑海，以至于我根本没有意识到中间步骤就达到了结论。但不管怎样，仍然有这样的步骤"。对于维特根斯坦为什么更喜欢侦探故事而不是哲学杂志，也许我们在这里就有了一个说明。

话虽如此，在分析哲学家的论辩实践中一个重要的变化已就绪。我很想建议，未加分析地诉诸直觉应当在哲学论辩中长期中止，除非作者可以提供让我们相信他或她的直觉的某些进一步理由。

请注意，在这个问题上我已避免设想维特根斯坦对哲学论辩中诉诸直觉的嘲弄。在这里，我不需要他的权威。我的观点足够尖锐，甚至无需诉诸维特根斯坦。

## 关于维特根斯坦的一个半真理

然而，在这一章我要传递给你们的真正信息与悲观主义截然相反。我可以再次参照维特根斯坦阐述我的观点。他是一个哲学天才，但在社交及才智上是一匹孤独的狼，对于我们的社会及文化的许多建制不承担任何责任，甚至也不对其表现出任何兴趣。他在同自己的魔障抗争，或者也许是更精确地，与我们的语言海妖对他才智的蛊惑相抗争。对他来说，这场抗争是真正的"天才的职责"。（这里事实上是他与卡尔·克劳斯最为相似之处。）[1] 如同充满激情地拒斥自己的家庭，维特根斯坦以同样的激情拒斥我们的许多建制，即便不说是充满憎恶地加以拒斥。而且对我们最优秀文化中诸多内容的这种漠视与拒斥，并不局限于学院哲学。对数学或物理学的理论建构，维特根斯坦也不抱有任何同情，或者并不真正地理解。尽管他有审美感知力，但他感觉不到比如一个真正数学理论的雅致及力量。没有迹象表明，他欣赏或者知道诸如伽罗瓦理论、残数演算、高斯-黎曼曲面理论或者希尔伯特空间理论之类的东西。他同样也对当代物理学理论中已产生的真正的哲学问题极不感兴趣。更有

---

1　更一般地说，语言的真实性对他们而言都是强制性的。对于维特根斯坦来说，思维法则就是语言的理想规则。"逻辑规则就是语言规则。"对于克劳斯来说，道德规则最适于归结为语言使用的规则。"如果德国人不顺从语言武器之外的任何其他武器，那么会形成何种生活方式！"爱德华·蒂姆斯（Edward Timms 1986：341-8）将克劳斯与利希滕贝格（Lichtenberg）做了比较。将他与维特根斯坦做比较似乎更为恰当。

甚者，对他来讲，逻辑只不过是消除个人困惑及误解的一个工具，而不是帮助数学家与科学家开展工作的一种手段。据凯恩斯说[1]，维特根斯坦反对他的剑桥朋友们的"早期信仰"，声称他们缺乏"对一切事物及人"的敬意。但在人生的某些时段，他在虚无主义的态度上超过了布鲁姆斯伯里圈子的人。[2]

所有这一切并不意味着对维特根斯坦在其哲学中实际所做工作的哪怕是最轻微的实质性异议。它真正意味的是：在绝大多数情况下，维特根斯坦完全没想到建构自己观念的可能性，或者说对此根本不感兴趣。这些可能性衍推关于前文提及的虚无主义解释的一个重要限定。人所共知，那些建构可能性未使维特根斯坦感兴趣，但对处于当前情景下我们的职业而言，它们至关重要。

因此，应当极其谨慎地处理对维特根斯坦的虚无主义解释。尽管这种解释可能公正地对待维特根斯坦的意图，但它没有公正地对待他观念的潜在可能性。为充分地赏识其观念之魅力，人们常常不得不比维特根斯坦本人把那些观念发挥得更远，比他本人可能希望发挥的还要远。

建构性使用维特根斯坦的观念，其最简单同时也最有意义的例子始于他著名的语言游戏概念。正如我已说明的，我们必须要做的一切（在我们已弄清楚维特根斯坦本人用这个词所表达的意思之后）就是比他本人更按照字面意思去看待他，并且把游戏（博弈）的数学理论概念应用于他的语言游戏。我已论证过，其结果是既适用于自然语言又适用于形式语言的现有最好的语义学理论。[3]

不能利用这样的机会，可以部分地归咎于维特根斯坦的自封追随者，

---

1　参看 Keynes 1949。

2　布鲁姆斯伯里（Bloomsbury）是伦敦中北部居住区，临近大英博物馆，20 世纪初因聚集包括伍尔夫、福斯特和凯恩斯等人在内的一批知识界名人，而以"布鲁姆斯伯里文化圈"闻名于世。译者注。

3　参看，例如 Hintikka 1983，Hintikka and Kulas 1985，以及 Hintikka and Sandu 1997。

他们已经不能把他的观念用于建构性目的。我能为他们想到的唯一借口是：挖掘这些维特根斯坦式观念将使我们超越维特根斯坦本人的所说和所做。但随之他们应已意识到卡尔·克劳斯关于一个半真理所做评论的真实性：有时候需要用一个半真理去战胜半个真理。在维特根斯坦的一生中，他那些自封的追随者没有勇气去面对他以及迫使他将自己的观念同当代逻辑、数学、心理学和物理学中正在发生的事情相联系。弗兰克·拉姆齐或许是可能做过此事的唯一哲学家，而这一点使他的英年早逝更具悲剧性。[1] 为了其简单生活的理想，维特根斯坦放弃了巨额物质财富的遗产。在我看来，当拒绝将他的哲学观念用作建构性目的时，他似乎放弃了更为巨大的智识财富。

我的主要观点是，即使撇开维特根斯坦的观念不谈，仍有多得难以选择的好东西，以当代分析哲学面临的新机遇形式呈现。我坚定地相信，分析哲学的生存依赖于哲学家们对这些机遇的认可与利用。事情的另一面是，在我们能够利用这些革命性的新机遇之前，首先必须除却各种错误与错觉。

其实，我相信，在几乎所有的哲学研究分支中，包括逻辑、数学基础、语言理论、认识论与哲学方法论，我们必须确立新的起点。本章余下部分是概述这些领域的一些新机遇。在某些情形下，新观念可看作由维特根斯坦的建议所激发，但在另一些情形下并非如此。

## 策略的策划

这样做的时候，最有趣的焦点之一是由规则概念及它在新近哲学和

---

1　参看亨迪卡，《“哲学的转变”：维特根斯坦 1928 年的新逻辑》，见 Hintikka 1996c。

新近语言学的方法论中所起作用提出的。在这里，我们有一个绝妙的例子，它既有方法论上的缺点，又有克服这些缺点的极好机遇。可以不太夸张地说，我们都在试图通过发现支配种种现象的规则来控制它们。但是哪种规则呢？一个具有代表性的例子将有助于澄清局面。[1]目标导向的活动通常可以与策略游戏相比较。在这样的游戏中，我们可以把两种规则或原则相互区别开来。我已称它们为定义性规则与策略性规则。前者确定哪一步是允许的，哪一步是不允许的。它们定义了所讨论的游戏。例如，在国际象棋中，定义性规则包括在棋盘上棋子怎样走动的规范。如果违反这样的规则，那么这一步棋就是无效的；它不是一盘象棋的一部分，它必须被撤回。

但如果你只知道象棋的定义性规则，还不能说你知道怎样下棋。实际上，没有人会屈尊来与你下棋。你要想能自称知道怎样下棋，就必须对下棋的优劣方法有一定的了解。你必须对象棋的所谓策略性规则有所认识。它们不能通过定义性规则而获取，因为定义性规则只定义了什么是容许的，什么是不容许的。可以在非常一般的意义上，清晰地区分定义性规则与策略性规则。

两种规则之间最重要的差异之一在于：定义性规则通常只关注所讨论游戏中的孤立的走法，而与之相反，策略性规则（正如人们可以从数学的博弈论中习得的那样）归根结底关注整个游戏的策略。正如一个博弈论理论家会指出的，效益可以无条件地只与整体策略相联系，而不是与个别走法相关的。人所共知，在实践中我们确实也经常评论某着棋，但这样的估价只能根据有关棋手全局策略的一些设想背景才能做出。

我心目中新近哲学家在方法论上的缺点（以及未来哲学家的相关机遇），现在可以得到简要的描述。哲学分析家正在做的事情是试图只通过为人们玩的不同游戏制定定义性规则而摆脱困境，从而忽略依赖于策

---

1　参看 Hintikka 1990a 和 1996c。

略性规则的概念化。这已然导致他们进入各种死胡同，错失机遇。

也许最重要的恰当例子是在认识论中发现的。在那里，人们一般一致认为，我们不能指望为了发现而制定定义性规则，也就是说，不能为了获取真正的新知识而制定定义性规则。由此，哲学家实际上已然匆匆作出这样的结论，即对理论分析而言发现是不可通达的，认识论理论家和科学哲学家所能做的至多是研究"辩护语境"，而不是"发现语境"。例如，我们不可能拥有一个关于基于有限证据要作出何种概括的理论。我们最多只能为这样的步骤寻找可能的"担保"（warrant）。

根据刚刚所做的评论，这个结论可能被视为只不过是一个巨大的谬见。从原则上说，建立发现的策略性规则没有什么障碍。[1]我甚至能非常清楚地让你知道它们是像什么样子的，因为我已经表明，纯粹发现的策略性规则是与演绎的策略性规则非常密切地关联着。[2]

更有甚者，发现与辩护当然是一个并且同一个知识获取过程的两个方面。知识获取的策略包含这两个组成部分。并且，由于知识获取的最起码策略评价必须包括整个策略，人们因此就不能孤立地研究辩护过程，而不同时顾及发现过程。发现过程不仅仅是合法的哲学研究对象。归根结底，若不同时研究发现，人们就不可能研究辩护。

这一点应是显然的。一个夏洛克·福尔摩斯式的人通常只有先弄清罪犯是谁，更一般地说，通过（可以说是不择手段地）弄清楚实际发生了什么，才能找到罪犯犯罪的证据。例如，夏洛克·福尔摩斯必须弄清楚是马厩主人偷了著名的银色赛马，以便通过一次精细的外科手术使其跛足，然后他才能通过观察这个狡猾的小偷是否首先对附近放牧的无辜绵羊进行过手术来确证他的"演绎"。

既然这样一个过程可以包括最初的基于非决定性证据而达至真理，

---

1 参看，例如 Hintikka 1985 和 1988b。

2 参看 Hintikka 1989。

它也可能初看上去像一个假设演绎的程序，直到人们意识到：它的发现部分也是由规则支配，即由策略性规则支配。

于是，定义性规则与策略性规则之间的区别引起认识论领域里的一场重要革命，其中哲学家们近来把 99% 的精力都耗在处理辩护过程的尝试上，却没有考虑到这一过程与发现过程之间不可分割的联系。

例如，归纳规则和其他形式的所谓科学推理规则应当视作策略性规则，而不是定义性规则。公认地，一些科学家——其中主要是计算机科学家——已经意识到当前的规则概念对他们的目的来说限制性太强。非单调推理模式的发展是向正确方向迈出的一步，但这一步还不够，因为非单调推理的非单调规则仍旧是定义性规则，而不是策略性规则。

维特根斯坦有关语言游戏整体较其自身（定义性）规则的首要地位论题，能否理解为要求注意语言游戏的策略性方面？这是我要提出的一个问题，但不打算在这里回答。

此外，定义性（一步接一步的）规则与策略性规则之间的区别，还有数十个同样直接的应用。如果有微妙的策略性变化过程，那就是对话中说话者间的互动。如果不强调策略性角度，就不可能指望发展出令人满意的对话理论。然而，哲学家们的话语与对话理论试图做的正是那样的事情。[1]言语行为理论专注于归于单个语言行为的语力，而格赖斯（Paul Grice）则处理逐个地适用于话语的会话准则。这样的路径绝不会达到关于对话的逻辑和语义学的完整真理。

而在另一个方向，像达米特这样的构造主义者，已经尝试着通过改变我们证实过程的定义性规则来完善他们的观念。我已经表明，在逻辑和数学基础中贯彻构造主义观念的一个更有趣的途径是：限制可以为证实者采用的策略的集合。[2]

---

1　参看 Hintikka 1986。

2　参看 Hintikka 1996d 第 10 章。

## 纠正弗雷格的谬误

　　但是当代分析哲学家们的缺点，以及经由纠正这些缺点所获得的机遇，并非源头上都是方法论的。首先，他们甚至连他们的基本逻辑都没弄对。[1] 几乎一致认为，逻辑大厦的基础部分是普通的一阶逻辑，又称量词理论。就其本身而言，这一逻辑没有什么毛病，但它绝对不是人们所声称的那样：是（一阶）量词的真正的、全面的理论。它是真理，但只是关于我们基本逻辑的真理，即关于量词与联结词逻辑的真理，而绝不是全部真理。这一不足并不是偶然的疏忽。它是由不能理解量词是什么以及量词如何起作用而造成的结果。量词不是高阶谓词。它们的意义不能通过指明它们论及（range over）的实体类而穷尽。它们不是替代性的。[2]事实上，量词所做的事情是：从简单或复杂的谓词外延中，标明选择哪些实体。此外，此处的关键之点在于，这些选择可能依赖于先前的选择。确实，一阶语言的表达力主要依赖于这样的依赖性量词的使用：例如，在形如（∀x）（∃y）S［x，y］的句子中表示函数依赖性。

　　但是，一旦你意识到量词依赖性与独立性的关键作用，你就能够明白：当弗雷格（或者罗素和怀特海，或者希尔伯特和阿克曼，或者无论是谁，只要可以将他视作最初制定了当前的普通一阶逻辑规则）确立我们传统一阶逻辑的形成规则时，他（或他们）犯了一个愚蠢而明显的错误。他们的逻辑并未涵盖它应该涵盖的范围。目前的形式化只是强行地排除了某些完全可能的、可说明的依赖性与独立性配置：这样的配置存在于量词之间，基于同一理由，也存在于命题联结词之间。最知名的典

---

1　参看 Hintikka 1995a 和 1996d 第 3—4 章。

2　参看 Hintikka 1995d。

型例证是所谓分枝量词前缀，但所考虑的这种现象在自然语言语义学中是极其广泛的。在形式语言中，如果它不符合旧规则，那么可以通过允许量词（$Q_2x$）独立于另一量词（$Q_1y$），而得到它。这可以将前者写为（$Q_2x/Q_1y$）来表示。类似的记法可以应用于其他的逻辑常项和非逻辑常项。在一阶水平上，我们可以用这种方式得到一个新的、更强的逻辑，我称之为独立友好的（IF）一阶逻辑。它更有资格声称是真正的基本逻辑，是完整的量词逻辑。它不包括为理解普通一阶逻辑所不需要的任何观念。然而，它要求彻底重估我们关于逻辑和数学基础的观念。对所有的逻辑学家和数学哲学家、分析的或非分析的哲学家来说，这是一个重要的新机遇。他们所能做的贡献当然不是解决传统的哲学问题。然而，他们的贡献却能帮助逻辑学家和数学家更好地理解他们自己的事业，除此之外还能对他们正在做的事情产生实质性影响。[1] 为了能让你理解我心中所想，我也许会提及是 IF 逻辑促使我论证：目前做数学研究的最常见架构，即公理集合论，是数学理论化工作的人为、扭曲的媒介。它是一头不折不扣的"弗兰肯斯坦的怪兽"，可以说已经开始将它自己的意志强加给我们，而不是服务于它被创造出来所要达到的目的。

能否将我在这个方向上的成果说成是证实了维特根斯坦对类型论的厌恶？这是一个问题，我宁愿把它留给未来的研究去评判。

## 指称系统与识别系统

同样引人注意的机遇将在哲学的其他部分出现。语言理论提供了一个大规模、多方面的例子。在那里，某些看似最老套的观点提供了解决大量现实问题的关键。这种观点只是强调了在语言的理解与使用中涉及

---

1　参看 Hintikka 1996d，特别是第 8—9 章。

的不同认知系统之间的区别。这一点同维特根斯坦区分不同语言游戏的观念相关，但维特根斯坦本人又一次很唐突地终止下来，不给实际的语言理论提出任何实在的指导原则。

一旦我们不得不考虑不只一个的可能情况（模型或"世界"），我们就面临着最简单的区别，正如在处理知识概念与信念概念时我们不得不做的那样。于是，很显然我们必须区分指称问题与识别问题。前者关注某一词项在若干不同的"世界"（模型）中挑选出哪一个实体，后者则关注实体在不同的世界中的同一性。我们可分别称它们为指称系统与识别系统，尽管事实上两者都是不同子系统的复合体。从概念上来讲，两个系统显然是迥然有别的。而且，少量的经验证据表明，在我们实际的语言和概念实践中，它们事实上是很大程度地相互独立的。例如，我们关于知道某事（knowing that）的标准并没有影响我们关于知道是谁（knowing who）的标准。后者可以有所变化，而且经常在变化，前者则保持不变。

所有这些评论显得足够单纯。然而，再一次的思考表明，它们对近期及当前的讨论有意义深远的重要性。因为可以看出，所谓的新指称理论（New Theory of Reference）正好就是基于一个错误的同化过程，即把识别系统同化到指称系统去。[1]我们语言里的某些表达式，显然地包括量词，依赖于识别系统。换句话说，它们依赖于人们对于不同可能情况下事物同一性的知识。新指称理论持有者的错误在于：认为只需通过假定在所有不同世界中必然挑选出同一实体的词项，这样的知识就可以得到阐明。然而，事实上这里什么也没有提供，因为试图根据指称系统来说明识别系统只不过是一个错误。此外，易于看出，所谓直接或严格指称的具体个例只不过是幻觉。

---

1    参看 Hintikka 1995b。

# 什么与哪里

更具建设性地来说，结果表明，识别系统实际上是在我们的概念系统中同时运作的两个系统。[1]在我看来，这两个系统之间的区别是新近哲学中被忽略的最重要机遇。以人的识别为例，我们一方面有公共系统。在其中，通过将他或她置于公共世界历史中的一个确定的位置，而识别这个人。在这项计划中，一个角色是由诸如出生地点和时间、父母姓名、社会保险号码、联邦调查局档案以及《名人录》上的词条之类事项所扮演的。但是，另一方面，人们又可以从自身的有利视角出发，根据自己与它们的直接认知关系，去识别人、事物、事件、地点、时间等。我已经称这样的识别系统为带视域的（perspectival）。最简单的典型事例是由视觉认知提供的，在视觉认知那里，人与物可通过它们在人的视觉空间中的坐标得以识别。这样的识别会通过以下方式得到夸大：仅使用罗素所赞成的英语中的"逻辑专名"，即"这""那"和"我"。带视域的系统无疑是局部的，至于它们在我们的思想中如何整合为一个统一的共同系统，则是一个哲学问题，这个问题处于若干重要哲学工作的底部。例如，带视域的识别系统当然是一群哲学家与哲学逻辑学家枉费心机地试图要完成的，为此他们假定了所谓的索引性指称。[2]在这样的尝试中，再一次包含着不同系统之间的混淆。区别于指称的识别几乎不能概念化为神秘的直接指称，同样地，带视域的识别几乎也不能借助于被称作索引性指称的一种所谓特殊类型指称而得到充分说明。

但我谈及被忽视的机遇的主要原因在于：我这里在两个识别系统间所做的逻辑和语义学区别，等同于认知科学家在两个不同认知系统间所

---

1　参照 Hintikka 1990b。

2　参看 Hintikka（即将出版）。

做的区别——或者也许是在两类认知系统间所做的区别。此外，这些系统之间的相互区别不仅是功能上的，也是神经解剖学上的。[1] 自笛卡尔以来，重要的哲学观点第一次可以非凡地与解剖学发现联系在一起。不同种类的神经损伤可能导致其中一个系统的丧失，而另一个则保持完好无损。这样的病人为我的概念区别提供了激动人心的例证与阐释。奥利弗·萨克斯（Oliver Sacks）的病人错将他的妻子当作一顶帽子，他给我提供了视觉认知中公共系统丧失的一个阐释，这一阐释较我本人有可能敢于捏造的都要好得多。[2] 我的区别以什么系统（公共系统）与哪里系统（带视域的系统）之间的区别，为神经科学家所知晓。在认知心理学中，一个类似的区别很惹人注目，它以恩德尔·图尔文（Endel Tulving）所谓的语义性记忆与情景性记忆之间的对比形式出现。[3]

关于我的区别与神经科学家的区别之间的这种等同，值得注意的是：它在概念研究与经验研究之间建造起桥梁。约翰·塞尔抱怨说，关于神经网络以及类似事情的大多数思考都没有说明意识。为此目的，我们需要更多地了解大脑的硬件（和"湿件"）。[4] 带视域的与公共的区别是重要的，因为它为建设性回应塞尔挑战给出了一个具体的例证，所以也就为在认知科学的哲学里可以做什么以及应该做什么给出了一个例证。

有可能又一次在维特根斯坦的著作中发现对于新洞见的预测，特别是在《蓝皮书》（Wittgenstein 1958）的最后几页中。又一次，无论是维特根斯坦，还是他自封的追随者，都没有充分发挥他的洞见，从而清楚地显示出这些洞见与具体的哲学和科学问题相关联。据我所知，唯一意识到识别系统（识别问题）在维特根斯坦思想中的重要性的评论人，是大卫·皮尔斯（David Pears）。

---

1　此处参照 Vaina 1990。

2　参看 Sacks 1985，标题论文。

3　参看 Tulving 1983。

4　参照，例如 Searle 1994：1—10。

# 谁将扼杀分析哲学？

因此，分析哲学家们目前主要的先入之见中，没有一个能显著地推进他们的论题，也许甚至还不能使之继续存在。起误导作用的先入之见清单包括：求助于直觉的行径，有别于策略性概念化的一步接一步概念化，与知识获取的认识论（"发现的逻辑"）相分离的知识辩护的认识论，普通一阶逻辑，公理集合论，克里普克-马库斯的直接指称理论，索引性指称理论，等等。在每一种情形下，起误导作用的理论都阻碍了当代哲学家们利用一个重要的机遇，去进一步拓展他们自己的主题。

新机遇的清单可以继续延伸。我坚信，除非我们的同事利用它们（和/或类似的机遇），否则真的可以说，分析哲学正死在它自己手上。但那只手既不是我的，也不是路德维希·维特根斯坦的，我想我已向你们论证过了，即便他希望自己能扮演那个角色。

参考文献

Hintikka, J. (1983) *The Game of Language*, Dordrecht.: D. Reidel.

—(1985) "True and False Logics of Scientific Discovery," *Communication and Cognition* 18, 1–2: 3–14.

—(1986) "Logic of Conversation as a Logic of Dialogue," in Grandy, R. and Wagner, R. (eds) *Philosophical Grounds of Rationality*, Oxford: Clarendon Press.

—(1988a) "On the Incommensurability of Theories," *Philosophy of Science* 55: 25–38.

—(1988b) "What is the Logic of Experimental Inquiry," *Synthese* 74. 173–90.

—(1989) "The Role of Logic in Argumentation," *The Monist* 72, 1: 3–24.

—(1990a) "Paradigms for Language Theory," *Acta Philosophica Fennica*, 49: 181–209.

—(1990b) "Cartesian cogito, Epistemic Logic and Neuroscience," *Synthese* 83: 133–57.

—(1992) "Theory-ladenness of Observations as a Test Case of Kuhn's Approach to Scientific inquiry," in D. Hull, M. Forbes and K. Okruhliki (eds), PAS, l: 277–86, East Lansing: Philosophy of Science Association.

—(1995a) "What is Elementary Logic?," in K. Gavroglu et al. (eds) *Physics, Philosophy and Scientific Community*, Dordrecht: Kluwer Academic.

—(1995b) "The Fallacies of the New Theory of Reference," *Synthese* 104: 245–83.

—(1996a) "Ludwig Wittgenstein: Half-truths and One-and-a-half-truths," Dordrecht: Kluwer Academic.

—(1996b) *Lingua Universalis vs. Calculus Ratiocinator*, Dordrecht: Kluwer Academic.

—(1996c) "Strategic Thinking in Argumentation and Argumentation Theory," *Revue Internationale de Philosophie* 50, 2: 307–24.

—(1996d) *The Principles of Mathematics Revisited*, Cambridge: Cambridge University Press.

—(1997) "Three Dogmas of Quine's Empiricism," *Revue Internationale de Philosophie* 50.

—(forthcoming) "Perspectival Identification, Demonstratives and Small Worlds," Hintikka, M. B. and Hintikka, J. (1986) *Investigating Wittgenstein*, Oxford: Basil Blackwell.

Hintikka, J. and Kulas, J. (1985) *Anaphora and Definite Descriptions*, Dordrecht: D. Reidel.

Hintikka, J. and Sandu, G. (1997) "Game-theoretical Semantics," in Johan van Benthem and Alice ter Meulen (eds), *Handbook of Logic and Language*, Amsterdam: Elsevier, 361–710.

Kaila, E. (1979) *Reality and Experience*, ed. by Robert S. Cohen, Dordrecht: D. Reidel.

Keynes, J. M. (1949) "My Early Beliefs," in *Two Memoirs*, London: Rupert Hart-Davis.

Kuhn, T. (1970) *The Structure of Scientific Revolutions*, second edition, Chicago: University of Chicago Press.

Malcolm, N. (1958) *Ludwig Wittgenstein: A Memoir*, with a biographical sketch by G. H. von Wright, Oxford: Oxford University Press.

Niiniluoto, I. (1987), *Truthlikeness*, Dordrecht: D. Reidel.

Sacks, O. (1985) *The Man Who Mistook His Wife for a Hat*, New York: Summit Books.

Searle, J. (1994) "The Problem of Consciousness," in R. Casati, B. Smith, and G. White (eds) *Philosophy and the Cognitive Sciences*, Vienna: Holder-Pichler-Tempsky.

Timms, E. (1986) *Karl Kraus, Apocalyptic Satirist*, New Haven: Yale University Press.

Tulving, E. (1983) *Elements of Episodic Memory*, Oxford: Clarendon Press.

Vaina, L. (1990) "'What' and 'Where' in the Human Visual System," *Synthese* 83: 49–91.

Wittgenstein, L. (1958) *The Blue and Brown Books*, Oxford: Basil Blackwell.

# 译后记

2022 年春，经恩师张志林教授推荐，广西师范大学出版社的叶子编辑联系我们，委托翻译《分析哲学的故事》一书。考虑到书的篇幅，我们邀请了多位志趣相投的同道襄助，分工如下：

第 1 篇：分析哲学：何谓，何来，何往？
　　　　译者：代海强（北京师范大学）

第 2 篇：分析哲学中的分析
　　　　译者：薛少华（北京理工大学）

第 3 篇：分析哲学的风格
　　　　译者：陆鹏杰（四川大学）

第 4 篇：分析哲学：理性主义对浪漫主义
　　　　译者：刘小涛（上海大学）

第 5 篇：主体、规范性结构和外在论
　　　　译者：蒋薇（西安建筑科技大学）

第 6 篇：没有实证主义的经验论
　　　　译者：潘磊（武汉大学）

第 7 篇：心理主义与意义

译者：李主斌（上海交通大学）

第 8 篇：弗雷格、语义和定义的双竖划记号

译者：谭力扬（苏州大学）

第 9 篇：基于分析的消除：论罗素《论指称》的哲学意义

译者：倪明红（华东理工大学）

第 10 篇：知觉：从摩尔到奥斯汀

译者：陈敬坤（山西大学）

第 11 篇：维特根斯坦：分析哲学家？

译者：朱林蕃（复旦大学）

第 12 篇：语言的孤独守护者维特根斯坦

译者：何朝安（东华大学）

第 13 篇：海德格尔、卡尔纳普、维特根斯坦：关于虚无的纷扰

译者：孙骞谦（中央美术学院）

第 14 篇：克里普克式的实在论与维特根斯坦的实在论

译者：张孟雯（上海财经大学）

第 15 篇：谁将扼杀分析哲学？

译者：徐召清（四川大学）

合作超乎预期地顺利，所有译者均如期完成译文，并分头进行了细致审校。需要特别说明的是，此书的多篇论文原有中译（参见陈波教授主编的《分析哲学：回顾与反省》），它们包括：（1）《分析哲学：历史、内容和走向》，江怡译；（2）《分析哲学中的分析》，李国山译；（3）《分析哲学：风格问题》，李国山译；（4）《分析哲学：理性主义对浪漫主义》，李国山译；（5）《谁将扼杀分析哲学？》，张力锋译。几篇论文的译文原属上乘；因版权问题，应出版社要求，我们不得已做了重译。在翻译过程中，我们参考了原译作，特此致谢！全书引文，主要由译者根据原文自行译出；各种经典著作，亦参考过通行中译本，不一一标注。

感谢广西师范大学出版社的吴晓妮老师，她的策划和信任促成了愉快合作；叶子老师的专业眼光帮助我们避免了一些错误，谨此致谢！倘有错谬，请方家宽宥指正。

刘小涛　何朝安

2023 年春节

我思，我读，我在
Cogito, Lego, Sum